ABITUR

CLEVER VORBERE

Referat & Facharbeit

Schülerhilfe®

tandem.VERLAG
print line

Abitur clever vorbereitet – Referat und Facharbeit

Karlheinz Uhlenbrock

Umschlaggestaltung: rincon2 medien GmbH, Köln
Bildnachweis Cover: shutterstock
Gesamtherstellung: Tandem Verlag GmbH, Potsdam

ISBN: 978-3-8427-0795-5

Inhaltsverzeichnis

Vorwort

Später, in der Ausbildung, an der Hochschule oder im Berufsleben, werden Sie feststellen, dass viele Fakten und Daten, die Sie im Verlauf Ihres Schullebens gelernt haben, für Sie nicht mehr von Bedeutung sind. Sie werden aber auch Lernstoff entdecken, der immer wieder abverlangt und eingefordert wird. Dazu gehören zuallererst die schriftliche Abfassung und die Präsentation wissenschaftlicher Ausarbeitungen. Ob Sie nun Sport, Englisch, Physik oder Erdkunde, Verfahrenstechnik oder Biotechnologie studieren – Sie werden Referate vortragen und Seminararbeiten erstellen. Ähnliches gilt für die Berufsschule ebenso wie für den Berufsalltag, in dem beispielsweise neue Produkte und Ideen präsentiert werden müssen.

Es ist daher sinnvoll, gerade diese beiden Methoden in der Oberstufe einzuüben. Aus diesem Grunde ist die Erstellung einer Facharbeit, der schulischen Variante einer universitären Seminararbeit, in fast allen Bundesländern verpflichtend vorgegeben. Ebenso zählt der mündliche Vortrag von Referaten zu den an allen Schulen eingeübten Grundtechniken. Dabei ist es unerheblich, in welchem Unterrichtsfach Sie die hierfür notwendigen Schritte kennenlernen. Denn diese sind, von wenigen fachlichen Besonderheiten und Feinheiten abgesehen, in allen Fächern gleich.

Doch anders als das Schreiben von Klausuren, mit dem Sie bereits seit der Unterstufe vertraut sind, ist die Präsentation eines Referats und das Erstellen einer Facharbeit für die meisten von Ihnen ungewohnt, methodisches Neuland sozusagen.

An dieser Stelle möchte Ihnen diese Werk gezielte Hilfen anbieten. Es zeigt Ihnen Schritt für Schritt den erfolgreichen Weg zu Referat und Facharbeit. Von der Themenfindung über die Literatur- und Internetrecherche bis hin zur Gestaltung der Texte und zur Präsentation der Ergebnisse.

Vier Besonderheiten prägen das Buch:

- Der Weg zu Präsentation und Facharbeit wird hier Punkt für Punkt erläutert. Daher sind **Aufzählungen** ein markantes Merkmal des Buches.
- Die einzelnen Schritte werden aber nicht nur erklärt, sondern an vielen Stellen durch **Beispielseiten** veranschaulicht. Diese sind blau eingefärbt und sollen Ihnen die Umsetzung der Erstellungsrezepte erleichtern. Die Beispiele stammen aus unterschiedlichen Fächern.
- Die an verschiedenen Stellen im Buch vorgestellten **Checklisten** ermöglichen es Ihnen, Ihr Referat bzw. Ihre Facharbeit vor der endgültigen Präsentation auf Stimmigkeit und eventuelle Schwachstellen hin zu überprüfen. So wird es einfach, das Endprodukt auch im Detail zu optimieren.

- Schließlich finden Sie im letzten Teil gelungene Originalfacharbeiten, aus denen Sie Anregungen für Ihre eigene Ausarbeitung gewinnen können.

Das Buch ist in zehn Kapitel untergliedert. Nach einer Einführung in die Kennzeichen von Referat und Facharbeit zeigen Ihnen die Kapitel 2 bis 7 die grundlegenden Schritte der Referats- oder Facharbeitserstellung von der Themenfindung bis zur Textgestaltung auf. Im Kapitel 8 wird auf die Besonderheiten eigenständiger Forschungsarbeit eingegangen. Die Kapitel 9 und 10 stellen Ihnen dann spezielle Aspekte vor, die bei der Erstellung einer Facharbeit bzw. bei der Ausarbeitung und Präsentation eines Referats zu beachten sind.
→ **Querverweise** erleichtern das Auffinden gesuchter Informationen innerhalb des Buches. Die gleiche Funktion hat auch das **Stichwortverzeichnis** im Anhang.
Im laufenden Text ermöglichen **Halbfettdruck** oder *Kursivdruck* zentrale Aussagen und Aspekte rasch zu entdecken.

Der Dank des Verfassers gilt Prof. Dr. Volker Steenblock und Bernd Wahlbrinck für ihre Anregungen und Antje Uhlenbrock, Christina Uhlenbrock, Dorothea Uhlenbrock, Lena Castrup sowie Ansgar Elling für die Bereitstellung ihrer Arbeiten.

1 Referat – Präsentation – Facharbeit

1.1 Referat

Der Begriff *Referat* leitet sich vom lateinischen Verb *referre* ab, was *Bericht erstatten, vortragen* bedeutet.

Ein **Referat im klassischen Sinne** weist damit folgende Kennzeichen auf:
- Es handelt sich um einen frei gehaltenen mündlichen Vortrag.
- Die Vortragszeit ist vorgegeben und darf in der Regel nicht wesentlich überschritten werden. Sie kann je nach Themenvorgabe zwischen 5 und circa 30 Minuten liegen.
- Das Thema ist inhaltlich eng umgrenzt.
- Der Vortrag ist auf eine bestimmte Zielgruppe hin orientiert (z. B. einen Leistungskurs Biologie in der Jahrgangstufe 12.1).
- Die Materialbasis ist häufig klar eingeschränkt (z. B. zwei Zeitungsartikel, die Ergebnisse eines Versuches).
- Der Inhalt des Referats besteht in der Regel vorrangig aus einer Darstellung von Fakten und Sachzusammenhängen. Je nach Thema kann aber auch eine differenzierte Erörterung und Beurteilung eines bestimmten Sachaspektes, einer Entwicklung usw. gefordert sein.
- Zur Veranschaulichung der vorgetragenen Informationen können Medien wie Beamer, Overhead-Projektor und Flipchart oder auch Experimente und szenische Darstellungen eingesetzt werden.
- Als schriftliche Komponente kann ein Handout (Thesenpapier) den mündlichen Vortrag abrunden.

Neben dem Referat im klassischen Sinne besteht an vielen Schulen auch die Möglichkeit, **schriftliche Referate** zu erstellen. Diese ähneln einer Facharbeit. Allerdings sind Thema, Materialbasis, Ausarbeitungszeit und Umfang enger begrenzt. Zudem geht die erteilte Note in den Bereich „Sonstige Mitarbeit“ ein. Das schriftliche Referat ersetzt somit keine Klausur.

1.2 Präsentation

In einigen Bundesländern kann eine besondere Form von Referat sogar Bestandteil des Abiturs sein: die **Präsentation**. Dabei wird unter diesem Oberbegriff je nach Bundesland durchaus etwas Unterschiedliches verstanden.

In Hessen zum Beispiel muss die im fünften Abiturfach wahlweise mögliche Präsentation ein medienunterstützter Vortrag sein, bei dem unter anderem gezeigt werden soll, dass man die Auswahl und den Einsatz der Medien kritisch zu reflektieren vermag. Auch Experimente sowie musikalische, künstlerische oder sportliche Darbietungen können eingebunden werden. Thema und Aufgabenstellung legt der Lehrer fest. Die Vorbereitungszeit beträgt mindestens vier Wochen. An den ca. 15-minütigen Vortrag schließt sich ein ebenso langes **Kolloquium** an, ein vertiefendes Prüfungsgespräch über den dargebotenen Vortrag.

In Baden-Württemberg steht eine Präsentation im Rahmen des mündlichen Abiturfachs an. Diese ist in ihrer Gestaltung offener als in Hessen. Der Prüfling reicht vier Themen ein, aus denen die Schule ein Thema für die Präsentation auswählt. Neben Einzelprüfungen sind auch Gruppenprüfungen möglich. Die Präsentation kann medienunterstützt erfolgen oder auch als reiner Vortrag gestaltet werden. An die etwa 10-minütige Präsentation schließt sich ein gleich langes Kolloquium an.

In Berlin kann die Präsentation zu einem selbstgewählten Thema als 5. Prüfungskomponente in Form einer Einzel- oder Gruppenprüfung durchgeführt werden. Dabei muss der Vortrag durch Medien unterstützt werden. Zwingend vorgeschrieben ist zudem, dass die Prüfung fächerübergreifende bzw. fächerverbindende Elemente enthält. An die Präsentation schließt sich ein Kolloquium an. Die Gesamtdauer der Prüfung beträgt ca. 30 Minuten.

1.3 Facharbeit

Die Facharbeit ist eine selbstständig zu erstellende schriftliche Ausarbeitung. Sie bietet die Möglichkeit,

- sich intensiv mit dem Aspekt eines Faches auseinanderzusetzen, den man für besonders interessant hält;
- an einer Stelle tiefer in die Geheimnisse eines Faches einzudringen, als dieses im Rahmen des Unterrichtes sonst möglich ist;
- Methoden, Arbeitsweisen und Techniken zu erwerben und einzuüben, die später im Studium zur Erstellung von Seminararbeiten, schriftlichen Hausarbeiten, Bachelor-, Master-, Examens- oder Diplomarbeiten unbedingt notwendig sind.

Die Kennzeichen einer Facharbeit sind:

- Sie ist schriftlich zu erstellen.
- Die Schülerin oder der Schüler muss sie selbstständig verfassen. Das Abschreiben „alter" Facharbeiten ist also verboten.
- Das Thema ist klar umrissen, jedoch weiter gefasst als das Thema eines schriftlichen Referats.

- Unter- und Obergrenze des Umfangs der Facharbeit sind vorgegeben. Je nach Bundesland bewegen sich diese Grenzen zwischen 8 und 30 Seiten.
- Die Erstellungszeit ist vorgegeben. In der Regel beträgt sie je nach Bundesland zwischen 3 und 12 Monaten. Bei kürzerer Bearbeitungszeit wird eine unterrichtsfreie Woche gewährt.
- Je nach Bundesland ist die Facharbeit nur als Einzelarbeit bzw. wahlweise als Einzel- oder Gruppenarbeit abzufassen.
- Die Erstellung der Facharbeit erfolgt unter Anwendung bestimmter Formen und Methoden wissenschaftlichen Arbeitens, die im Unterricht eingeführt und geübt werden.
- In der Regel schließt sich an die schriftliche Ausarbeitung ein Kolloquium oder ein Vortrag der Arbeitsergebnisse mit anschließender Fragerunde („Verteidigung") an, in dem man nachweisen muss, dass man die Arbeit selbstständig verfasst hat.
- In den meisten Bundesländern wird die Facharbeit in einem schriftlichen Fach erstellt. In einigen Bundesländern ist sogar zwingend vorgeschrieben, sie in einem Leistungskurs anzufertigen.
- Je nach Bundesland hat die Note der Facharbeit einen unterschiedlichen Stellenwert: In einigen Bundesländern geht sie in die Note der *Sonstigen Mitarbeit* ein; in anderen Bundesländern ersetzt sie eine oder sogar zwei Kursklausuren.
- So unterschiedlich wie das Gewicht der Facharbeitsnote ist auch ihre Ermittlung. Je nach Bundesland erfolgt sie durch einen einzelnen Fachlehrer oder eine aus bis zu drei Lehrern bestehende Prüfungskommission.
- In Form einer *Besonderen Lernleistung* kann eine (umfangreichere) Facharbeit in vielen Bundesländern sogar Bestandteil der Abiturprüfung sein.

Im Rahmen der Facharbeit muss nachgewiesen werden, dass man
- ein Arbeitsthema zu erfassen und auf den Punkt zu bringen vermag;
- themenrelevante Literatur eigenständig suchen, beschaffen und fachgerecht auswerten kann;
- eine themengerechte, logische und übersichtliche Gliederung erstellen kann;
- verschiedene Formen wissenschaftlichen Zitierens anzuwenden vermag;
- einen umfangreichen Fachinhalt themenbezogen, fachlich und sprachlich korrekt darstellen kann;
- gegebenenfalls eine eigenständige Untersuchung (Befragung, Experiment, Kartierung oder ähnliches) fachgerecht planen und durchführen kann, sowie deren Ergebnisse wissenschaftlich korrekt darzustellen und kritisch zu reflektieren vermag;
- in der Lage ist, ein Literatur- und gegebenenfalls Quellenverzeichnis zu erstellen.

Die Note der Facharbeit wird sich daran orientieren, inwieweit der Nachweis dieser methodischen und fachlichen Fähigkeiten gelungen ist.

2 Arbeitsorganisation

Zwar unterscheiden sich das Referat im klassischen Sinne und die Facharbeit in ihrer Ergebnispräsentation deutlich. Ihr Anfertigungsprozess wie auch die Anforderungen, die an ihren Aufbau und ihre Gestaltung gestellt werden, sind jedoch in zentralen Punkten gleich.

Diese Gemeinsamkeiten in der Erstellung von Referat und Facharbeit werden in den Kapiteln 2 bis 8 vorgestellt. Allerdings haben einige der in diesen Kapiteln angesprochenen Aspekte bei der Erstellung eines Referats einen merklich geringeren Stellenwert/Umfang als bei der Erstellung einer Facharbeit.
In den Kapiteln 9 bis 10 wird dann auf die Besonderheiten der beiden Präsentationsformen eingegangen.

2.1 Schritte bei der Anfertigung

Haben Sie sich für die Erstellung eines Referats bzw. einer Facharbeit in einem bestimmten Fach entschieden oder wird Ihnen dies von der Schule bzw. Ihrer Lehrerin oder Ihrem Lehrer verpflichtend vorgegeben, so stellt sich die Frage, wie Sie die Arbeit bis zum fertigen Endprodukt sinnvoll organisieren können. Folgendes Arbeitsraster bietet sich hierzu an:

① Einholen grundlegender Informationen
- Hierzu zählen: Themenrahmen, Zeitrahmen, Vorgaben zu Umfang und formaler Gestaltung, fachspezifische Regelungen, versicherungsrechtliche Regelungen bei praktischen Arbeiten, Benotungskriterien, Gewicht der erteilten Note.
- Bei Referaten können diese Informationen durch die Kurslehrerin oder den Kurslehrer zu Beginn des Halbjahres gegeben werden.
- Bei Facharbeiten ist es üblich, die generellen Rahmenbedingungen der Erstellung in einer zentralen Informationsveranstaltung und/oder in einem Aushang bzw. auf Info-Blättern bekannt zu geben.

② Wahl bzw. Formulierung des vorläufigen Themas (→ Kapitel 3)

③ Erfassen der Themenintention
- Verschaffen eines ersten Überblicks über den inhaltlichen Rahmen und den methodischen Schwerpunkt des Themas
- eventuell Einengung des Themas durch Formulierung eines Unterthemas bzw. einer enger eingegrenzten Themenstellung (→ Kapitel 3)

④ Literatur-/Quellensuche (→ Kapitel 4)

⑤ Literatur-/Quellenauswertung (→ Kapitel 5)

⑥ Bei praktischen Arbeiten:
- Planung und Durchführung der praktischen Arbeitsteile (Experimente, Beobachtungen, Befragungen usw.) (→ Kapitel 8)
- Auswertung und Interpretation der Ergebnisse

⑦ Strukturierung des Themas und Erstellen einer vorläufigen Gliederung

⑧ Erste Schritte zum Text
- Erarbeitung und Formulierung erster Textbausteine (→ Kapitel 6)
- erste Überlegungen zur Veranschaulichung zentraler Aspekte (z. B. durch Folien beim Referat oder Abbildungen in einer Facharbeit; → Seite 170 ff. und 125 ff.)

⑨ Zusammenstellung der Textbausteine zu einer Rohfassung des Referats oder der Facharbeit

⑩ Festlegen der endgültigen Gliederung (→ Seite 128 ff.)

⑪ Fertigstellung der Endfassung
- logisch stimmige Anordnung der Textbausteine gemäß der endgültigen Gliederung
- Verbinden der einzelnen Textabschnitte durch Überleitungen
- eventuell inhaltliche und formale Überarbeitung des Textes
- Einbau der Veranschaulichungselemente (Diagramme, Skizzen, Bilder usw.)
- optischer Feinschliff

⑫ Die letzten Schritte
- Beim Referat: eine oder gegebenenfalls mehrere Probepräsentationen vor Freunden, Bekannten, einer Videokamera; Schlusskorrektur
- Bei der Facharbeit: Schlusskorrektur, Ausdruck, Binden

2.2 Zeitplanung

Wichtig für die erfolgreiche Erstellung eines Referats oder einer Facharbeit ist ein durchdachtes Zeitmanagement.

Am Anfang wird Ihnen die zur Verfügung stehende Zeit märchenhaft lang erscheinen. Ein Referat innerhalb einiger Wochen oder eine Facharbeit innerhalb einiger Monate, ja eines Jahres zu erstellen, scheint problemlos möglich. Ist es auch. Doch nur, wenn Sie zu Beginn einen klaren Zeitplan erstellen.

Nehmen Sie also Ihren Kalender zur Hand und legen Sie ein grobes Zeitraster für Ihre Arbeit fest. Bei der Erstellung eines solchen **Arbeitsplanes** sollten Sie berücksichtigen:

- die verbindlich vorgegebenen Eckdaten (z. B. Beratungsgespräche, Abgabetermin)
- eine möglichst gleichmäßige Auslastung des Gesamtzeitraumes – also nicht alles auf die letzten drei Wochen schieben
- absehbare schulische Belastungen (z. B. Klausurwochen)
- bereits bekannte private Ausfallzeiten (z. B. Urlaub, Nebenjob)
- markante Zwischenmarken Ihrer Arbeit:
  - Anfang und Ende der Literatur-/Quellensuche bzw. praktischer Arbeitsteile
  - Fertigstellung der Gliederung und der Stoffsammlung
  - Beginn der Niederschrift der Endfassung
  - Termine der Gespräche mit der betreuenden Lehrkraft
  - Datum der Fertigstellung (sollte zur Vermeidung unnötiger Schlusshektik einige Tage vor dem Abgabetermin liegen)

Das Musterbeispiel eines Arbeitsplanes finden Sie auf der nachfolgenden Seite.

Ein solcher Zeitplan ist jedoch nur sinnvoll, wenn Sie ihn auch konsequent einhalten!

Damit Sie ihn stets vor Augen haben, sollten Sie den Arbeitsplan an auffälliger Stelle aufhängen, also etwa neben Ihrem Schreibtisch oder an der Tür zu Ihrem Arbeitszimmer.

Sie können den Arbeitsplan zugleich auch als **Checkliste** für Ihre Arbeitsfortschritte nutzen:

- Streichen Sie die erfolgreich abgeschlossenen Teile/Termine durch.
- Umranden Sie nicht termingerecht abgeschlossene, noch ausstehende Arbeitsschritte/Termine.

Beispiel: Arbeitsplan für eine Facharbeit

Woche Nr.	Woche	Besonderheiten	Arbeitsschritte
1	5.3. – 11. 3.	Beratungsgespräch mit Fr. Schlumpf am 7.3.	– Thema wird gestellt am 5.3. – Arbeitsfragen/Arbeitshypothesen formulieren und mit betreuender Lehrerin am 7.3. besprechen – Materialrecherche im Internet – Material quer lesen
2	12.3. – 18.3.	Klausurwoche	– Materialrecherche im Internet – Materialrecherche in Stadtbücherei
3	19.3. – 25.3.	Klausurwoche	– Materialrecherche in Stadtbücherei – ausgewähltes Material durcharbeiten
4	26.3. – 1.4.	Beratungsgespräch mit Fr. Schlumpf am 30.3.	– ausgewähltes Material durcharbeiten – Erstellen einer vorläufiger Gliederung – Beginn Stoffsammlung
5	2.4. – 8.4.		– falls notwendig, weitere Materialrecherche – ausgewähltes Material durcharbeiten – Fortsetzung Stoffsammlung – Abschluss Materialrecherche am Freitag
6	9.4. – 15.4.	Urlaub	
7	16.4. – 22.4.	Beratungsgespräch mit Fr. Schlumpf am 20.4.	– Material durcharbeiten – Abschluss Stoffsammlung – Gliederung fertigstellen – gegebenenfalls Nachrecherche + Ergänzung Stoffsammlung – Erstellen erster Textteile
8	23.4. – 29.4.		– Erstellen weiterer Textteile
9	30.4. – 6.5.	Geburtstag Freundin (Party vorbereiten?!)	– Erstellen weiterer Textteile
10	7.5. – 13.5.	Klausurwoche	diese Woche ist nix drin!
11	14.5. – 20.5.	Montag Mathe-Klausur! Zahnarzt-Termin am Freitag	– Erstellen letzter Textabschnitte für Hauptteil – Abbildungen (Grafiken, Bilder usw.) einbinden – Erstellen des Schlussteils – Layout-Feinabstimmung – Gedanken zum Deckblatt machen!
12	21.5. – 27.5.		– Erstellen der Einleitung – Schlusskorrektur (Tippfehler, Rechtschreibung, Kommasetzung) – Gegenlesen durch zweite Person – Erstellen Inhaltsverzeichnis – Erstellen Deckblatt + Titelblatt – Erstellen Quellenverzeichnis – Erstellen Abschlusserklärung – Ausdruck – Binden der Arbeit am 26. Mai

Abgabe am Dienstag, 29. Mai 10.00 Uhr

Bei der Erstellung und der Umsetzung Ihres Zeitplanes sollten Sie einige häufig zu beobachtende Fehler vermeiden:

Fehler 1: Zu später Beginn der Arbeit

Nach Festlegung des Themas scheint der Abgabetermin in weiter Ferne zu liegen und man zögert den Beginn der ernsthaften Arbeit am Thema immer weiter hinaus.
Gegenstrategie: Legen Sie direkt nach der Themenwahl einen Arbeitsplan fest und halten Sie diesen konsequent ein.

Fehler 2: Schulische und private Stressphasen werden nicht berücksichtigt

Sie wissen selbst, dass in „heißen" Klausurphasen kaum Zeit für eine intensive Arbeit an anderen Dingen, also an Referat oder Facharbeit, bleibt. Gleiches gilt für Zeiten starker Belastung im Privatleben (z. B. Turniere im Sport).
Gegenstrategie: Überlegen Sie, welche wichtigen Termine in Schule, Ehrenamt und Privatsphäre in die Zeit der Erstellung Ihres Referats/Ihrer Facharbeit fallen. Berücksichtigen Sie diese im Zeitplan.

Fehler 3: Zu lange Literaturrecherche

Häufig entwickelt sich im Laufe der Informationssuche das „The-next-is-the-better-Syndrom": Obwohl bereits eine Vielzahl von Quellen zusammengetragen wurde, glaubt man beständig, eine noch ergiebigere Internetquelle oder ein noch anschaulicheres Buch finden zu können. Und so recherchiert man bis zum Vortrags- bzw. Abgabetermin.
Für eine sorgfältige Erstellung des Endproduktes bleibt kaum noch Zeit. Das Ergebnis: Referat oder Facharbeit erwecken den Eindruck, mit der sprichwörtlichen „heißen Nadel" gestrickt zu sein.
Gegenstrategie: Vermerken Sie in Ihrem Zeitplan ein definitives Ende der Literatur-/Quellensuche. Dieses muss etwa auf der Hälfte Ihrer Bearbeitungszeit erreicht sein. Nur zur Lösung spezieller Probleme sollte man danach erneut nach Informationen suchen.
Finden Sie zu bestimmten Aspekten keine ausreichende Literatur, bitten Sie die betreuende Lehrkraft um Hilfe.

Fehler 4: Literaturbestellzeiten werden nicht eingeplant

Unter Umständen muss Literatur per Fernleihe, direkt beim Verlag oder bei staatlichen Stellen bestellt werden (→ Kapitel 4). Oft stehen per Fernleihe bestellte Werke erst nach zwei bis vier Wochen zur Verfügung. Um Materialzusendung gebetene Institutionen antworten eventuell erst ein bis zwei Monate später.
Gegenstrategie: Planen Sie solche Zeitverzögerungen ein – bestellen Sie frühzeitig.

Fehler 5: Das Literaturlesevermögen wird überschätzt

Bei den Quellen, die Sie zur Erstellung eines Referats oder einer Facharbeit bearbeiten müssen, handelt es sich um Fachliteratur. Diese ist nicht immer einfach zu lesen. Unbekannte

Fachbegriffe müssen nachgeschlagen, kompliziertere Passagen eventuell mehrmals gelesen werden.
Gegenstrategie: Planen Sie ausreichend Lesezeit ein. Bei Fachliteratur ist eine Lesegeschwindigkeit von vier bis acht Seiten pro Stunde realistischer als eine solche von zehn bis 20. Halten Sie zudem ein allgemeines sowie ein fachspezifisches Wörterbuch griffbereit. Schalten Sie in Lesephasen ablenkende Hintergrundgeräusche aus (Handy, Fernseher, Radio). So fällt es leichter, sich zu konzentrieren.

Fehler 6: Bei praktischen Arbeiten geht man von einem glatten Arbeitsverlauf aus

Praktische Arbeiten verlaufen selten ohne Probleme: Experimente scheitern beim ersten Mal. Chemikalien sind aufgebraucht und müssen neu bestellt werden. Geräte werden defekt. Zu interviewende Zeitzeugen erkranken oder verreisen kurzfristig. Unwetter verhindert Kartierungen im Gelände usw.
Gegenstrategie: Planen Sie eine Zeitreserve für eventuelle Probleme im praktischen Teil Ihrer Arbeit ein. Schließen Sie diesen so früh wie möglich ab. Liegen dann alle Daten/Befunde vor, kann man diese in Ruhe auswerten.

Fehler 7: Korrekturzeiten bleiben unberücksichtigt

Bei einem Referat sind nach dem ersten Probevortrag oft noch Korrekturen notwendig. Bei einer Facharbeit müssen Rechtschreibung, Zeichensetzung und Layout überprüft und gegebenenfalls korrigiert werden. Die Arbeit muss zudem kopiert und gebunden werden. All dies nimmt meist mehr Zeit in Anspruch als vorgesehen. Viele Facharbeiten werden daher nicht Korrektur gelesen und enthalten formale Schwächen, die zu Notenabzügen führen.
Gegenstrategie: Planen Sie eine großzügige Korrekturphase ein. Allgemein gilt: Die Arbeit sollte spätestens zwei Tage vor dem Vortrags- bzw. Abgabetermin abgeschlossen sein.

Fehler 8: Probleme mit dem computergestützten Schreib- oder Präsentationsprogramm werden nicht eingeplant

Die Arbeit mit einem Präsentationsprogramm oder einem Schreibprogramm ist nicht unbedingt eine in allen Aspekten vertraute Tätigkeit. Die Zahl der hierbei möglicherweise auftretenden Probleme ist groß.
Gegenstrategie: Machen Sie sich bereits vor dem ersten großen Projekt mit dem Programm vertraut. Fragen Sie bei Problemen möglichst rasch einen „Experten“ oder eine „Expertin“. Lange Experimentierphasen kosten gerade in der Endphase der Referats-/Facharbeitserstellung zu viel Zeit.

Fehler 9: Wer denkt an Computer-Probleme?

Computer-Abstürze kommen aber vor. Zudem pflegen Druckerkartuschen gerade beim Ausdruck der Endfassung von Facharbeiten leer zu werden. Oder das Papier geht aus. Oder …

Gegenstrategie: Sichern Sie während und am Ende jeder PC-Sitzung Ihre Daten. Speichern Sie diese zusätzlich zur Festplatte auch auf Stick oder Sicherungsdiskette/CD-ROM. Halten Sie in der Endphase Ihrer Arbeit Ersatztoner bzw. Druckerpatronen, ausreichend Papier – und am besten auch einen Bekannten mit intaktem Drucker bereit …

2.3 Dokumentieren und Ordnen

Bei jeder Form wissenschaftlicher Arbeit ist es wichtig, vom Beginn des Arbeitsprozesses an Ergebnisse, Probleme und Ideen in schriftlicher Form festzuhalten. Hierbei kann man zwei Formen von Notizen unterscheiden:

- Notizen zum Arbeitsprozess;
- bibliografische Notizen (Vermerke zu Autor, Titel usw. der gefundenen Quellen).

Diese Notizen kann man festhalten:

- handschriftlich in einem Heft (z. B. in Form eines Arbeitstagebuches);
- handschriftlich auf Karteikarten (z. B. in Form von Bibliografiekarten) oder
- elektronisch in einer Datenbank im Computer.

Alle drei Formen der Dokumentation haben Vor- und Nachteile, die sie jeweils für bestimmte Dokumentationsbereiche besonders geeignet bzw. ungeeignet erscheinen lassen (siehe unten).

2.3.1 Arbeitstagebuch

Bei umfangreicheren Referaten sowie bei Facharbeiten ist es hilfreich, den Prozess der Erstellung schriftlich festzuhalten. Dies geschieht in Form eines Arbeitstagebuches.

Ein Arbeitstagebuch ist ein Heft mit festem Einband, in das Sie, nach Datum sortiert, handschriftlich eintragen:

- den täglichen Arbeitsprozess
- Arbeitsergebnisse
- aufgetretene Probleme
- Ideen für deren Lösung und gegebenenfalls Lösungsschritte und Lösungsergebnisse
- Geistesblitze
- Hinweise auf eventuell brauchbare Quellen (Buchtitel, Internetadressen)
- Fragen, die im Beratungsgespräch zu klären sind
- Ergebnisse der Beratungsgespräche usw.

Das benutzte Heft sollte nicht zu unhandlich sein. So kann man dieses stets mit sich führen und rasch zur Hand haben, also auch in der Bibliothek, im Labor, bei Befragungen, selbst im Bett. Denn brauchbare Ideen kommen einem nicht nur am Schreibtisch und Literaturtipps erhält man oft an Stellen, wo man sie am wenigsten erwartet (z. B. in einer Fernsehsendung oder beim Gespräch mit Tante Erna).

Die Eintragungen können stichwortartig, nach Oberbegriffen geordnet oder als zusammenhängender Text vorgenommen werden. Bei stichwortartigen Vermerken sollte man jedoch in den Formulierungen nicht zu knapp bleiben. Auch nach einigen Monaten muss sich aus den Stichworten der Inhalt der Vermerke noch klar rekonstruieren lassen.

Beispiel: Seite aus einem Arbeitstagebuch

25. Mai 2013 Arbeitsprozess und Arbeitsergebnisse – Habe Literatur in der Stadtbücherei zur Mafia in Italien gesucht. – Frau Brenner (Bibliotheksaufsicht) war kompetente Hilfe. – Hat mir Signaturgruppe Ital 15 empfohlen. – Habe dort drei brauchbare Bücher gefunden: CALVIE 1993, LUPO 2002 und UESSELER 1994. – Alle drei habe ich ausgeliehen. – Habe lange im Büchereicomputer nach weiteren Büchern gesucht. Ohne Ergebnis. – Hätte sofort Frau Brenner fragen sollen!! Sie hat mir nämlich gezeigt, dass man dort nicht das Stichwort Mafia eingeben muss, sondern *Mafia*. Nur dann findet man auch Bücher zum Thema Mafia ohne das Wort Mafia im Titel. – Habe so DICKIE 2006 (Cosa nostra) gefunden. Brandneu – doch ausgeliehen bis 31. Mai. Habe Buch vormerken lassen. – Weiterer Fund: Artikel in Zeitschrift „Italienisch – Zeitschrift für italienische Sprache und Literatur“ 11/1993 von V. Consolo, Titel: „La mafia nella letteratura siciliana“. Problem: ist auf Italienisch. Trotzdem kopiert.	Probleme & Lösungsideen – Artikel in Zeitschrift ist auf Italienisch!! – Toni von Pizzeria Prima Vera fragen, ob er mir den übersetzen kann. Geistesblitze Möchte in die Einleitung eine Sequenz aus dem Film „Der Pate“ einbauen. Glaube, die macht neugierig. Fragen für Beratungsgespräch – Darf man auch Zitate und Bilder aus Filmen in die Facharbeit bringen? – Wie gebe ich für solche Bilder die Quelle an? – Darf man Diagramme aus Büchern einscannen oder muss ich die selber neu zeichnen? Darf man eingescannte Diagramme verändern/ergänzen?

Ein Arbeitstagebuch bietet so die Möglichkeit,

- den Arbeitsprozess im Nachhinein nachzuvollziehen und zu reflektieren (einzelne Arbeitsschritte, das Zeitmanagement usw.);
- Fehler und unnötigen Zeitverlust zu erkennen und daraus Verbesserungsideen für nachfolgende Referate/schriftliche Arbeiten abzuleiten (auch für Universität oder FH);
- Ideen, die man eventuell nicht direkt verwerten konnte, festzuhalten – vielleicht benötigt man sie ja an anderer Stelle;

- Quellen, die man gefunden, aber nicht kopiert, ausgedruckt oder ausgeliehen hat, später wiederzufinden;
- einen Steinbruch an Ideen, Informationen usw. zu haben, aus dem man für die spätere Endfassung der Facharbeit schöpfen und zitieren kann;
- die Beratungsgespräche vorzubereiten (den Arbeitsfortschritt gegenüber dem betreuenden Lehrer nachzuweisen, ungeklärte Fragen festzuhalten usw.) und deren Ergebnisse zu vermerken.

An einigen Schulen ist die Führung eines solchen Arbeitstagebuches bei der Erstellung einer Facharbeit verpflichtend. Es muss bei den Beratungsgesprächen vorgelegt werden.

Für praktische Arbeitsteile (z. B. naturwissenschaftliche Versuche, Befragungen und Interviews) reicht das Arbeitstagebuch als Dokumentation meist nicht aus. Hier sollte zusätzlich ein **Protokoll** erstellt werden (→ Kapitel 8).

2.3.2 Dokumentation auf Karteikarten

Neben dem Arbeitstagebuch und eventuellen Protokollen praktischer Arbeitsteile bietet auch das Notieren wichtiger Informationen auf Karteikarten eine Möglichkeit, Arbeitsergebnisse systematisch zu dokumentieren. Man benutzt dazu meist Karteikarten im Format DIN A5.
Die Eintragungen auf Dokumentationskarteikarten sehen dabei ähnlich aus wie in einem Arbeitstagebuch. In jedem Fall sollte auf allen Karteikarten oben das Datum notiert werden.

Karteikarten besitzen gegenüber einem Arbeitstagebuch folgende **Vorteile**:
- Sie sind flexibler in der Handhabung.
- Sie sind klein und leicht. Man kann sie immer dabeihaben.
- Man kann sie – je nach Bedarf – immer wieder unter neuen Ordnungsgesichtspunkten sortieren. Die starre Ordnung nach Datum wie im Arbeitstagebuch entfällt.
- Die Verwendung unterschiedlich gefärbter Karten erlaubt es, die Eintragungen von vornherein zu systematisieren (z. B. grüne Karten für Arbeitsergebnisse, rote für offene Fragen usw.).

Nachteile der Dokumentation von Arbeitsschritten und Ergebnissen auf Karteikarten:
- Die für die Dokumentation zur Verfügung stehende Fläche ist kleiner als in einem Heft.
- Karteikarten geraten leicht durcheinander.
- Man verliert sie leichter.

Wer Schwierigkeiten hat, in seinen Unterrichtsnotizen Ordnung zu halten, sollte also besser auf die Benutzung von Karteikarten zur Dokumentation verzichten.

2.3.3 Bibliografische Notizen (Literatur)

Sie haben ein für Ihr Thema interessantes Buch oder einen Zeitschriftenartikel gefunden. Wollen Sie diese Quelle später im Referat oder in der Facharbeit benutzen, dann muss sie im Literatur- und Quellenverzeichnis korrekt angegeben werden. Damit dieses möglich ist, müssen Sie sich entsprechende bibliografische („bücherkundliche") Notizen machen.

- Diese sollten alle den Literaturtitel betreffenden Informationen exakt festhalten.
- Sie können auf einem Blatt Papier, im Arbeitstagebuch oder auf Karteikarten bzw. in einer Datenbank in einem Textverarbeitungsprogramm am Computer dokumentiert werden.
- Karteikarten und Datenbank sind als Dokumentationssysteme optimal, da sie die rasche Erstellung eines alphabetischen Literaturverzeichnisses erlauben.

Literaturkarteikarten könnten etwa folgendes Aussehen haben:

Beispiel: Literaturkarteikarten

Literaturkarteikarte für ein Buch:

DICKIE, John (2006):
Cosa nostra. Die Geschichte der Mafia.
1. Auflage.
Frankfurt am Main: S. Fischer Verlag

Literaturkarteikarte für einen Zeitschriftenartikel:

MAIER, Stefan (2006):
Geblitzt: Elektronen in der Radarfalle.
Das Ohm'sche Gesetz gilt auch für Einzelelektronen.
In: Spektrum der Wissenschaft, Heft 10/2006, S. 19–22

Literaturkarteikarte für ein Kapitel aus einem Buch mit Herausgebern, in dem verschiedene Autoren Kapitel geschrieben haben:

HEBERER, Thomas (1994):
Volksrepublik China.
In: NOHLEN, Dieter/NUSCHELER, Franz (Hrsg.): Handbuch der Dritten Welt.
Band 8. 3. Auflage.
Bonn: Dietz, S. 64–138

In jedem Fall müssen die bibliografischen Notizen enthalten:

- den oder die NACHNAMEN der Autorin, des Autors oder der Autoren
- den bzw. die Vornamen
- das Erscheinungsjahr des Buches bzw. der Zeitschrift
- den Titel und gegebenenfalls den Untertitel des Buches, des vom Autor verfassten Buchkapitels oder des Zeitschriftenaufsatzes
- bei einem Buch: die Auflage, den Erscheinungsort, den Verlag und die Seitenzahl
- bei einer Zeitschrift: die Heftnummer, den Jahrgang und die Seitenzahl

Denken Sie daran: Wenn Sie Seiten aus Büchern oder Zeitschriften kopieren, müssen Sie auch **auf den Kopien bibliografische Angaben notieren.** In der Regel reicht es aber, oben auf jeder Kopie den Autor und die Jahreszahl festzuhalten. Anhand dieser Angaben kann die Quelle identifiziert werden – sofern eine entsprechende bibliografische Notiz auf Karteikarte oder im Computer angelegt wurde.

2.3.4 Bibliografische Notizen (Internetquellen)

Haben Sie Internetquellen gefunden, können Sie diese am Bildschirm anlesen. Erweist sich eine Quelle hierbei als (wahrscheinlich) brauchbar, sollten Sie diese ausdrucken. Ein Ausdruck liest sich angenehmer und ermüdungsfreier als ein Bildschirmtext. Zudem ist er stets verfügbar, ohne dass der Computer eingeschaltet werden muss, und kann problemlos mit Anmerkungen versehen werden.

Wie ein Literaturwerk muss auch eine Internetquelle bibliografisch erfasst werden. Nur so können Sie die Quelle im Daten-Dschungel des Internets wiederfinden und sie korrekt in Ihrer Arbeit zitieren (→ Kapitel 7). Und auch hier gilt: Je mehr bibliografische Angaben festgehalten werden, desto besser. Zur bibliografischen Erfassung einer Internetquelle gehören aber in jedem Fall folgende Angaben:

- URL (*Uniform Resource Locator*, Internetadresse)
- Datum der Entnahme der Quelle aus dem Internet
- Name und Vorname des Autors der Internetquelle (gegebenenfalls Name der Institution)
- Titel der Internetquelle
- gegebenenfalls Datum/Erstellungsjahr der Quelle (z. B. bei Zeitungs- und Zeitschriftenartikeln sowie anderen Quellen mit hohem Aktualitätsgrad)

Die **Angabe des Entnahmedatums** aus dem Internet ist von besonderer Wichtigkeit, da das Internet einem raschen Wandel unterworfen ist. Bereits morgen schon kann unter der gleichen URL eine gänzlich andere Information stehen als heute. Durch die Angabe des Entnahmedatums sichert man sich gegen solche inhaltlichen Änderungen ab.
Wie Literaturwerke können auch Internetquellen auf Blättern in einem Ringordner, auf Karteikarten oder per Computer bibliografiert werden.

Eine bibliografische Dokumentation von Internetquellen in einer Datenbank kann etwa nebenstehendes Aussehen haben:
Die Vorteile einer bibliografischen Erfassung von Internetquellen per Computer werden an obigem Beispiel

Beispiel: Internetquelle

http://www.faz.net/aktuell/wissen/medizin/reprogrammierte-hautzellen-der-koenigsweg-zur-stammzelle-1438054.html
aus dem Internet am 29.8.2013
Autor: Joachim Müller-Jung
Titel: Reprogrammierte Hautzellen – Der Königsweg zur Stammzelle?
Artikel im FAZ.NET vom 7.6.2007

deutlich: Lange Internetadressen können nach dem Markieren problemlos durch Nutzen der Kopierfunktion in die Datenbank übernommen werden, ohne dass man sie mühsam abschreiben muss. Zudem ist auf gleichem Weg die spätere Übernahme in das Quellenverzeichnis der Facharbeit oder des Referat-Handouts bequem möglich.

In vielen Fällen werden bibliografische Angaben beim Drucken von Internetquellen automatisch mit ausgedruckt. Doch gilt dies keineswegs für alle Internetquellen: pdf-Dateien z. B. werden ohne Quellenverweis gedruckt. Kontrollieren Sie also in jedem Fall, ob Ihre Ausdrucke Quellenangaben enthalten. Falls nicht, müssen Sie diese handschriftlich ergänzen. Hier reicht es, die Kurz-URL (bis zum Domain-Namen) und das Entnahmedatum aus dem Internet zu vermerken (Beispiel: http://www.faz.net 29.8.2013). Wurde die Quelle wie vorgeschlagen bibliografisch am Computer oder auf Karteikarten erfasst, können Sie sie anhand dieser beiden Angaben leicht identifizieren.

2.3.5 Ordnung halten

„Wer Ordnung hält ist nur zu faul zum Suchen!" Diese Redewendung enthält mehr als nur ein Körnchen Wahrheit. Wenn Kopien, Ausdrucke und handschriftliche Notizen ohne System über- und durcheinander auf Ihrem Schreibtisch landen, werden Sie rasch feststellen, dass ein solcher Informationsberg nicht mehr beherrschbar ist, geschweige denn in vertretbarer Zeit die gesuchten Informationen preisgibt.

Legen Sie also vor Beginn Ihrer Arbeit einen Ringordner bereit. Dieser sollte farbige Trennblätter (Registerblätter) aus Pappe oder Plastik enthalten. Heften Sie nun alle Ausdrucke und Kopien, nachdem diese mit einer Quellenangabe versehen wurden, unter bestimmten Oberbegriffen im Ordner ab. Diese Oberbegriffe ergeben sich aus dem Thema des zu erstellenden Referats/der Facharbeit und sollten auf den Trennblättern/Registerblättern vermerkt werden.
Auch handschriftliche Notizen, Gliederungsentwürfe, Protokolle usw. sollten Sie in gleicher Weise abheften. Hier empfiehlt es sich, oben auf der Seite das Datum der Erstellung dieser Notizen zu vermerken. So lässt sich z. B. die letzte Fassung einer Gliederung rasch von älteren Versionen unterscheiden.

2.4 Arbeitsplatz und Arbeitsrhythmus

Arbeitsplatz

Gestalten Sie Ihren Arbeitsplatz funktional, bequem und fern von störender Ablenkung:

- Ihr Schreibtisch sollte ausreichend Platz bieten, um mehrere Schriftstücke nebeneinanderlegen zu können. Deren Vergleich und Kombination sind dann ohne lästiges

Nachschlagen problemlos möglich. Sinnvoll sind auch separate Ablagemöglichkeiten für häufig benutzte Literatur.

- Halten Sie an Ihrem Arbeitsplatz stets ein Blatt Papier griffbereit, um darauf Ideen, Formulierungen oder Fragen zu notieren.
- Gestalten Sie Ihren Arbeitsplatz übersichtlich. Dazu gehört es auch, Kopien und Notizen geordnet abzuheften.
- Ein Arbeitsplatz ist prinzipiell ein Platz zum Arbeiten. Ablenkung sollten Sie hier nur in geringem Umfang zulassen. Deshalb gehört ein Fernseher nicht in Schreibtischnähe. Computerspiele sollten während einer Arbeitssitzung am Computer tabu sein. ICQ wie auch Handy gehören abgeschaltet. Trennen Sie Arbeit und Freizeitaktivitäten klar voneinander. Nur so kommen Sie rasch voran – und haben danach ausreichend Zeit für Freunde und Freizeitvergnügen.
- Die Sitzgelegenheit sollte so beschaffen sein, dass sie ein bequemes, konzentriertes Arbeiten über längere Zeit ermöglicht.
- Gestalten Sie die Lichtverhältnisse so, dass ermüdungsfreies Lesen möglich ist.

Arbeitsrhythmus

Richten Sie Ihren Arbeitsrhythmus so ein, dass längere Arbeitsphasen ohne Unterbrechungen zur Verfügung stehen. Dies bietet Vorteile:

- In einer längeren zusammenhängenden Arbeitsphase müssen Sie sich nur einmal gedanklich auf den Stoff einstellen.
- Sie können auch umfangreiches Material auswerten und dabei Strukturen und Zusammenhänge erkennen.
- Längere Textpassagen können ohne inhaltliche und stilistische Brüche formuliert werden.

Ungünstig ist es, sich direkt nach starker körperlicher oder geistiger Anstrengung an die Arbeit zu begeben, also z. B. nach einem Fußballspiel oder einer Klausur. Man arbeitet dann oft unkonzentriert. Das Ergebnis ist trotz hohen zeitlichen Einsatzes unbefriedigend. Die Folge: Frustration entsteht und daraus eine Abwehrhaltung gegen die Arbeit. Arbeiten Sie also bevorzugt zu Zeiten, in denen Sie geistig frisch sind. Dies kann der frühe Nachmittag, aber auch die Zeit nach den abendlichen Fernsehnachrichten sein.
Setzen Sie sich erreichbare **Tagesziele**: Welche Literatur wollen Sie bis 17.00 Uhr gelesen haben? Welchen Arbeitsschritt wollen Sie heute abschließen? Beenden Sie die Arbeit, wenn Sie Ihre Tagesziele erreicht haben.
Motivieren Sie sich selbst. Gehen Sie mit einem Glas Orangensaft oder einem Tee entspannt an die Arbeit. Genießen Sie eine besonders gelungene Formulierung oder den Abschluss eines Kapitel Ihrer Arbeit. Belohnen Sie sich nach dem Erreichen der Tagesziele z. B. durch einen Waldlauf, einen Kinobesuch oder eine entspannende Spielstunde am Computer.

2.5 Beratungsgespräche

2.5.1 Nutzen und Gestaltung der Beratungsgespräche

Die Fachlehrerin bzw. der Fachlehrer, bei der bzw. dem Sie ein Referat anfertigen oder eine Facharbeit erstellen, wird auch diejenige/derjenige sein, der Ihre Leistung beurteilt. Sie sollten daher der Zusammenarbeit mit ihr/ihm einen besonderen Stellenwert einräumen.

Eine Möglichkeit zu intensiven Gesprächskontakten bieten die Beratungsgespräche mit der betreuenden Lehrkraft. An vielen Schulen sind solche Gespräche im Rahmen der Facharbeitserstellung verpflichtend vorgesehen. Doch auch wenn diese an Ihrer Schule nicht obligatorisch sind, sollten Sie sich um entsprechende Gesprächstermine bemühen. Selbst bei der Erstellung umfangreicher Referate zahlen sich Abstimmungs- und Beratungsgespräche mit der Lehrerin/dem Lehrer aus. Und dies aus mehreren Gründen:

- Sie vermeiden auf diese Weise, eine gänzlich andere Arbeitsrichtung einzuschlagen, als von der betreuenden Lehrkraft angedacht und gefordert.
- Auftretende Probleme lassen sich häufig im Gespräch rasch klären.
- Eine kontinuierliche, enge Zusammenarbeit mit der betreuenden Lehrkraft schützt Sie vor unangenehmen Überraschungen bei der Erteilung der Note.
- Es erleichtert der Lehrerin bzw. dem Lehrer die Bewertung. Aus dem Gesprächsverlauf kann abgeschätzt werden, wie tief Sie in die Problematik eingedrungen sind und wie intensiv Sie gearbeitet haben. Das kann sich durchaus positiv auf die Note auswirken.

Für alle Beratungsgespräche gilt:

- Planen Sie diese Gespräche fest in Ihren Arbeitsplan ein (→ Seite 14), sofern nicht bereits vonseiten der Schule konkrete Beratungstermine vorgegeben sind.
- Melden Sie sich bei der betreuenden Lehrerin/dem betreuenden Lehrer an.
- Bitten Sie diese/n, sich Zeit für das Gespräch zu nehmen. Führen Sie diese Gespräche nicht zwischen Tür und Angel, etwa in der Fünf-Minuten-Pause.
- Bereiten Sie sich auf diese Gespräche vor. Sichten Sie Ihr Arbeitstagebuch (→ Seite 17 f.) Sofern Sie kein solches führen, sollte auf Ihrem Schreibtisch stets ein Blatt Papier griffbereit liegen, auf dem Sie Fragen, Probleme, aber auch Ideen notieren. Gehen Sie vor dem Beratungsgespräch Ihre Notizen durch. Ordnen Sie diese. Entwickeln Sie ausgehend von diesen Notizen einen Leitfaden für das Gespräch und halten Sie ihn schriftlich fest.
- Formulieren Sie wichtige Aspekte, die Sie ansprechen wollen, vorab schriftlich (z. B. Ihre vorläufige Gliederung). Geben Sie diese schriftlichen Unterlagen unter Umständen bereits einen Tag vor dem Gespräch an die betreuende Lehrperson. Diese hat so die Möglichkeit, sich mit Ihren Vorstellungen in Ruhe auseinanderzusetzen, und kann Sie dann intensiver und besser beraten.

- Vertrauen Sie nicht allein Ihrem Gedächtnis: Halten Sie wichtige Informationen und Ergebnisse schon während des laufenden Beratungsgespräches schriftlich fest. Notieren Sie Termine. Halten Sie konkrete Vorgaben und zentrale Formulierungen wörtlich fest, alles andere sinngemäß.
- Optimal ist es, den schriftlichen Leitfaden für das Beratungsgespräch so zu gestalten, dass unter dem jeweiligen Problempunkt bzw. der jeweiligen Frage Platz für Gesprächsnotizen frei gelassen wird.
- Stellen Sie wichtige Fragen direkt und unverblümt. Nur so erhalten Sie eine eindeutige Antwort.
- Bitten Sie die Lehrerin bzw. den Lehrer bei zentralen Fragen um eine klare Antwort. Aussagen wie „Machen Sie dieses zunächst einmal so. Wir werden dann ja sehen. …“ helfen Ihnen in Ihrer Arbeit nicht weiter. Sie sollten sie nicht akzeptieren.
- Lassen Sie sich zentrale Absprachen – etwa die Genehmigung der Gliederung – durch einen schriftlichen Vermerk des Lehrers bestätigen (z. B. „o. k. – Schmitz – 20. Mai 2013“).
- Zeigen Sie sich flexibel: Weichen die Vorstellungen des Lehrers deutlich von den Ihren ab, suchen Sie einen Kompromiss.

Das Gespräch mit dem Lehrer sollte in jedem Fall immer dann gesucht werden, wenn größere Fragen oder Probleme auftreten.
Darüber hinaus sind Beratungsgespräche generell an vier Stellen im Arbeitsprozess sinnvoll und notwendig:
① Zu Beginn
② Bei der Themenstellung/Themenwahl
③ Zur Absegnung der Gliederung
④ Kurz nach dem Start in die Reinschriftphase

2.5.2 Zu Beginn

Hier sollten Sie, soweit nicht bereits im Rahmen einer allgemeinen Informationsveranstaltung für den ganzen Kurs/die gesamte Jahrgangsstufe geschehen, in einem ersten Gespräch mit dem Fachlehrer oder der Fachlehrerin abklären, wie der organisatorische Rahmen der Arbeit abgesteckt ist.

Dies betrifft die Aspekte:
- Art und Weise der Themenstellung/-wahl
- Umfang der zu erstellenden Arbeit (bei Referaten minimale und maximale Vortragsdauer; bei Facharbeiten: Unter- und Obergrenze des Seitenumfanges)
- Zeitrahmen der Erstellung, genauer Vortrags- bzw. Abgabetermin

- geforderter Umfang der Literatur- bzw. Quellenarbeit
- Möglichkeiten bzw. Notwendigkeit der Einbindung praktischer Arbeitsteile
- Umfang und Form der Anbindung an das Kursthema oder die behandelten Unterrichtsinhalte
- fachspezifische Regelungen (z. B. Festlegung der Form, in der fremdsprachliche Quellen in die Arbeit eingebracht werden müssen)
- zu beachtende formale Rahmenvorgaben: Seitenlayout, Zitierweise usw.
- Bewertungskriterien
- Stellenwert der erteilten Note
- Termine weiterer Beratungsgespräche

2.5.3 Bei der Themenstellung/Themenwahl

Die Abläufe bei der Themenstellung/-wahl variieren je nach Bundesland, Schule, ja Lehrkraft erheblich (⟶ Kapitel 3).

Sofern Sie an der Themenformulierung mitwirken können, ist es nötig, gemeinsam mit der betreuenden Lehrkraft das vorläufige und schließlich auch das endgültige Thema bzw. das eingrenzende Unterthema zu formulieren. Hierbei gilt es abzuklären:

- Ist das von mir gewünschte Thema nach Ansicht des Lehrers ergiebig genug?
- Ist es (gegebenenfalls durch das Unterthema) in ausreichendem Maße eingegrenzt?
- Sind meine spontanen Vorstellungen und Fragen zum Thema logisch und nachvollziehbar?

Nachdem Sie Ihr endgültiges Thema erhalten haben und erste Überlegungen zur Umsetzung angestellt haben, sollten Sie um ein weiteres Beratungsgespräch bitten.
Bringen Sie zu diesem Gespräch mit:

- Ihren Arbeitsplan (⟶ Seite 14)
- eine vorläufige Literaturliste
- eine erste grobe Gliederung

Erbitten Sie von der Lehrerin/dem Lehrer Informationen zu folgenden Punkten:

- Welche inhaltlichen Schwerpunkte stellt sie/er sich bei diesem Thema vor?
- Kann sie/er neben den von Ihnen bereits gefundenen Autoren und Literaturwerken weitere empfehlen? (So vermeidet man gegebenenfalls, einen „Lieblingsautor“ der Lehrkraft zu übersehen.)
- Welche besonderen methodischen Aspekte möchte sie/er bei diesem Thema berücksichtigt wissen? Zum Beispiel: An welcher Stelle und in welchem Umfang müssen praktische Arbeiten eingebracht werden? Wird eine bestimmte Formen der Ergebnisdokumentation gewünscht (Karte, Diagramm usw.)? Wie soll in sprachlichen Fächern der Umgang mit der Primärquelle aussehen?

- In Referaten: Ob und in welchem Umfang können bzw. müssen Präsentationstechniken (→ Seite 170 ff.) angewandt werden?
- Bei praktischen Arbeiten: Welche Möglichkeiten zur Durchführung der bei diesem Thema notwendigen eigenen Forschungsarbeit gibt es in Ihrer Schule (z. B. Laborplätze; Möglichkeiten zur Haltung von Versuchstieren; Bereitstellung einer Videokamera für die Dokumentation von Lebendbeobachtungen oder von Interviews mit Zeitzeugen)? Welche Vorschriften müssen beachtet werden (z. B. Sicherheitsstandards)? Welche Genehmigungen müssen gegebenenfalls eingeholt werden (z. B. für Umfragen, bestimmte Kartierungen)?
- Welche besonderen formalen Aspekte sind bei diesem Thema zu berücksichtigen? Sollten z. B. bei praktischen Arbeiten die ermittelten Rohdaten im Anhang aufgeführt werden?
- Ist der von Ihnen vorgesehene Zeitplan praktikabel?
- Wann sollte das nächste Beratungsgespräch stattfinden? (Sofern das nicht durch die Schule vorgegeben ist.)

Das Beratungsgespräch zu diesem frühen Zeitpunkt ist von besonderer Bedeutung. Durch möglichst klare Absprachen mit dem Fachlehrer oder der Fachlehrerin vermeiden Sie es, Ihre weitere Arbeit in eine völlig falsche Richtung zu lenken und dieses erst dann zu bemerken, wenn bereits viel Zeit und Mühe investiert wurde und es für eine Korrektur der Arbeitsrichtung eventuell schon zu spät ist.

2.5.4 Zur Absegnung der Gliederung

Bevor Sie mit der Abfassung erster Textpassagen beginnen, sollten Sie erneut das Gespräch mit dem Betreuer oder der Betreuerin suchen.

Dies sollte Ihr Arbeitsstand sein:

- Sie haben die Literatur-/Quellensuche und die Literatur-/Quellenauswertung weitestgehend abgeschlossen.
- Es wurde eine Gliederung erstellt.
- Sie haben mit dem Erstellen einer Stoffsammlung begonnen (→ Seite 73 ff.).

Bringen Sie zu diesem Gespräch mit:

- Ihre Literaturliste
- Ihre Gliederung
- gegebenenfalls Ihre Arbeitstagebuch
- gegebenenfalls Ihre Stoffsammlung
- gegebenenfalls eine Fragen- und Problemeliste

Im Gespräch sollten Sie nun

- die Ergebnisse Ihrer bisherigen Arbeit vorstellen und überprüfen, inwieweit Ihre Arbeitsrichtung mit den Vorstellungen der Lehrerin bzw. des Lehrers übereinstimmt;
- die betreuende Lehrkraft darüber informieren, welche Literatur/Quellen Sie bisher gefunden haben; bitten Sie die Lehrerin bzw. den Lehrer gegebenenfalls um Tipps für die Beschaffung von Literatur, mit der noch bestehende Lücken im Materialfundament Ihrer Arbeit ausgefüllt werden können;
- Ihre Gliederung vorstellen und erläutern; diskutieren Sie diese mit der Lehrerin bzw. dem Lehrer; klären Sie ab, ob die Abfolge der Gliederungspunkte logisch ist und dem gestellten Thema entspricht;
- gemeinsam mit der Lehrkraft überprüfen, inwieweit Ihre bisherige Arbeit der Intention des gestellten Themas entspricht;
- gegebenenfalls Probleme und Fragen besprechen, die sich bei Ihrer bisherigen Arbeit ergeben haben, und um Tipps bitten, wie Sie diese lösen können;
- den Termin für ein letztes Beratungsgespräch festlegen (sofern dieser nicht durch die Schule vorgegeben ist).

2.5.5 Kurz nach dem Start in die Reinschriftphase

Bei diesem letzten Beratungsgespräch kann es nicht mehr darum gehen, Ihre Arbeitsrichtung neu zu bestimmen oder weitere Literaturempfehlungen aufzunehmen. Dafür ist die Arbeit zu diesem Zeitpunkt bereits zu weit fortgeschritten. Vielmehr geht es darum, dem Endprodukt bezüglich Formulierung, Layout und Darbietung den „letzten Schliff" zu geben.

Dies sollte Ihr Arbeitsstand sein:

- Die Rohfassung Ihres Referats bzw. Ihrer Facharbeit liegt vor (Stoffsammlung sowie ausformulierte Textbausteine).
- Ebenso haben Sie Ihre vorläufige Gliederung überarbeitet und gegebenenfalls ergänzt oder umgestellt.
- Sie haben bei der Facharbeit eine erste Textseite in der vorgesehenen Reinschriftversion bzw. beim Referat eine erste Folie, ein Tafelbild oder Ähnliches erstellt, inklusive des dazu vorgesehenen gesprochenen Textes.
- Noch aber ist die Endfassung nur zu einem Bruchteil fertig, sodass Änderungen ohne großen Aufwand möglich sind.

Bringen Sie zu diesem Gespräch mit:

- die Endfassung der Gliederung
- eine Seite Ihrer Facharbeit/eine Folie etc. Ihres Referats in der vorgesehenen endgültigen Form („Probeseite")

- gegebenenfalls Ihr Arbeitstagebuch
- gegebenenfalls eine Fragen- und Problemeliste

Im Gespräch mit der Lehrerin oder dem Lehrer sollten Sie
- die von Ihnen entworfene endgültige Gliederung besprechen;
- inhaltliche und methodische Schwerpunkte erläutern, die Sie in der Endfassung Ihrer Arbeit setzen wollen;
- von Ihnen vorgesehene Veranschaulichungselemente vorstellen und deren Einsatz besprechen (bei Referaten: Folien, Dias, Karten, Filmausschnitte usw.; bei Facharbeiten: Diagramme, Karten, Tabellen usw.);
- bei Referaten: den Einsatz eines Handouts besprechen, den Einsatz von Tondokumenten erörtern;
- bei Facharbeiten: die bereits fertiggestellte Probeseite mit der betreuenden Lehrkraft durchsehen und daraufhin überprüfen, ob die formalen Aspekte, die optische Gestaltung und die Zitiertechnik den Vorstellungen der Lehrerin oder des Lehrers entsprechen;
- gegebenenfalls noch bestehende Fragen und Probleme klären.

2.6 Gruppenarbeit

Häufig besteht die Möglichkeit, ein Referat oder eine Facharbeit zu zweit, zu dritt oder zu viert zu erstellen. Eine solche Gruppenarbeit bringt Vor-, aber auch Nachteile mit sich.

Zunächst muss, so die Vorgabe der Kultusministerkonferenz, bei Arbeiten, an denen mehrere Schülerinnen oder Schüler beteiligt waren, die individuelle Leistung jedes Einzelnen gesondert bewertet werden. Das heißt, die Gruppenarbeit muss so konzipiert sein, dass die eigenständige Arbeitsleistung jeder/jedes Beteiligten für die Lehrerin oder den Lehrer klar erkennbar und erfassbar ist und getrennt von den Leistungen der Übrigen bewertet werden kann.

In Referaten kann dies z. B. dadurch sichergestellt werden, dass jedes Gruppenmitglied den von ihm formulierten Teil des Referats vorträgt. Dabei ist es wichtig, das Referatthema so zu untergliedern, dass jede bzw. jeder Vortragende einen etwa gleich langen und gleich ergiebigen Abschnitt zugeteilt bekommt. Es besteht jedoch auch die Möglichkeit, eine „methodische Arbeitsteilung“ vorzunehmen: Ein Mitglied der Gruppe zeichnet z. B. für den Referattext verantwortlich und trägt diesen vor, ein anderes erstellt und präsentiert die Dias, Overheadfolien, digitale Folien usw. Ein weiteres Gruppenmitglied erstellt das Handout.

In einer Facharbeit zum Thema „Malta, eine Insel zwischen Afrika und Europa“ könnte z. B. ein Gruppenmitglied den Naturraum, ein anderes die historische und politische Entwicklung Maltas, ein drittes die Wirtschaft der Inselrepublik und ein viertes die Frage nach den Auswirkungen der Aufnahme Maltas in die EU abhandeln. Gemeinsam würde dann das Inhaltsverzeichnis, die Einleitung, das Schlusswort, das Literatur-/ Quellenverzeichnis und ein eventueller Anhang erstellt. Die Beiträge der Gruppenmitglieder müssen in der Schlusserklärung der Facharbeit einzeln ausgewiesen werden (→ Seite 153 f.).

Vorteile einer Gruppenarbeit sind unter anderem:

- Jedes Gruppenmitglied kann seine persönlichen Kenntnisse, Fähigkeiten und Fertigkeiten in die Arbeit einbringen. So könnte z. B. ein Gruppenmitglied sein Talent zur Konzeption und Durchführung von Experimenten beisteuern, ein anderes hingegen seine guten Englischkenntnisse bei der Übersetzung wichtiger englischsprachiger Fachliteratur.
- Auch ein komplexes Thema, dessen Bearbeitung durch eine Einzelperson ausgeschlossen wäre, kann durch eine Gruppe bearbeitet werden.
- Bei der Quellenrecherche kann jeder seine Rechercheschwerpunkte setzen (z. B. Internet, Bibliothek usw.) und dabei stets für alle Gruppenmitglieder mitrecherchieren. Hieraus ergibt sich für alle Gruppenmitglieder ein zum Teil merklicher Zeitgewinn.
- Man kann Ergebnisse gemeinsam diskutieren und Probleme in der Gruppe meist rascher lösen als allein.
- Man kann sich unter Umständen Formulierungshilfe leisten und fertiggestellte Teile der Arbeit wechselseitig Korrektur lesen.
- Gemeinsames Arbeiten macht Spaß.

Nachteile einer Gruppenarbeit sind unter anderem:

- Vielfältige Absprachen sind notwendig, da die einzelnen Abschnitte der Arbeit koordiniert werden müssen. Dazu bedarf es einer Reihe von Treffen. Diese kosten Zeit. Zudem ist es nicht immer ganz einfach, gemeinsame Arbeitstermine zu finden.

  Absprachen bei einer Facharbeit sind:
  - Einige Abschnitte müssen gemeinsam erstellt werden (z. B. Gliederung, Einleitung, Quellenverzeichnis).
  - Zudem muss man sich in der Gruppe inhaltlich abstimmen, um Dopplungen und Widersprüche zu vermeiden.
  - Auch gilt es, sich auf einen gemeinsamen Darstellungsstil zu einigen, sich eventuell sogar stilistisch anzupassen.

  Absprachen bei einem Referat:
  - Den Referattext kann man in große Blöcke aufteilen, die von jeweils einer Person vorgetragen werden. Auch möglich ist eine Untergliederung in viele kleine Abschnitte, die man abwechselnd vorträgt („Ping-Pong-System"). Für beide Varianten ist es zentral, Vorbereitung und Vortrag der Referenten zu synchronisieren. Jeder muss mit

den Inhalten des Anderen vertraut sein. Nur so können die Referatteile aufeinander bezogen und miteinander vernetzt werden.
- Noch höher ist der Abstimmungsbedarf, wenn man sich für die auf der Vorseite erläuterte Variante der „methodischen Arbeitsteilung“ entscheidet. Ist der eine für den Text, ein anderer für die Folien und ein dritter für das Handout zuständig, so muss jeder ganz genau wissen, was der andere präsentiert, sonst passen Folie und Text oder die Inhalte von Referat und Handout nicht zusammen.

- Einzelne Gruppenmitglieder können sich als Bremser erweisen, wenn sie z. B. ihre Arbeitsteile nicht rechtzeitig fertigstellen.
- Stellen Gruppenmitglieder ihre Arbeitsteile nicht vollständig oder nicht in befriedigender Weise fertig, so schmälert dies den Gesamteindruck des Referats bzw. der Facharbeit. Dies wirkt sich erfahrungsgemäß negativ auf alle Einzelnoten aus.
- Gruppentreffen verleiten dazu, miteinander zu plaudern – nicht nur über die zu erstellende Arbeit. Kommunikationsfreudige Gruppenmitglieder können diese Treffen zu „Quasselstunden“ werden lassen, was dazu führen kann, dass Termine nicht eingehalten werden und die Qualität der gemeinsamen Arbeit leidet.

Damit gilt:

- Zu Beginn der gemeinsamen Arbeit sollte man klare Absprachen über die Arbeitsaufteilung, den Arbeitsstil und die einzuhaltenden Termine treffen.
- Es empfiehlt sich, Absprachen schriftlich festzuhalten (z. B. im Arbeitstagebuch).
- Verletzt ein Gruppenmitglied die getroffenen Vereinbarungen, muss dieses darauf hingewiesen werden. In gravierenden Fällen sollte man dessen Ausschluss aus der Gruppe in Erwägung ziehen.
- Je genauer man den Arbeitspartner kennt, desto leichter wird die Erstellung gemeinsamer Abschnitte oder die Koordination des Vortrages bei einem Referat fallen.
- Die Anfertigung einer Gruppenarbeit empfiehlt sich deshalb nur mit Mitschülerinnen und Mitschülern, deren Arbeitsbereitschaft und Arbeitsfähigkeiten man einschätzen kann.

3 Themenwahl

Die Wahl bzw. die Formulierung des Themas ist einer der wichtigsten Schritte bei der Erstellung eines Referats oder einer Facharbeit. Dieser Schritt entscheidet nicht selten darüber, ob die Arbeit erfolgreich abgeschlossen werden kann oder nicht. Daher sollte er mit besonderer Sorgfalt ausgeführt werden.

3.1 Vorüberlegungen

Für die Themenstellung gibt es prinzipiell drei Möglichkeiten:

① Es sind bereits ausformulierte Themen vorgegeben. Aus der Liste dieser Themen können Sie sich Ihr Thema auswählen. Dies wird häufig bei Referatthemen der Fall sein. Es kann aber je nach Gepflogenheiten in Ihrem Bundesland bzw. an Ihrer Schule auch für Themen von Facharbeiten infrage kommen.
Ein Tipp: Loten Sie gegebenenfalls in einem Gespräch mit der betreuenden Lehrkraft aus, in welchem Umfang eine Umformulierung des Themas im Sinne Ihrer Wunschvorstellungen möglich ist. Selbst bei vorgegeben Themen besteht häufig noch ein gewisser Formulierungsspielraum.

② Es wird ein Oberthema vorgegeben, in dessen Rahmen Sie zusammen mit der Lehrerin bzw. dem Lehrer Ihr konkretes Thema formulieren können (Beispiele für solche Oberthemen: Impressionisten; USA; Lernverhalten bei Säugern; Naturlyrik; Gebrochenrationale Funktionen; Macbeth). Oftmals ergibt sich das Oberthema aus dem Fachunterricht der jeweiligen Jahrgangsstufe.

③ Es wird keinerlei Oberthema vorgegeben. Unter Umständen gibt es lediglich generelle Vorgaben wie „Es muss eine Anbindung an den Fachunterricht gegeben sein". Sie haben damit die Freiheit, ein Thema zu wählen, das voll und ganz Ihren Interessen entspricht, und dieses zusammen mit der betreuenden Lehrkraft auszuformulieren.

Welche dieser drei Möglichkeiten auch immer für Sie zutrifft, in jedem Fall sollten Sie sich vor der Wahl bzw. Formulierung des Themas vier Fragen stellen:

Interessiert mich ein bestimmter Themenbereich besonders?

Ein Thema, dessen Umsetzung Ihnen Spaß macht, werden Sie leichter, intensiver und besser bearbeiten als ein Thema, an das Sie mit Widerwillen herangehen. Es trägt sie auch über Schwierigkeiten und mühevolle Abschnitte hinweg, die bei der Referats-/Facharbeitserstellung unweigerlich auftreten werden.

Welche besonderen Kenntnisse habe ich?

Diese Vorkenntnisse können schulischer oder privater Natur sein. Beispiele: Sie haben sich im schulischen Rahmen intensiv in das Thema Nationalsozialismus eingearbeitet. Oder:

Sie haben besonders gute Englisch-Kenntnisse. Oder: Sie haben zwei verschiedene Aufführungen des Kleist-Dramas *Der zerbrochene Krug* im Theater gesehen. Oder: Sie haben Ihre Ferien bereits dreimal auf Mallorca verbracht. Richten Sie Ihr Thema an solchen Vorkenntnissen aus, so garantiert Ihnen dies eine gewisse Grundsicherheit bei der Bearbeitung. So lässt sich ein Thema „Massentourismus auf Mallorca“ eben leichter bearbeiten, wenn man Mallorca aus eigener Urlaubserfahrung kennt und zudem im Erdkundeunterricht das Thema „Massentourismus“ behandelt hat.

Kann ich etwas besonders gut?

Diese Frage zielt auf methodische Fähigkeiten und Fertigkeiten ab, die man in ein Referat oder eine Facharbeit einbringen kann. Dies könnten Fähigkeiten aus dem schulischen Bereich sein, etwa: Ausgeprägt gute Übersetzungsfertigkeit im Fach Latein. Oder: Besonderes Geschick im Umgang mit Versuchsapparaturen im Fach Chemie. Es könnten aber auch Fähigkeiten aus Ihrem Privatbereich sein, zum Beispiel: Man ist seit Jahren an die Pflege und Beobachtung von Haustieren gewöhnt. Oder: Man tanzt schon längere Zeit in einer Musical-Dance-Gruppe.
Häufig lassen sich Ihre speziellen Fähigkeiten gut in ein Facharbeitsthema integrieren. So zum Beispiel das Vertrautsein im Umgang mit Haustieren in das Thema „Scheinschwangerschaft bei Hauskaninchen – Erscheinungsformen und hormonelle Ursachen“ oder die jahrelange Tanzerfahrung in ein Thema wie „Tanz als Therapie? Die Entwicklung der Tanztherapie in Deutschland“.

Was kann ich gar nicht?

Sind Sie im Besitz „zweier linker Hände“, ist es wenig sinnvoll ein Thema zu wählen, bei dem Sie physikalische Versuchsanordnungen konzipieren und aufbauen müssen. Haben Sie mangelhafte Englischkenntnisse, so ist es nicht ratsam ein Thema zu wählen, bei dem sie vor allem englischsprachige Internetquellen auswerten müssen. Sind Sie allergiegefährdet, sollten Sie auf die Arbeit mit Tieren verzichten.

Haben Sie durch die Beantwortung dieser vier Fragen die Fülle der möglichen Themen bereits ein wenig eingegrenzt, so liefert Ihnen die nachfolgende Checkliste weitere Eingrenzungsmöglichkeiten.

3.2 Checkliste: Kennzeichen guter Themen

Geeignete Referat- bzw. Facharbeitsthemen weisen folgende Kennzeichen auf:

- Sie wecken spontan Ihr Interesse.
- Sie erlauben es Ihnen, Vorwissen und gegebenenfalls auch Ihre besonderen methodischen Fertig- und Fähigkeiten einzubringen (siehe oben)
- Sie ermöglichen es Ihnen, erkannte Schwächen zu meiden (siehe oben).
- Sie sind nicht zu weit und zu allgemein formuliert, sondern weisen eine spezifische thematische Ausrichtung und eine klare inhaltliche Begrenzung auf.
  Ein zu weit gefasstes Thema birgt Gefahren in sich:
  - Eventuell decken sich Ihre Vorstellungen bezüglich der Schwerpunktsetzung nicht mit denen der Lehrkraft.
  - Die große Fülle an Literatur könnte nicht mehr beherrschbar sein.
  - Das Thema könnte in der zur Verfügung stehenden Zeit und in der maximal erlaubten Seitenzahl nicht abhandelbar sein.

  Behalten Sie also bei der Themenwahl bzw. -formulierung den vorgegebenen Zeitrahmen und die Präsentationsvorgaben (Vortragszeit beim Referat bzw. Seitenzahl bei einer Facharbeit) im Auge.
  Nicht praktikable Themen sind z. B.: „Shakespeare's *A Midsummer Night's Dream*" oder „Indien" oder „Das Alte Testament".
  Praktikable Themen dagegen wären unter anderem: „Gender inequality in Shakespeare's *A Midsummer Night's Dream*" oder „Ziele und Ergebnisse der Grünen Revolution in Indien" oder „Auge um Auge, Zahn um Zahn? – Alttestamentarische Positionen zu Vergeltung und Vergebung".
  Generell gilt: Das Thema sollte eher in die Tiefe und weniger in die Breite gehen.
- Das Thema sollte aber auch nicht zu eng formuliert sein. Eine zu enge Themenfassung kann bedeuten: Es gibt keine ausreichende Literatur- oder Quellenbasis. Oder: Das Thema gibt nicht genug her, um die vorgegebene Seitenzahl zu füllen.
- Bei praktischen Arbeiten (→ Kapitel 8) kann das Thema auch einen methodischen Schwerpunkt enthalten (Beispiel: „Die Ermittlung der Blattfarbstoffe verschiedener einheimischer Laubgehölze mithilfe der Dünnschichtchromatographie"). Es sollte hier zudem so formuliert sein, dass die mit dem Thema verbundene Forschungsarbeit an ihrer Schule bzw. mit den Ihnen zur Verfügung stehenden Hilfsmitteln auch ausgeführt werden kann. Gerade bei praktischen Arbeiten ist es zudem besonders wichtig, eine zu

weit gefasste Themenstellung zu vermeiden, da hier die Forschungsarbeit bereits einen Großteil der zur Verfügung stehenden Zeit verschlingen wird.

- Bei Referaten: Das Thema sollte Ihnen Möglichkeiten zum Einsatz von Medien bieten.
- Insbesondere bei Facharbeiten: Achten Sie darauf, dass die Themenstellung nicht nur Möglichkeiten zur reproduktiven Wiedergabe von Literatur- oder Quellentexten bietet, sondern auch Chancen zur Erklärung und Erläuterung von Zusammenhängen sowie zur Entwicklung eigener Ideen oder zur Formulierung eigener Bewertungsaussagen. Bei der Benotung Ihrer Arbeit wird nämlich ein wichtiges Beurteilungskriterium sein, ob und in welchem Umfang Sie neben der Reproduktion (Wiedergabe von Sachverhalten) auch die Anforderungsbereiche Reorganisation (Anwendung von Wissen, z. B. zur Erklärung unbekannter Phänomene) und Transfer/Wertung erfüllt haben.
- Bei Referaten/Facharbeiten ohne praktische Arbeitsteile: Die Quellenbasis sollte – soweit abschätzbar – nicht zu schmal sein.
- Das Thema kann eine Anbindung an Ihren Heimatraum aufweisen. Solche Themen bieten häufig die Möglichkeit, persönliche Erfahrungen einzubringen. Zudem ist es in der Regel leicht, Originalquellen einzusehen, Begehungen durchzuführen, Fotos zu machen, Fachleute zu interviewen usw.
- Das Thema kann einen aktuellen Bezug haben.

3.3 Der Weg zum Thema

Wird Ihnen von der Schule ein Thema vorgeschrieben oder können Sie dieses lediglich aus einem vorgegebenen Themenpool auswählen, so reichen die in der obigen Checkliste aufgeführten Kriterien in der Regel zur Entscheidung für ein bestimmtes Thema bereits aus. Können Sie hingegen aktiv bei der Themenfindung und -formulierung mitwirken, so stellt sich die Frage: Wie sollen Sie in diesem Fall vorgehen? Hier bietet sich ein Vorgehen in vier Schritten an:

3.3.1 Schritt 1 – Startphase

Dieser erste Schritt wird durch die Faktoren „Interesse" – „Neugier" – „Idee" bestimmt:

- **Interesse**: Überlegen Sie, welche Thematik Sie interessieren würde. Das könnte z. B. der Themenbereich „Migration – Gastarbeiter in Deutschland", der Bereich „Kryptologie" oder das Buch „Harry Potter und der Stein der Weisen" sein. Sofern von der Schule verlangt, müsste die Thematik mit dem Unterricht verknüpft sein.
- **Neugier**: Eventuell haben Sie aber auch – im Unterricht oder im Privatbereich – gerade ein Problem entdeckt, das Sie spannend finden und gerne lösen würden. Oder Sie sind schon häufiger auf eine bestimmte Frage gestoßen. Solche Fragen könnten sein: „Was kennzeichnet eigentlich einen erfolgreichen Werbespot?" oder „Welche Künstler haben die Skulpturen im Stadtpark gefertigt und welche Aussage verbinden Sie mit diesen Skulpturen?" oder „Wie sehen die gesetzliche Regelungen zu Samenspende und Leihmutterschaft in den Staaten Europas aus?"
- **Idee**: Sie haben einen Einfall, der sich in ein Thema münzen lässt, z. B. „Man könnte die Macbeth-Aufführung im Schauspielhaus mit dem Polanski-Film *Macbeth* vergleichen" oder „Das Thema Altern müsste man einmal musikalisch umzusetzen".

3.3.2 Schritt 2 – Von der Idee zum vorläufigen Arbeitsthema

Haben Sie im ersten Schritt eine Idee oder Frage formuliert, so sollten Sie im nächsten Schritt versuchen, diese zu einem brauchbaren (vorläufigen) Arbeitsthema auszubauen. Hierzu können Sie sehr unterschiedlich vorgehen:

Brainstorming – den Gedanken freien Lauf lassen

Schreiben Sie Ihre Idee bzw. Frage auf ein Blatt Papier. Notieren Sie dann alle Stichworte, die Ihnen dazu einfallen. Sie können zudem Freunde nach deren Einfällen fragen und auch diese notieren. So erhalten Sie eine Sammlung von Einfällen und Schlagworten rund um ihre Ausgangsidee. Ein Beispiel:

Beispiel: Ideenliste
Ideenliste Mich interessiert: Die Lebewesen im Tropischen Regenwald Einfälle dazu: – Pfeilgiftfrösche – Orchideen – Paranüsse – Kakao – Schlangen – Schimpansen und Gorillas – Würgerfeige – Genetische Vielfalt – Pflanzen, die man als Medikamente nutzen kann – Medizinmänner – Eingeborene und wie sie leben – Kriegsbemalung der Indianer in Amazonien

Nehmen Sie nun die im Kapitel 3.2 vorgestellte Checkliste zur Hand und versuchen Sie mithilfe dieser Liste aus den notierten Schlagworten Themen zu formulieren. Beispiele wären:

Beispiel: Themenformulierungen
– Für ein Referat/eine Facharbeit in **Biologie**: Pfeilgifte der Ureinwohner Südamerikas und deren Wirkung an menschlichen Neuronen – Für ein Referat/eine Facharbeit in **Erdkunde**: Lebensmittel aus dem Regenwald auf dem Frühstückstisch in Deutschland – Für ein Referat/eine Facharbeit in **Kunst**: Die Körperbemalung der Indianer Südamerikas als unmittelbare Kunstform – Für ein Referat/eine Facharbeit mit **lokalem Bezug und praktischem Arbeitsteil**: Früchte aus dem Regenwald in den Supermärkten von Neustadt – Für ein Referat/eine Facharbeit **mit praktischem Teil**: Die Darstellung des tropischen Regenwaldes im Öko-Display *Burgers' Bush* des *Burgers Zoo* in Arnheim – ein Abbild der Realität?

Mindmapping – Gedanken strukturiert sammeln

Eine **Mindmap** („Gedankenkarte“) ist eine grafische Darstellung, die Bezüge zwischen verschiedenen Begriffen in Form eines „Gedankenbaumes“ aufzeigt.

Beim Erstellen einer solchen Mindmap gehen Sie wie folgt vor:

- Legen Sie ein Papier quer auf Ihren Schreibtisch.
- Setzen Sie Ihre Ausgangsidee bzw. Frage in die Mitte des Papiers und heben Sie den Schriftzug zum Beispiel durch Umrandung hervor. Sie können die Idee auch als einprägsames Bild oder Icon darstellen.
- Von dem zentralen Begriff bzw. Bild ausgehend werden sternförmig bis zu sieben Linien gezeichnet.
- An das Ende jeder Linien bzw. auf jede Linie schreiben Sie nun tiefergehenden Gedanken bzw. Unterpunkte zum Schlagwort in der Blattmitte.
- Von den eingezeichneten Linien (bzw. den an das Ende der Linien geschriebenen Begriffen) können wiederum jeweils maximal sieben Linien ausgehen, auf denen die einzelnen Schlagworte weiter untergliedert werden. Von diesen weiterführenden Linien können wieder andere ausgehen, usw.
- Benutzen Sie eventuell auch unterschiedliche **Farben**, um die Übersichtlichkeit der Mindmap zu erhöhen. So können Sie beispielsweise zusammengehörende Gedanken und Ideen durch Verwendung der gleichen Farbe mit einer optischen Klammer versehen.
- Neben die notierten Begriffe können Symbole wie z. B. Pfeile, Figuren, Icons, Ausrufe- oder Fragezeichen gemalt werden. Dies dient der Veranschaulichung, aber auch der Hervorhebung wichtiger Punkte oder der Kennzeichnung offener Fragen.

Ein Beispiel für eine Mindmap finden Sie auf der nächsten Seite.

Die erstellte Mindmap liefert dann – ähnlich wie die Ideenliste beim Brainstorming – den Ausgangspunkt für verschiedene Referat- bzw. Facharbeitsthemen.

Übrigens: Das Mindmapping-Verfahren lässt sich auch an vielen anderen Stellen hervorragend zur Strukturierung von Ideen, Argumenten usw. nutzen, etwa bei der Erstellung der Gliederung eines Referats/einer Facharbeit oder bei der Erstellung eines Konzeptes im Rahmen einer Klausur.

Beispiel: Der Weg zum endgültigen Thema einer Facharbeit; Mindmap

Vorgegebenes Oberthema: Afrika

Vorläufiges Arbeitsthema: Entsprechend der Interessenlage der Schülerin wird als vorläufiges Arbeitsthema gewählt: „Zimbabwe – ein Wirtschaftsraum im südlichen Afrika"

Check des vorläufigen Arbeitsthemas: Die Schülerin überprüft im Verlauf einer Woche den Umfang des vorläufigen Arbeitsthemas, dessen inhaltliche Möglichkeiten und die Quellenlage. Bei ihren Recherchen im Internet und in der Stadtbücherei findet sie heraus, dass die Quellenlage zu Zimbabwe durchaus zufriedenstellend ist. Auch Quellen zu speziellen Themen (z. B. dem CAMPFIRE-Projekt) und aktuellen Entwicklungen sind vorhanden. Ausgehend von zwei Reiseführen und vier Internetquellen erstellt die Schülerin eine Mindmap zum vorläufigen Arbeitsthema:

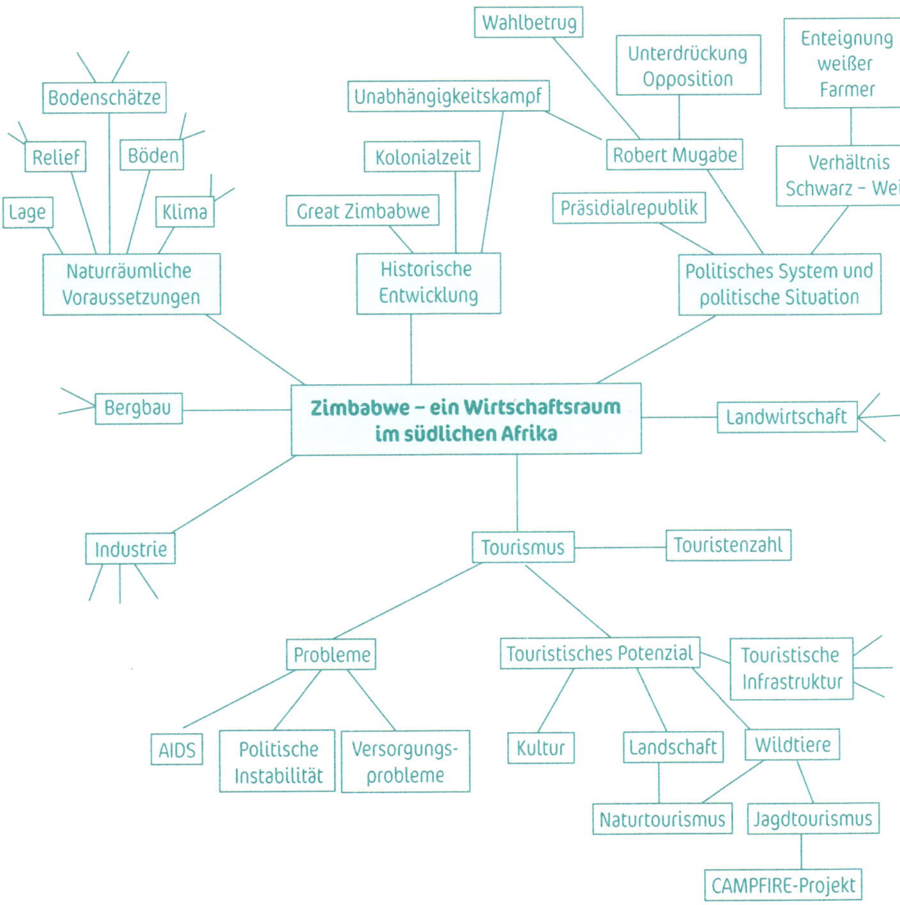

Formulierung des endgültigen Themas: In einem zweiten Beratungsgespräch legt die Schülerin dem Fachlehrer die Mindmap vor, erläutert ihren Eindruck der Literatur-/Quellenlage und ihre Interessen bezüglich der endgültigen Themenstellung. Zusammen mit dem Lehrer wird sodann das Thema „CAMPFIRE – Ein Vorzeigeprojekt des sanften Tourismus in Zimbabwe?" formuliert.

Listen geschickt nutzen

Sie sind nicht die/der Erste, die/der ein Referat halten oder eine Facharbeit erstellen muss. Die von Ihren Vorgängern bei der Themenformulierung geleistete Arbeit können sie sich zunutze machen: Lassen Sie sich von den Themen bereits fertiggestellter Referate/Facharbeiten inspirieren. Sie können diese wie folgt in Erfahrung bringen:

- Fragen Sie in höheren Jahrgangsstufen nach. Meist gelangen Sie auf diese Weise nicht nur an die Themen der dort gehaltenen Referate und Facharbeiten, sondern können sich diese auch ansehen.
- Fragen Sie Ihre Fachlehrer oder Fachlehrerinnen nach Themenlisten der in den Vorjahren angefertigten Referate bzw. Facharbeiten.
- An vielen Schulen sind offizielle Themenlisten der erstellten Facharbeiten vorhanden, die Sie einsehen können. Teils werden Facharbeiten auch in Ausstellungen präsentiert. Nutzen Sie diese Gelegenheit, sich gelungene Facharbeiten anzusehen.
- Im Internet sind Referate und Facharbeiten in Hülle und Fülle veröffentlicht: Zum einen enthalten die Homepages vieler Schulen Themenlisten der dort erstellten Facharbeiten. Zum anderen gibt es im Internet eine Vielzahl von Adressen, unter denen Referate und/oder Facharbeiten im Volltext angeboten werden. Hierzu zählen unter anderem:

Internetadressen (Stand August 2013)	
http://www.e-hausaufgaben.de/	*http://www.schultreff.de/*
http://www.pausenhof.de/	*http://www.referatschleuder.de/*
http://www.hausaufgabe.de	*http://www.school2000.de/*
http://www.fundus.org/	*http://www.schoolunity.de/*
http://www.abipur.de/	*http://www.young.de/schule/*
http://www.hausarbeiten.de/	*http://www.jugend-forscht.de/*

Hinter diesen Adressen sind teils Referate- oder Facharbeitssammlungen verborgen, teils auch Link-Sammlungen zu weiteren Bezugsadressen. Häufig ist das Einsehen und Herunterladen von Referaten oder Facharbeiten allerdings kostenpflichtig.

Noch ein Wort zur Nutzung obiger Internetquellen: Denken Sie daran, dass auch Ihre Fachlehrerin bzw. Ihr Fachlehrer diese Quellen kennt. Ein Abkupfern der dort veröffentlichten Referate oder Facharbeiten ist also nicht nur unlauter und verstößt gegen das Urheberrecht, sondern ist zugleich auch äußerst gefährlich. Stellt Ihre Lehrerin bzw. Ihr Lehrer nämlich fest, dass Sie das vorgetragene Referat bzw. die eingereichte Facharbeit einfach abgeschrieben haben, so wird sie/er Ihre Leistung mit *ungenügend* bewerten! Ein solches **Plagiat**, das Ausgeben eines fremden Werkes als eigenes („Gedankenklau“), kann heute mithilfe von Internetsuchmaschinen oder sogar speziellen Suchprogrammen relativ leicht aufgedeckt werden.

3.3.3 Schritt 3 – Vom vorläufigen zum endgültigen Arbeitsthema

Haben Sie ein vorläufiges Arbeitsthema formuliert, so sollten Sie es, bevor Sie mit der eigentlichen Arbeit beginnen, einem „Praktikabilitätstest" unterziehen:

- Verschaffen Sie sich einen ersten Überblick über den Literatur- und Quellenbestand zum Thema (→ Kapitel 4).
- Lesen Sie erste, möglichst allgemeine Literatur zum Thema.
- Bei praktischen Arbeiten: Planen Sie gegebenenfalls einen Vorversuch und führen Sie diesen durch. Oder begehen Sie ein zu kartierendes Gebiet.
- Erstellen Sie eine Mindmap zu Ihrem vorläufigen Arbeitsthema (→ Seite 38 f.).

Loten Sie hierbei aus, ob das von Ihnen angedachte Thema

- in der vorgegebenen Zeit zu bewältigen ist;
- im vorgegeben Rahmen (Vortragsdauer bei Referaten, Seitenumfang bei Facharbeiten) machbar erscheint;
- angesichts der Quellenlage bzw. der Ihnen verfügbaren Möglichkeiten zur praktischen Arbeit sinnvoll und einigermaßen vollständig zu bearbeiten ist.

Zur Absicherung Ihrer Einschätzung können Sie Ihre Themenidee mit Freunden, Bekannten sowie der betreuenden Lehrkraft diskutieren.

Eventuell wird sich bei Ihrem Themencheck herausstellen, dass Ihr vorläufiges Arbeitsthema praktikabel und umsetzbar ist. Es wird damit zum endgültigen Arbeitsthema und Sie können mit der Erstellung des Referats/der Facharbeit beginnen.

In vielen Fällen wird sich jedoch die Notwendigkeit ergeben, das vorläufige Thema umzuformulieren, einzuschränken oder zu präzisieren. Diese kann z. B. geschehen

- durch Hinzufügen eines Unterthemas;
- durch das Einfügen einschränkender bzw. präzisierender Angaben zum abzuhandelnden Gegenstand;
- durch präzisierende Angaben zur anzuwendenden Methodik;
- durch Einbindung eines lokalen Bezuges.

Nur selten wird eine totale Umformulierung des vorläufigen Arbeitsthemas notwendig sein. Falls sich jedoch herausstellt, dass Ihr Wunschthema z. B. aufgrund von Materialmangel oder eines zu gewaltigen Aufwandes in den praktischen Arbeitsteilen nicht realisierbar ist, sollten Sie sich nicht scheuen, dieses Thema aufzugeben. Beginnen Sie in diesem Fall erneut mit Schritt 1 der Themensuche (→ Seite 32).

Nachfolgend einige Beispiele für die Präzisierung vorläufiger Arbeitsthemen.

Beispiel: Präzisierung vorläufiger Arbeitsthemen

Vorläufiges Arbeitsthema	Endgültiges Thema
Die Einstellung der Deutschen zum Kind	Kinder – Karrierehemmnis, Kostenfaktor, Glücksbringer? – Eine Umfrage in Münster und ihre Ergebnisse
Der Untergang der Maya	Der Untergang der Maya – die Folge einer Klimakatastrophe?
Pfeilgifte der Ureinwohner Südamerikas und deren Wirkung an menschlichen Neuronen	Pfeilgifte der Indianer Südamerikas und deren Wirkung an menschlichen Neuronen – aufgezeigt am Beispiel von Curare und Batrachotoxin
Der Roman *Tod und Teufel* von F. Schätzing	Der historische Wahrheitsgehalt im Mittelalterkrimi *Tod und Teufel* von Frank Schätzing
Muslime in Deutschland	Das Verhältnis von Muslimen und Christen in Deutschland – aufgezeigt am Beispiel des Moschee-Neubaus in Köln
Die Meinungsfreiheit in der VR China	Gibt es Meinungsfreiheit in der VR China? – Eine Analyse am Beispiel Internet
Optische Täuschungen und ihre neurobiologische Erklärung	Optische Täuschungen und ihre neurobiologische Erklärung – eine Versuchsreihe im LK Biologie und ihre Auswertung
Harry Potter	The Harry Potter phenomenon – Why are these books so successful?
Autorität und Gehorsam	Das Milgram-Experiment – Eine Studie zur Gehorsamsbereitschaft gegenüber Autoritäten
Früchte aus dem Regenwald auf dem Speiseplan der Deutschen	Angebot, Präsentation und Preis tropischer Früchte in den Supermärkten von Neustadt
Verkaufsprozesse und die sie steuernden Faktoren	Verkaufsprozesse und die sie steuernden Faktoren – Eine Untersuchung am Kiosk des Paus-Rudolf-Gymnasiums in Bömmelburg
Ökolandbau in Deutschland	Erstellung und Reflexion einer PowerPoint®-Präsentation zum Thema „Pro und Kontra ökologischer Landbau in Deutschland“
Die Pflanzen des Tropischen Regenwaldes	Der Tropische Regenwald – ein pharmakologischer Supermarkt? – Die Nutzung tropischer Pflanzen zur Gewinnung von Arzneimitteln
Der Film „Carmen“ von Carlos Saura	Analyse der Stücke „Habanera“ und „Seguidilla“ aus der Oper „Carmen“ von Georges Bizet im gleichnamigen Film von Carlos Saura in Bezug auf die tänzerische Umsetzung und die Funktion der jeweiligen Szenen

4 Informationsbeschaffung

Für die Erstellung eines Referats oder einer Facharbeit ist eine fundierte und hinreichend breite Informationsbasis eine der wichtigsten Voraussetzungen. Damit stellen sich, nachdem man das vorläufige Arbeitsthema erhalten hat, fünf Fragen:

① Welche Informationsquellen stehen prinzipiell für ein Referat/eine Facharbeit zur Verfügung?
② Wo und wie finde ich Informationsquellen für mein Referat/meine Facharbeit?
③ Wie kann ich geeignete Informationsquellen erkennen?
④ Wie kann ich die geeigneten Informationsquellen erschließen?
⑤ In welcher Weise kann ich aus den ermittelten Informationen den Text des Referats/der Facharbeit erstellen.

Dieses Kapitel wird Ihnen helfen, genau diese Fragen zu beantworten.

4.1 Informationsquellen in der Übersicht

Als Basis Ihres Referats/Ihrer Facharbeit kommen prinzipiell folgende Quellen infrage:

Primärliteratur *(frz. primaire = zuerst vorhanden, die Grundlage bildend).* Hierbei handelt es sich z. B. um literarische oder philosophische Originaltexte. Typische Beispiele sind: *Faust* von Johann Wolfgang von Goethe oder *Kritik der reinen Vernunft* von Immanuel Kant. Zum Teil wird der Primärliteratur-Begriff jedoch weiter gefasst: In sprachlichen Fächern werden bei landeskundlichen Themen teils auch Zeitungsartikel, Gesetzestexte oder Statistiken als Primärliteratur bezeichnet. In historischen Arbeiten gilt Gleiches für archivalische Quellen (Urkunden usw.). Ebenso gehören z. B. Reise- und Forschungsberichte zur Primärliteratur.
Generell gilt: In Werken der Primärliteratur stellen Autoren eigene Ideen, eigene Forschungsergebnisse oder Erfahrungen dar.

Sekundärliteratur *(frz. secondaire = an zweiter Stelle, nachträglich hinzukommend).* Hierunter versteht man wissenschaftliche und kritische Texte über einen bestimmten Autor, sein Werk oder eine literarische Epoche, aber auch fachwissenschaftliche Analysen zu den verschiedensten wissenschaftlichen Themenbereichen. Sekundärliteratur wird auch als *Forschungsliteratur* bezeichnet. Sie fasst Primärliteratur zusammen, kommentiert und interpretiert diese.
Die Unterscheidung zwischen Primär- und Sekundärliteratur ist in den sprachlichen Fächern wichtig. Beide Literaturtypen müssen dort in der Regel im Literaturverzeichnis gesondert ausgewiesen werden (→ Seite 99 ff.). Gleiches gilt auch für Fächer wie Geschichte, Philosophie oder Soziologie. In den naturwissenschaftlichen Fächern ist eine solche Differenzierung eher unüblich.

Sonstige Textquellen. Hierzu zählen alle Informationen, die nicht in Buchform oder als Zeitschriftenartikel veröffentlicht wurden. Dies sind unter anderem: Zeitungsartikel, Broschüren und Informationshefte, archivalische Quellen (Urkunden und andere Aktenstücke aus Archiven, sofern sie nicht unter den erweiterten Primärliteratur-Begriff gefasst werden), unveröffentlichte Manuskripte, Diplomarbeiten und Doktorarbeiten (Dissertationen), Mitschnitte von Fernsehsendungen, Tonträger, Gesprächsnotizen, viele Internetquellen usw.

„Graue Literatur“. Diese Bezeichnung bezieht sich auf die *Form der Veröffentlichung* einer Textquelle. Während „weiße Literatur“ über Verlage und Buchhändler zu beziehen ist, ist „graue Literatur“ dies nicht. Zur „grauen Literatur“ gehören somit unter anderem Skripte, unveröffentlichte Manuskripte, Flugblätter, Veröffentlichungen von Betrieben oder Behörden, Abschlussarbeiten an Universität oder Fachhochschule sowie insbesondere auch Internetquellen.

Datenquellen. Hierzu zählen insbesondere die Ergebnisse der von Ihnen selbst durchgeführten Experimente, Freilandbeobachtungen, Kartierungen, Befragungen usw. *(primäre Datenquellen)*. Wie Sie gegebenenfalls zu solch eigenen Forschungsergebnissen gelangen, wird im → Kapitel 8 vorgestellt.
Ebenso können aber auch von anderen erhobene Daten die Basis Ihrer Arbeit bilden. Diese stammen aus Beobachtungen, Messungen, Befragungen, Kartierungen usw. anderer Forscher oder sind in amtlichen Statistiken, Firmenstatistiken, Jahrbüchern, Datenbanken usw. enthalten *(sekundäre Datenquellen)*.

Quellen						
Textquellen			**Bildquellen**		**Datenquellen**	
Primärliteratur	**Sekundärliteratur**	**sonstige Textquellen**	**Fotos**	**sonstige Bildquellen**	**Primärquellen**	**Sekundärquellen**
• Roman im Original • Forschungsbericht aus der Hand des Forschers • Reisebericht aus der Hand des Reisenden • historische Quelle • … **„Originale“**	• Zeitschriftenartikel über einen Roman • Zeitungskommentar • Zusammenfassende Darstellung über ein Forschungsgebiet • … **„Texte über“**	• Broschüren • Flugblätter • unveröffentlichte Manuskripte • Texte aus Radio und Fernsehen • viele Internetquellen • …		• Karten • Diagramme • Zeichnungen • Skizzen • Fernsehbilder • Luftbilder • Collagen • …	• eigene Beobachtungen • eigene Messdaten • eigene Befragungen • eigene Kartierungen • …	• amtliche Statistiken • Datenbanken • Beobachtungen, Befragungen, Messungen, Kartierungen anderer Forscher • …

4.2 Fundorte für Quellen

Als Fundorte für Text-, Bildquellen und sekundäre Datenquellen kommen insbesondere infrage:

- Ihre eigene Büchersammlung (inklusive der Schulbücher)
- die Büchersammlung Ihrer Eltern, Freunde und Verwandten
- Schulbibliothek
- öffentliche Bibliotheken (Gemeinde-/Stadtbibliotheken, Pfarrbüchereien, Universitätsbibliotheken usw.)
- Spezialbibliotheken (Institutsbibliotheken der Universitäten, Museumsbibliotheken, Bibliotheken von Vereinen, Firmen usw.)
- Buchhandlungen
- Archive (öffentliche oder private Sammlungen von Dokumenten, aber auch Büchern zu bestimmten Themen, insbesondere aus den Bereichen Geschichte und Sozialwissenschaften)
- Zeitungs- und Zeitschriftenarchive (Sammlungen der Ausgaben lokaler, regionaler oder überregionaler Zeitungen bzw. Zeitschriften); in der Regel sind diese in den Verlagshäusern der Zeitungen bzw. Zeitschriften einzusehen; zum Teil ist auch ein Zugriff via Internet möglich (→ Seite 48 f.); auch größere Bibliotheken besitzen Zeitungs- und Zeitschriftenarchive
- öffentliche und private Institutionen, Vereine und Firmen, die Bücher, Informationsbroschüren, Fotos oder Mitschnitte von Hörfunk- und Fernsehsendungen bereitstellen (UNO, Deutsches Rotes Kreuz, Brot für die Welt, MISEREOR, Bundes- und Landeszentralen für politische Bildung, Bundes- und Landesministerien, Stadt- und Gemeindeverwaltungen, Hörfunk- und Fernsehsender usw.)
- statistische Ämter
- Internet

Der Buchbestand von Bibliotheken muss prinzipiell unterteilt werden in den **Präsenzbestand** (Literatur, die nur innerhalb der Räume der Bibliothek gelesen und gegebenenfalls kopiert werden darf) und den **Leihbestand** (Literatur, die ausgeliehen werden kann).

4.3 Literaturrecherche

In den meisten Fällen ist die von Verlagen herausgegebene Primär- und Sekundärliteratur die wichtigste Grundlage für die Erstellung eines Referats oder einer Facharbeit. Deshalb soll nun zunächst der Weg zu geeigneten Werken dieser Literaturgruppe näher erläutert werden.

Zum Auffinden der für Ihr Referat bzw. Ihre Facharbeit geeigneten Literatur bieten sich die folgenden Wege an:

4.3.1 Erste Schritte

Stichworte – Mindmap

Beginnen Sie damit, Stichworte zu notieren, die Ihnen in Verbindung mit dem (vorläufigen) Arbeitsthema des Referats bzw. der Facharbeit spontan in den Sinn kommen.
Ein Beispiel: Zum vorläufigen Arbeitsthema *„Opiate und ihre Wirkung auf das menschliche Gehirn"* könnten Sie die Stichworte *Opium, Morphium, Heroin, Gehirn des Menschen, Rauschgifte* und *Rausch* notieren. Stellen Sie diese Begriffe zu einer **Mindmap** (→ Seite 38 f.) zusammen.
Schlagen Sie diese Stichworte im entsprechenden Schulbuch und/oder einem Ihnen vertrauten fachspezifischen Schülerlexikon nach. Sie werden dort weitere Begriffe finden, die Sie Ihrem Arbeitsthema zuordnen können. Tragen Sie auch diese in Ihre Mindmap ein.

Lexika und Enzyklopädien

Schlagen Sie die in Ihrer Mindmap aufgeführten Begriffe in der Print- oder der CD-ROM-Version eines großen allgemeinen Lexikons *(Der Brockhaus, Meyers Lexikon, Microsoft Encarta, Das große Bertelsmann-Lexikon* usw.) oder eines Speziallexikons nach (z. B. *Lexikon der Biologie, Lexikon der Chemie, Lexikon der Physik oder Lexikon der Geowissenschaften;* zudem *Kindlers Neues Literatur-Lexikon, Fischers Wirtschaftslexikon, Gablers Wirtschaftslexikon, Kindlers Malereilexikon* oder *Lexikon der Musik).*

Diese Lexika können Sie teilweise in Ihrer Schulbibliothek oder in den Bibliotheken der einzelnen Fachbereiche an Ihrer Schule finden. Zum Teil sind sie auch im Präsenzbestand größerer öffentlicher Bibliotheken vorhanden (→ Seite 47). Schließlich können Sie die Lexika teilweise auch online nutzen. Allerdings ist die Online-Nutzung häufig kostenpflichtig. Es gibt aber Ausnahmen:

So sind z. B. auf *http://www.internet-datenbanken.de/lexika.html* bzw. *http://www.hs-augsburg.de/mebib/fidb/lexika.html* und *http://www.allesklar.de/ (Pfad: Bildung & Wissenschaft → Lexika & Wörterbücher → Speziallexika nach Wissensgebieten)* Links zu verschiedenen Nachschlagewerken aufgeführt, deren Online-Nutzung kostenlos ist. Hier finden Sie auch spezifische Internet-Lexika, von denen http://de.wikipedia.org/ sicherlich das größte und bekannteste ist. Nicht immer aber sind deren Informationen sachlich stimmig und uneingeschränkt verwendbar (→ Seite 59).

In Lexika und Enzyklopädien finden Sie zum einen erste Sachinformationen zu den Stichworten Ihrer Mindmap. Zudem finden Sie zu vielen Schlagworten auch Hinweise auf weiterführende Literatur. Die hier angegebenen Werke sind dabei in der Regel Standardwerke. Ihre Beschaffung ist für die weitere Arbeit sinnvoll.

Literaturlisten von Lehrerin/Lehrer

Teilweise geben Lehrerinnen und Lehrer bereits bei der Themenvergabe oder aber auf Nachfrage Literaturlisten aus. Die dort vermerkten Werke können als Ausgangspunkt Ihrer Literaturarbeit dienen. Zur erschöpfenden Ausarbeitung des Themas reichen sie (außer bei kürzeren Referaten) aber nicht aus. Sie sollten sich daher bei der Anfertigung Ihres Referats/Ihrer Facharbeit nicht allein auf die von der Lehrerin/dem Lehrer angegebene Literatur stützen.

4.3.2 Systematische Suche

In der zweiten Phase bieten sich fünf Wege für die weitere Literaturrecherche an:

Recherche in einer öffentlichen Bibliothek

Öffentliche Bibliotheken können Sie als Schüler in vielen Fällen kostenlos nutzen. Dazu müssen Sie allerdings angemeldet sein. Bringen Sie deshalb bei Ihrem ersten Bibliotheksbesuch in jedem Fall den Personalausweis und Ihren Schülerausweis mit. Auch in Universitätsbibliotheken können Sie als „Gastnutzer" Bücher ausleihen. Auch hier benötigen Sie zur Anmeldung Personal- und gegebenenfalls auch Schülerausweis. Stöbern Sie in den entsprechenden Fachabteilungen der Bibliothek. Neben dem Sachbuchbestand sollten Sie dabei auch ein gegebenenfalls vorhandenes Zeitschriftenarchiv als Informationsreservoir ins Auge fassen.
Nutzen Sie zur Suche den **Bestandskatalog** der Bibliothek. In allen größeren Bibliotheken ist dieser heute bequem per Computer abzurufen. Suchen Sie im Bestandskatalog nach den Stichworten Ihrer Mindmap in Buchtiteln und, sofern als Abfragevariante vorhanden, im Schlagwortregister.
Fragen Sie zudem das **Bibliothekspersonal**. Dieses kennt sich im Buchbestand der Bibliothek aus, kann damit auch solche Literatur Ihren Suchbegriffen zuordnen, die vom Titel her keinen Bezug aufweist. Zudem erspart Ihnen eine Anfrage beim Bibliothekspersonal oftmals langes Suchen nach den Standorten der gewünschten Bücher und Zeitschriften.

Recherche in Bibliografien und Literaturdatenbanken

In vielen Bibliotheken sind **Bibliografien** eingestellt. Hierbei handelt es sich um „Bücher über Quellen", also um die Zusammenstellung von Literaturtiteln zu bestimmen Themenfeldern oder Fachgebieten.
Bibliografien enthalten – in der Regel nach Autoren, Titeln oder Schlagworten geordnet – umfangreiche Literaturtitelsammlungen zu bestimmten Themengebieten. Dabei sind neben Büchern auch Zeitschriftenartikel und teilweise auch Internetquellen berücksichtigt. Oftmals sind den einzelnen Quellen kurze Inhaltsangaben oder Kommentare beigefügt. Bibliografien bieten damit eine gute Möglichkeit, schnell grundlegende aber auch spezielle Literatur zu Ihrem Thema zu ermitteln. Das Lesen solcher Bibliografien ist jedoch nicht immer ganz einfach. Wenden Sie sich bei Fragen am besten direkt an das geschulte Bibliothekspersonal.
Neben gedruckten Bibliografien gibt es auch solche in digitalisierter Form (CD-ROM bzw. Online). Hier ist die Recherche dank entsprechender Suchfunktionen leichter möglich.
Vor der Benutzung einer Bibliografie ist es wichtig, die zentralen auf Ihr Thema bezogenen Schlagworte bzw. Autoren zu ermitteln (⟶ Seite 46), ansonsten gestaltet sich die Suche zeitaufwendig und ineffizient.

Recherche in Buchhandlungen

Stöbern Sie in der entsprechenden Fachabteilung von Buchhandlungen. Schlagen Sie nach Einweisung durch die Buchhändlerin/den Buchhändler im jährlich neu erscheinenden *Verzeichnis Lieferbarer Bücher (VLB)* unter den von Ihnen gesuchten Stichworten nach. Neben der Print-Version des VLB kann die Buchhändlerin/der Buchhändler auch auf eine Online-Version zurückgreifen. Das Stöbern in der Print-Version hat jedoch den Vorteil, dass Sie hier keine genauen Titel oder Titelstichworte angeben müssen. Sie können vielmehr zu vielen Stichworten auch Printmedien finden, die das Stichwort nicht im Titel führen und nur am Rande mit diesem zu tun haben, aber für Ihr Thema ganz neue Blickwinkel eröffnen.
Es lohnt sich zudem, erfahrene Buchhändlerinnen oder Buchhändler nach geeigneter Literatur zum Thema Ihres Referats/Ihrer Facharbeit zu fragen.

Online-Literaturrecherche

Verschiedene Internet-Buchhandlungen bieten die Möglichkeit an, nach lieferbaren Buchtiteln zu recherchieren, auch ohne dass Sie dort Bücher bestellen (Internet-Adressen entsprechender Buchkataloge finden Sie auf ⟶ Seite 49). Nutzen Sie zur effektiven Recherche die Funktion **Profisuche** und gegebenenfalls den dort abzurufenden **Index**.
Geben Sie nacheinander verschiedene mit Ihrem Thema in Verbindung stehende Schlagworte bzw. Autoren ein. So erfassen Sie ein breites Spektrum an Buchtiteln.
Viele Internet-Buchhandlungen bieten zudem als Serviceleistung eine Inhaltangabe oder das Inhaltsverzeichnis recherchierter Werke an.

Die Suchmaschinen vieler Internet-Buchhandlungen erlauben auch die Suche nach lieferbaren Büchern in englischer, französischer, spanischer und italienischer Sprache (⟶ siehe unten).

Neben der Online-Recherche in den Verzeichnissen lieferbarer, das heißt aktuell über den Buchhandel zu beziehender Bücher, kann im Internet auch nach älteren Werken und Zeitschriften recherchiert werden. Hier bieten sich virtuelle Bibliotheken und Online-Kataloge großer Bibliotheken und Bibliothekszusammenschlüsse zur Suche an (Internet-Adressen ⟶ Seite 50). Zudem sind viele ältere, nicht mehr über den Buchhandel zu beziehende Werke als gebrauchte Exemplare über die großen Internetbuchhandlungen, Second-Hand-Buchhandlungen oder bei Online-Auktionshäusern (z. B. eBay®) zu erhalten.

Internetadressen (Stand: 29.8.2013)

Online-Buchhandlungen mit Recherchemöglichkeiten (Auswahl)

- *http://www.amazon.de/* (auch Links zu Katalogen mit fremdsprachiger Literatur)
- *http://www.bol.de/* (auch Links zu Katalogen fremdsprachiger Literatur)
- *http://www.buch.de/* (auch Schulbücher)
- *http://www.buchhandel.de/* (Suche im Verzeichnis lieferbarer Bücher VLB)
- *http://www.buchhaus-sternverlag.de/* (auch fremdsprachige Bücher)
- *http://www.buch24.de/* (vielfältige Suchmöglichkeiten)
- *http://www.buecher.de/* (spezielle Fachbuch-Suchfunktion)
- *http://www.rueducommerce.fr/* (französischsprachige Literatur; Rubrik: Jeux vidéo/DVD/Livre)
- *http://www.amazon.com/* (englischsprachige Literatur)
- *http://www.waterstones.com/* (englischsprachige Bücher aus GB)
- *http://www.boeknet.de/* (Bücher in Niederländisch)
- *http://www.casalini.it/* (Bücher in Italienisch)
- *http://www.ibs.it/* (Bücher in Italienisch)
- *http://www.e-libro.net/* (spanischsprachige Bücher)
- *http://www.express-kniga.de/* (russische Bücher, CDs, Filme, Hörbücher)
- *http://www.findmybook.de/* (Suche nach neuen und gebrauchten Büchern in Online-Shops und Antiquariaten weltweit)
- *http://www.zvab.com/* (Zentrales Verzeichnis antiquarischer Bücher)

Es gibt viele regionale Online-Buchhandlungen, bei denen Sie bestellte Bücher abholen können. Sie sparen das Porto. Die Seite *http://www.chemie.fu-berlin.de/outerspace/verlage.html* enthält eine Auswahl entsprechender Internetadressen sowie Links zu vielen großen Buchverlagen.

Internetadressen (Stand: 29.8.2013)

Virtuelle Bibliotheken und Online-Kataloge von Bibliotheksverbünden (Auswahl)

- *http://www.ubka.uni-karlsruhe.de/kvk.html* (Karlsruher Virtueller Katalog; Online-Recherche in Bibliotheks- und Buchhandelskatalogen weltweit)
- *http://www.wlb-stuttgart.de/*Seite der Württembergischen Landesbibliothek Stuttgart mit Links zu weiteren Online-Katalogen)
- *http://www.bib-bvb.de/* (Bibliotheks-Verbund Bayern; Online-Katalog der Bibliotheken aus Bayern)
- *http://www.gbv.de/* (Gemeinsamer Bibliotheksverbund GBV der Länder Bremen, Hamburg, Mecklenburg-Vorpommern, Niedersachsen, Sachsen-Anhalt, Schleswig-Holstein und Thüringen)
- *http://www.hbz-nrw.de/recherche/* (Hochschulbibliothekszentrum NRW; Suchmaschine für Bibliotheksbestände aus Nordrhein-Westfalen und Rheinland-Pfalz)
- *http://www.hebis.de/* (HEBIS – Hessisches BibliotheksInformationsSystem; Recherchemöglichkeiten in den Bibliotheken Hessens und des südöstlichen Rheinland-Pfalz)
- *http://www.kobv.de/* (Kooperativer Bibliothekverbund Berlin-Brandenburg; Online-Recherche in den Bibliotheken Berlins und Brandenburgs)
- *https://wiki.bsz-bw.de/doku.php* (Bibliotheksservice-Zentrum Baden-Württemberg mit vielen Möglichkeiten zur Online-Recherche

Internet-Adressen für die Suche nach Fachzeitschriften (Auswahl)

- *http://bibliothek.bbaw.de/bibliothek-digital/zeitschriften* (Berlin-Brandenburgische Akademie der Wissenschaften; Links zur Zeitschriftendatenbank ZDB und zur Elektronischen Zeitschriftenbibliothek EZB, über die Zeitschriftenartikel teils kostenlos online abgerufen werden können.)
- *http://dispatch.opac.d-nb.de* (Die Zeitschriftendatenbank ZDB ist die weltweit größte Datenbank für Titel- und Besitznachweise von Print- und Online-Zeitschriften, Zeitungen usw.)
- *http://www.wissenschaft.de/* (unten auf der Seite → Artikelarchiv; Suche in *Bild der Wissenschaft* seit 1997; Recherche und Artikel kostenfrei)
- *http://www.spektrum.de/* (Suche in *Spektrum der Wissenschaft* seit 1993; Recherche kostenfrei, Artikel zum großen Teil kostenpflichtig)
- *http://www.ub.fu-berlin.de/service_neu/internetquellen/* (→ Internetquellen; viele Links zu Zeitschriftensammlungen, Presseagenturen usw.)

Internetadressen (Stand: 29.8.2013)

Internet-Adressen für die Suche in Populären Zeitschriften und in Zeitungen

(Auswahl, viele Artikel können online gelesen werden)

- *http://www.allesklar.de/* (→ Kunst, Kultur & Medien → Presse & Nachrichten; eine der umfangreichsten Link-Listen zu deutschsprachigen Zeitungen, Zeitschriften und Online-Magazinen im Internet)
- *http://www.paperball.de/* (Suche in aktuellen Ausgaben von deutsch- und fremdsprachigen Online-Zeitungen, Online-Magazinen usw.; kostenfrei)
- *http://www.chemie.fu-berlin.de/outerspace/verlage.html* (→ nach unten auf die Seite scrollen; dort Links zu vielen führenden deutschen und internationalen Zeitungen und Zeitschriften)
- *http://www.focus.de/magazin/archiv* (Archiv des *Focus* ab 1993; Recherche und Artikel kostenfrei)
- *http://www.welt.de/nachrichtenarchiv/* (Archiv der Zeitung *Die Welt* ab 1995; Recherche und Artikel kostenpflichtig)
- *http://www.spiegel.de/thema* bzw. *http://www.spiegel.de/spiegel/print/* (Archiv des *Spiegel* und anderer Hefte der Spiegel-Gruppe ab 1947; Recherche kostenfrei, Artikel teils kostenfrei, teils kostenpflichtig)
- *http://www.berlinonline.de/* (→ Home → Archiv; Archiv der Internetausgabe der *Berliner Zeitung* ab 1994; kostenfrei)
- *http://www.faz.net/* (→ Archiv; Archiv der *Frankfurter Allgemeine Zeitung* ab 1993; Suche kostenfrei, Artikel kostenpflichtig)
- *http://www.ub.uni-konstanz.de/* (→ Digitale Bibliothek → Elektronische Zeitschriftenbibliothek EZB; Zeitschriften nach Fachgebieten geordnet)
- *http://www.geo.de/* (→ Suche nach …; Suche in älteren Ausgaben von *GEO*; kostenfrei)
- *http://www.handelsblatt.com/* (→ Suchen; Recherche im Archiv des *Handelsblattes* ab 2000; kostenfrei)
- *http://www.morgenpost.de/* (→ Archiv; Suche im Archiv der *Berliner Morgenpost* ab 2002; Suche kostenfrei, Artikel kostenpflichtig)
- *http://www.stern.de/* (oben → Kasten *Suche*; Suche im Archiv des *Stern* ab 2002; kostenfrei)
- *http://www.sueddeutsche.de/* (→ Weitere Angebote → SZ-Archiv → Recherche im Archiv der *Süddeutschen Zeitung* ab 1992; kostenpflichtig)
- *http://www.taz.de/* (unten → Archiv → „selber suchen"; Archiv *die tageszeitung* sowie *Le Monde diplomatique*; Ausgaben vor 2007 kostenpflichtig)
- *http://www.zeit.de/* (oben → Archiv; Suche im Archiv ab 1946; kostenfrei)

Internetadressen (Stand: 29.8.2013)

Weitere nützliche Internetadressen

- *http://www.bpb.de* (Bundeszentrale für politische Bildung; Fundgrube für Geschichte, Politik, Erdkunde, SoWi usw.; teils kostenlose Literatur)
- *http://de.wikipedia.org/* (Online-Enzyklopädie *Wikipedia*®; Fülle von Artikel zu allen Themen; Einschränkung: Artikel können Fehler enthalten, da von freien Mitarbeitern geschrieben)
- *http://de.wikipedia.org/wiki/Kategorie:Deutsche_Organisation* (Links zu *Wikipedia*®-Seiten vieler deutscher Organisationen; auf der *Wikipedia*-Seite ist dann der Link zur Homepage der Organisation)
- *http://de.wikipedia.org/wiki/Kategorie:Organisation_nach_Staat* (Links zu den *Wikipedia*-Seiten ausländischer Organisationen; auf der *Wikipedia*-Seite dann meist der Link zur Homepage der Organisation)

Recherche bei Institutionen und Organsisationen

Schreiben Sie öffentliche und private Institutionen an, die Bücher zum Thema Ihres Referats bzw. Ihrer Facharbeit veröffentlicht haben. Dies könnten sein: Die *Bundeszentrale für politische Bildung* (Anschrift: Adenauerallee 86, 53113 Bonn) bzw. die *Landeszentrale für politische Bildung Ihres Bundeslandes* (Anschrift bei Ihrer Lehrerin bzw. Ihrem Lehrer erfragen), aber auch große Organisationen und Verbände (z. B. Verband der Chemischen Industrie, Verband der Automobilindustrie, DGB).

Eine Liste entsprechender deutscher Organisationen und Verbände finden Sie z. B. unter *http://de.wikipedia.org/wiki/Kategorie:Deutsche_Organisation*. Für Organisationen außerhalb des Bundesgebietes stellt *http://de.wikipedia.org/wiki/Kategorie:Organisation_nach_Staat* eine entsprechende Linkliste bereit.

Für beide Linklisten gilt: Jeder Link führt zunächst auf die Wikipedia-Seite der Organisation, auf der dann in der Regel ein Link zur Homepage der Organisation enthalten ist. Diese Institutionen und Organisationen senden Ihnen dann gegebenenfalls Literaturlisten, Broschüren sowie zum Teil kostenlose Literatur zu.

Doch Achtung: Von einer bestimmten Organisation herausgegebene Literatur ist meist nicht objektiv, sondern spiegelt die Verbandsinteressen wider. Man sollte sie daher nur vorsichtig und kritisch verwenden und hieraus entnommene Informationen entsprechend kommentieren.

4.3.3 Das „Tracer-Verfahren" (Spurensuche)

Mithilfe des „Tracer-Verfahrens" gelangen Sie, ausgehend von einem Zitat, zu weiterer Literatur. Gehen Sie wie folgt vor:

- Lesen Sie in der von Ihnen bereits gefundenen Literatur die für Ihr Thema relevanten Seiten. In Büchern finden Sie diese, indem Sie im Inhaltsverzeichnis oder im Register Ihre Stichworte (→ Seite 46) nachschlagen.
- Stoßen Sie beim Lesen auf eine Quellenangabe (→ Kapitel 7), so schlagen Sie die zitierte Quelle im Literaturverzeichnis oder in den Fußnoten nach. Bei Büchern befindet sich das Literaturverzeichnis am Ende eines Kapitels oder am Ende des Buches. In Fachzeitschriften finden Sie es in der Regel am Ende eines Zeitschriftenartikels/-aufsatzes.
- Erscheint die zitierte Quelle Ihnen vom Titel bzw. vom zitierten Inhalt her interessant, so ermitteln Sie, wie und woher Sie diese beziehen können (→ Seite 54 ff.).
- Lesen Sie dann in der auf diese Weise gefundenen neuen Quelle die für Ihr Thema relevanten Seiten. Oftmals wird es so sein, dass Sie hier wiederum interessante und für Sie brauchbare Zitate finden.
- Stoßen Sie auf solche, so schlagen Sie die zitierte Quelle im Literaturverzeichnis nach.

Damit gelangen Sie zu einem immer breiteren Spektrum an Literaturquellen. Zudem können Sie auf diese Weise der Spur einer Information bzw. Idee bis zu ihrem Ursprung folgen. Dabei werden Sie unter Umständen feststellen, dass Autoren voneinander „abgeschrieben" und dabei auch Fehler und Verzerrungen vom jeweiligen Vorgänger übernommen haben.

4.3.4 Weitere Verfahren

Recherche in Fachzeitschriften

Durchsuchen Sie die an Ihrer Schule bzw. in der Ihnen zugänglichen Bibliothek verfügbaren Fachzeitschriften nach Artikeln zu Ihrem Thema bzw. zu den von Ihnen notierten Stichworten.

Hierbei sollten Sie sich der thematisch geordneten **Jahresverzeichnisse** der Zeitschriften bedienen. Diese sind für ältere Zeitschriftenjahrgänge als Printversion, für jüngere gegebenenfalls auch auf Diskette/CD-ROM verfügbar.

In vielen Fachzeitschriften werden in unregelmäßigen Abständen **Bibliografien** (→ Seite 48) zu einzelnen Themenschwerpunkten veröffentlicht. Überprüfen Sie, ob es in einer der Ihnen zugänglichen Fachzeitschriften zufällig eine Bibliografie zu Ihrem Thema gibt.

Auch die Artikel in Fachzeitschriften enthalten **Literaturverzeichnisse**. Dort ist oft spezielle und (in jüngeren Ausgaben) aktuelle Literatur aufgeführt, die sich für Ihr Thema eventuell als besonders geeignet erweisen kann. Nach dem zuvor beschriebenen „Tracer-

Verfahren“ können Sie vom Literaturverzeichnis ausgehend zu weiteren Quellen gelangen, indem Sie interessanten Quellenangaben nachspüren.
Sie können zudem im Internet nach Zeitschriftenartikeln suchen (Adressen ⟶ Seite 51).

Populäre Zeitschriften

Viele Bibliotheken verfügen über ein Zeitschriftenarchiv, in dem ältere Ausgaben populärer Zeitschriften wie *Spiegel, Focus, Stern, GEO* usw. eingelagert sind. In den meisten Fällen gibt es allerdings für diese Zeitschriften keine Jahresverzeichnisse, sodass Sie nach geeigneten Artikeln stöbern müssen. Eine Alternative stellt hier die Online-Suche dar: Eine Reihe von Zeitschriften bieten die Möglichkeit an, im Bereich **Archiv** eine Volltextsuche nach Titel wie Stichworten in älteren Ausgaben durchzuführen. Meist ist diese Suche kostenfrei. Der Online-Abruf von Artikeln ist aber teilweise kostenpflichtig. (Internetadressen ⟶ Seite 51)

Sonstige Verfahren

Dazu zählt die Literaturrecherche in Museumsbüchereien und Archiven. In der Regel erhalten Sie hier nur in Begleitung von Fachkräften Zutritt. Fragen Sie diese auch nach dem Einstellsystem der Bibliothek und der hier optimalen Suchstrategie.
Schließlich kann man in **Gesprächen mit Fachleuten** nützliche Literaturtipps erhalten. Fragen Sie Ihre Interviewpartner usw. nach geeigneter Literatur. Eventuell besitzt Ihr Gesprächspartner das infrage kommende Werk ja selbst und stellt es Ihnen leihweise zur Verfügung.

4.4 Auswahl und Bezug geeigneter Literatur

Haben Sie mithilfe der zuvor geschilderten Verfahren interessant erscheinende Literatur ermittelt, so gilt es nun zwei Fragen zu klären:

- Wie kann ich an die entsprechen Textquellen gelangen?
- Enthält die jeweilige Quelle tatsächlich für mein Thema relevante Informationen?

Prüfung der Relevanz der Quelle

Nicht jede Quelle, deren Titel vielversprechend klingt, ist für Ihre Arbeit auch wirklich brauchbar. Um möglichst rasch die tatsächlich relevante Literatur zu identifizieren, empfehlen sich folgende Schritte:

- Lesen Sie bei Büchern den Klappentext und das Inhaltsverzeichnis. Fahnden Sie zudem im Register nach Stichworten, die für Ihr Thema markant sind.
- Erscheint das Buch nach Überprüfung dieser ersten Inhaltsmerkmale weiterhin für Ihr Thema verwertbar zu sein, „lesen Sie es quer“. Das heißt: Lesen Sie die Einleitung, eine eventuelle Zusammenfassung interessant erscheinender Kapitel sowie einzelne Seiten des Buches, auf denen laut Register für Ihr Thema wichtige Stichworte abgehandelt werden. Erscheint das Buch weiterhin relevant und zudem verständlich geschrieben und

im Niveau angemessen, so sollten Sie es für die weitere Auswertung „sicherstellen“ (siehe unten).

- Neben einer Prüfung der Textteile sollten Sie Bücher auch daraufhin sichten, ob diese für Ihr Thema geeignete Abbildungen (Karten, Diagramme usw.) aufweisen.
- Artikel in wissenschaftlichen Zeitschriften enthalten in der Regel zu Beginn oder am Schluss eine Zusammenfassung. Lesen Sie diese und überprüfen Sie den Artikel zudem auf nutzbare Abbildungen. Erscheint der Artikel für Ihr Thema brauchbar, „stellen sie Ihn sicher“ (siehe unten).
- Ein Blick in das Literaturverzeichnis ermöglicht schließlich eine erste Einschätzung der wissenschaftlichen Qualität der Quelle (Umfang usw.).

Haben Sie eine Quelle bei der ersten inhaltlichen Prüfung als interessant und für Ihr Thema relevant identifiziert, so sollten Sie diese Quelle „sicherstellen“, das heißt für die weitere Auswertung nach Hause tragen. Hierfür stehen Ihnen verschiedene Wege offen:

Kaufen. Sie halten ein Buch oder die aktuelle Ausgabe einer Zeitschrift im Hinblick auf Ihr Thema für besonders ergiebig. Außerdem ist der Preis für Ihr Budget tragbar (→ gegebenenfalls nach einer Taschenbuchausgabe des Buches fragen). In diesem Fall sollten Sie sich das Buch bzw. die Zeitschrift kaufen.
Der Vorteil: Sie können mit einem eigenen Buch über die gesamte Zeit bis zur Fertigstellung des Referats/der Facharbeit kontinuierlich arbeiten, ohne es etwa nach Ablauf einer Ausleihfrist wieder an die Bibliothek zurückgeben zu müssen. Sie können zudem in einem eigenen Buch nach Herzenslust Anmerkungen eintragen und markern.
Doch bedenken Sie: Handelt es sich um spezielle Literatur, so kann diese von Ihrer Buchhandlung nicht über den Buchgroßhändler bezogen werden, sondern muss direkt beim Verlag bestellt werden. Die Lieferzeit beträgt dann unter Umständen zwei Wochen und länger.

Kostenlos oder verbilligt beziehen. Bei vielen Institutionen kann Literatur kostenlos bzw. zu sehr günstigen Konditionen bezogen werden. Dies gilt zum Beispiel für die Bundeszentrale für politische Bildung (→ Seite 52).

Ausleihen. Bei Bibliotheken muss generell zwischen dem *Präsenzbestand* und dem *Leihbestand* unterschieden werden.
Bücher und Zeitschriften aus dem *Präsenzbestand* können eingesehen bzw. nach Bestellung während der Öffnungszeiten der Bibliothek im Lesesaal gelesen werden. Zudem dürfen in der Regel von interessanten Seiten Kopien angefertigt werden. Ein Entleihen der Literatur ist aber nicht oder nur kurzzeitig (z. B. über das Wochenende) möglich.
Bücher und Zeitschriften aus dem *Leihbestand* können hingegen für eine gewisse Zeit ausgeliehen werden. Dabei gilt:

- Oftmals muss vor der ersten Ausleihe eine spezielle Ausleihberechtigung erworben werden (z.B. Büchereikarte; → Seite 47 f.).
- Zudem ist unter Umständen für die Ausleihe eine Gebühr zu entrichten.
- Bei Überschreitung von Ausleihfristen werden häufig hohe Strafen fällig. Erkundigen Sie sich daher vor der ersten Ausleihe nach den Ausleihmodalitäten der Bibliothek (Leihfristen, Gebühren usw.).
- Ausgeliehene Bücher und Zeitschriften dürfen weder beschriftet noch beschädigt werden, was ihre weitere Verwendung teilweise erschwert und es durchaus sinnvoll erscheinen lässt, von wichtigen Seiten Kopien anzufertigen (siehe unten).
- Bei einer Reihe von Bibliotheksbenutzern hat sich die Unsitte breitgemacht, wichtige Seiten aus Standardwerken herauszutrennen, um sich so das Kopieren dieser Seiten zu sparen. Nachdem Sie bei Ihrer Arbeit einige Male auf die dadurch entstandenen Seitenlücken gestoßen sind, werden Sie dem kategorischen Imperativ „Was Du nicht willst, das man Dir tu, das füg auch keinem anderen zu!“ beipflichten und ihrerseits diese Unsitte vermeiden.

Fernleihe. Ist das gewünschte Buch bzw. die Zeitschrift in Ihrer Bibliothek nicht verfügbar, so haben Sie die Möglichkeit der Bestellung per Fernleihe:

- Voraussetzung dafür ist, dass die Bibliothek an das Fernleihnetz angeschlossen ist (beim Bibliothekspersonal erfragen).
- Eine Bestellung per Fernleihe bedeutet, dass das gesuchte Werk in einer anderen Bibliothek des Fernleihverbundes steht, von dort angefordert und zu Ihrer Bibliothek transportiert werden muss. Ihre Bibliothek benachrichtigt Sie, wenn das Werk eingetroffen ist. Dieser ganze Vorgang kann einige Tage, ja Wochen dauern.
- Die Fernleihe muss über ein entsprechendes Formular vorgenommen werden, das man beim Bibliothekspersonal erhält.
- Zudem ist die Fernleihe immer mit Kosten verbunden (diese beim Bibliothekspersonal vorher erfragen).

Kopieren. Im Präsenzbestand von Bibliotheken befinden sich häufig Standardwerke, Lexika, Enzyklopädien, ältere Zeitschriftenjahrgänge usw. Da ihre Ausleihe nicht möglich ist, müssen Sie die für Ihre Arbeit interessanten Abschnitte kopieren. Auch bei ausleihbaren Werken empfiehlt es sich oftmals, wichtige Seiten zu kopieren, um diese dann besser bearbeiten zu können (mit Anmerkungen versehen, markern usw.).

Beim Kopieren sollten Sie die folgenden Regeln beachten:

- Versehen Sie jede Kopie oben mit einer bibliografischen Kurzangabe. Diese besteht aus den NACHNAMEN der Autorinnen bzw. Autoren und dem Erscheinungsjahr des Buches bzw. der Zeitschrift. Beispiel: UHLENBROCK & WALORY 2012.

- Erstellen Sie zu jeder bibliografischen Kurzangabe eine bibliografische Notiz z. B. auf einer Karteikarte oder am Computer (→ Seite 17). Die Karteikarte ist dabei im Rahmen der Bibliotheksarbeit im Handling besonders einfach und effizient. Notieren Sie alle wichtigen bibliografischen Angaben (→ Seite 20), bei einem Zeitschriftenartikel auch die erste und letzte Seite des Artikels. Im Zweifelsfall gilt: Mehr ist besser!
  Eine zur bibliografischen Kurzangabe *UHLENBROCK & WALORY 2012* auf der kopierten Seite passende Literaturkarteikarte sollte wie folgt aussehen:

Beispiel Literaturkarteikarte

UHLENBROCK, Karlheinz & WALORY, Michael (2012):
Fit fürs Abi Biologie Wissen.
1. Auflage.
Braunschweig: Bildungshaus Schulbuchverlage Westermann Schroedel Diesterweg Schöningh Winklers

- Notieren Sie auf Kopien von Zeitungsartikeln neben dem Namen der Zeitung auch das Erscheinungsdatum (z. B.: MÜNSTERSCHE ZEITUNG vom 4.8.2013).
- Achten Sie darauf, bei Büchern und Zeitschriften die Seitenzahlen mitzukopieren. Sie benötigen diese später für die Erstellung korrekter Textzitate. Falls Seitenzahlen nicht mitkopiert werden können (z. B. wegen Übergröße der Vorlage), müssen Sie diese per Hand auf der Kopie notieren.
- Kopieren Sie mehrere Seiten aus einem Buch bzw. einer Zeitschrift, so sollten Sie die Kopien zusammenheften. So bleibt deren Ursprung aus einem Werk erkennbar. Zudem müssen Sie in diesem Fall nur die erste Seite des zusammengehefteten Blätterstapels mit einem entsprechenden bibliografischen Vermerk versehen.
- Sind auf den kopierten Seiten Literaturverweise enthalten, müssen Sie auch die dazugehörenden vollständigen Literaturangaben im Literaturverzeichnis kopieren. Sie benötigen dies später unter Umständen für die korrekte Gestaltung Ihrer Textzitate (→ Kapitel 7).
- Achten Sie darauf, die ausgewählten Seiten gerade, vollständig und gut lesbar zu kopieren. Abgeschnittene Seitenteile müssen erneut kopiert werden. Sehr klein gesetzte Textvorlagen sollten gegebenenfalls beim Kopieren vergrößert werden.
- Breite schwarze Seitenränder sollten durch Abdecken mit einem leeren weißen Blatt Papier vermieden werden.
- Prüfen Sie **vor** dem Betätigen der Copy-Taste des Kopierers, ob die ins Auge gefassten Seiten tatsächlich relevant sind. Hemmungsloses Kopieren belastet nicht nur Ihr Budget, sondern führt auch zu einer Papierflut in Ihrem Arbeitszimmer, die dann zeitaufwendig

gesichtet, gelesen, abgeheftet und bibliografisch erfasst werden muss. Zudem ist es aus ökologischer Sicht nicht vertretbar.

- Häufig ist für das Kopieren in Bibliotheken Kleingeld notwendig. Nehmen Sie also beim Bibliotheksbesuch einen ausreichenden Vorrat an Münzen mit.
  Teilweise benötigen Sie für das Betreiben des Kopierers in Bibliotheken eine Copycard. Erkundigen Sie sich beim Bibliothekspersonal, wo diese zu erwerben ist.

Online-Bezug. Sie haben auch die Möglichkeit, Fernleihvorgänge selber via Internet über das System *subito* (*http://www.subito-doc.de/*) durchzuführen.

- *Subito* ist ein Online-Lieferdienst wissenschaftlicher Bibliotheken aus Deutschland, Österreich und der Schweiz für Aufsätze und Bücher.
- *Subito* bietet zwei Dienste an: über *subito-article-delivery* kann man Kopien aus gedruckten Zeitschriften oder einzelne kopierte Buchseiten erhalten, über *subito-book-delivery* ist die Ausleihe von Büchern möglich.
- Sie können *subito* benutzen, wenn Sie genau wissen, was Sie bestellen möchten, das heißt wenn Sie die bibliografischen Angaben des gesuchten Buches bzw. Zeitschriftenartikels bereits über eines der im → Abschnitt 4.3 beschriebenen Verfahren ermittelt haben.
- Sie recherchieren dann in den *subito*-Katalogen (Zeitschriftenkatalog, Buchkataloge), ob das von Ihnen gesuchte Werk in einer der *subito* angeschlossenen Bibliotheken verfügbar ist.
- Ist dies der Fall, so haben Sie die Möglichkeit, sich Aufsätze oder Kopien einzelner Buchseiten per E-Mail, Fax oder Post zusenden zu lassen.
- Bücher können Sie sich gleichfalls zusenden lassen oder aber, sofern Sie nahe der Bibliothek wohnen, in der das Werk einsteht, auch selbst abholen.
- Dieser Zustellservice ist sehr schnell: Bei Normalbestellung bearbeiten die Bibliotheken die Anfrage an Werktagen innerhalb von 72 Stunden, beim Eilservice sogar innerhalb von 24 Stunden.
- Ganz umsonst ist dieser sehr schnelle Bezugsweg jedoch nicht: Als Schülerin oder Schüler aus Deutschland, Österreich, Lichtenstein oder der Schweiz gehören Sie zur Kundengruppe 1 und zahlen im Normaldienst z. B. für die Zustellung eines Zeitschriftenaufsatzes per Post oder Fax 6,50 €, per E-Mail 5,00 €. Eine Buchzustellung kostet im Normaldienst 9,00 €. Zudem muss auch das Rückporto bezahlt werden. (Stand: 29.8.2013)

4.5 Internetrecherche

4.5.1 Die Stärken des Internet

Das Internet ist heute als Informationsquelle nicht mehr wegzudenken. Es erscheint auf den ersten Blick als Paradies für jeden, der Informationen sucht. Das gesamte Wissen der Menschheit scheint hier, verteilt auf Millionen von Internetseiten, nur darauf zu warten, entdeckt, abgerufen und für ein Referat oder eine Facharbeit genutzt zu werden. Nicht nur von unermesslicher Vielfalt und Breite ist das Informationsangebot im Netz, es besticht daneben in vielen Fällen auch durch seine hohe Aktualität. Nachrichten werden im Minutentakt aktualisiert. Während Bücher aufgrund der länger dauernden redaktionellen Bearbeitungs- und Druckprozesse häufig Informationen enthalten, die bereits mehrere Jahre alt sind, findet man im Internet auch Daten vom heutigen Tag. Hinzu kommt die Internationalität des Informationsangebotes: Man hat Zugang zu Quellen aus allen Teilen der Erde. Und das bequem von zu Hause oder von der Schule aus.
Führt man sich all diese bestechenden Vorteile des Internet vor Augen, drängt sich die Frage auf, warum es heutzutage neben dem Internet überhaupt noch gedruckte Literatur gibt.

4.5.2 Die Schwächen des Internet

Begibt man sich jedoch im Netz auf Informationssuche, so stößt man auf Probleme, Grenzen und Einschränkungen, die die Wunderwelt des **W**orld **W**ide **W**eb zumindest in Teilen entzaubern:

- Da ist zunächst einmal der **Zugang** selbst. Verfügt man zu Hause über einen eigenen Zugang zum Netz, bleibt lediglich die **Kostenfrage** und die ist dank Flatrate heute meist nur noch von geringer Bedeutung. Ist man aber auf den kostenlosen Schulanschluss angewiesen, wird man vielfach feststellen, dass dieser gerade dann nicht verfügbar ist, wenn man ihn braucht.
- Zum zweiten stellt gerade die **Vielfalt** und der **riesige Umfang** des Datenbestandes im Netz ein Problem dar. Wie soll man unter den Millionen von Internetseiten diejenigen finden, die für das spezielle Referats- oder Facharbeitsthema relevant sind?
- Erschwerend kommt bei vielen Internetquellen hinzu, dass diese **in englischer Sprache** verfasst sind. Nur ein Beispiel: Die Suche nach deutschsprachigen Internetquellen zum Stichwort *AIDS* liefert 13,8 Mio. Quellenangaben als Ergebnis. Schränkt man die Suche hingegen nicht auf deutschsprachige Quellen ein, so erhält man 349 Mio. Quellen, die Mehrzahl in englischer Sprache (Suchmaschine *Google*®, Suche am 4. 5. 2012). Um die Informationsvielfalt des Internet richtig ausnutzen zu können, sollte man also des Englischen mächtig sein.

- Als weiteres Handicap von Internetquellen ist deren **Kurzlebigkeit** zu nennen. Häufig findet man eine Internetadresse, die man vor einer Woche als besonders ergiebig empfohlen bekam, bereits heute nicht mehr im Netz. Oder die URL der empfohlenene Seite hat sich seither bereits verändert (URL = *Uniform Resource Locator*, die Adresse eines Servers oder eines Dokumentes im Internet). Zudem werden viele Webseiten beständig überarbeitet, verändert, korrigiert. Was Sie heute auf einer bestimmten Webseite lesen, muss nicht unbedingt auch morgen noch dort zu finden sein.
- Überdies sind viele Internetseiten in Ihrer **Informationsqualität mangelhaft** bzw. nur schwer beurteilbar. Gedruckte Literatur wird in der Regel vor der Veröffentlichung von Lektoreninnen oder Lektoren überprüft und korrigiert. Seriöse Verlage arbeiten nur mit seriösen Autoren zusammen. Im Internet entfallen diese Kontrollmechanismen in vielen Fällen. Hier kann jeder alles einstellen. Persönliche Meinung und Tatsachendokumentation sind häufig nicht klar getrennt. Radikale politische Tendenzen verzerren den Informationsgehalt einer Reihe von Internetseiten, so wie es eine willkürliche und unqualifizierte Datenauswahl bei anderen Seiten tut. Ein gutes Beispiel stellt hier die derzeit vielgenutzte Internet-Enzyklopädie Wikipedia® dar (*http://de.wikipedia.org/wiki/Hauptseite*). Hier können freiwillige Autoren Beiträge einstellen, die dann später überprüft, gegebenenfalls korrigiert, ergänzt oder verändert werden. Dieses Verfahren führt unweigerlich dazu, dass die Einträge bei *Wikipedia®* Fehler, Unschärfen und Lücken enthalten. Sie sind ferner einem dauernden Änderungsprozess unterworfen. *Wikipedia®*-Beiträge können damit nur eingeschränkt als wissenschaftlich seriös gelten. Bedenken hinsichtlich der wissenschaftlichen Seriosität vieler Internetquellen sind es denn auch, die dazu geführt haben, dass an manchen Fachbereichen der Universitäten und Fachhochschulen die Benutzung von Internetquellen unerwünscht, ja verboten ist.

4.5.3 Zentrale Punkte der Internetrecherche

Aus den soeben aufgeführten Schwächen des Internet ergibt sich die Notwendigkeit, bei dessen Nutzung als Informationsplattform folgende Punkte zu beachten:

- Planen Sie die Internetrecherche sorgfältig. Nur so werden Sie im Dschungel des **W**orld **W**ide **W**eb geeignete Quellen aufspüren (→ Seite 48 ff.).
- Speichern Sie brauchbare Internetquellen ab. So stehen Ihnen diese auch später noch in der Erstfassung zur Verfügung. Teilweise verlangen Schulen auch, die bei der Erstellung einer Facharbeit oder eines Referats benutzten Internetquellen dem Endprodukt in Form einer CD-ROM oder als Ausdruck im Anhang beizufügen (→ Beispiel in der Facharbeit von Lena Castrup im Kapitel 11).
- Alternativ können Sie nutzbar erscheinende Internetquellen auch ausdrucken.

- Achten Sie bei Abspeicherung wie Ausdruck von Internetquellen darauf, diese bibliografisch korrekt zu erfassen. Hierzu gehört die Dokumentation der URL („Internetadresse") sowie des Datums der Entnahme der Informationen aus dem Netz (→ Seite 21).
- Stützen Sie Ihre Arbeit nur in Ausnahmefällen ausschließlich auf Internetquellen. Verwenden Sie – soweit möglich – parallel stets auch wissenschaftliche Literatur.
- Verwenden Sie möglichst nur Internetquellen, deren Seriosität Sie abschätzen können (→ Seite 66 f.).

4.5.4 Die Strategie der Internetrecherche

Um in der Fülle der Internetquellen die geeigneten Informationen ausfindig zu machen, bedarf es einer ausgefeilten Suchstrategie. Gehen Sie also wie folgt vor:

Zeit

Planen Sie ausreichend Zeit für die Quellensuche im Internet ein. Angesichts der Datenfülle kann sich die Suche länger hinziehen, als Sie zunächst vermutet haben.

Internetzugang

Falls Sie nicht über einen eigenen Internetzugang verfügen, sollten Sie sich möglichst frühzeitig darum bemühen, den Schulzugang zum Netz nutzen zu dürfen. Oftmals gibt es hier Wartelisten oder der Zugang ist generell auf wenige Stunden in der Woche begrenzt.

Suchbegriffe

Bevor Sie mit Ihrer Recherche beginnen, sollten Sie sich genau überlegen, was Sie suchen wollen:

- Es ist zumeist wenig sinnvoll nach sehr allgemeinen Stichworten zu suchen. Suchbegriffe wie z. B. *Thomas Mann, USA* oder *Laser* führen zu sehr vielen Webseiten, deren Inhalte allerdings teilweise nur wenig mit dem von Ihnen gesuchten Informationen zu tun haben. Hier die Spreu vom Weizen zu trennen kostet viel Zeit und Nerven.
- Prüfen Sie also vor Ihrer Internetrecherche Ihren bisherigen Informationsstand. Beantworten Sie dazu die folgenden Fragen:
  - Am Beginn Ihrer Arbeit: Was kennzeichnet mein Thema? Welche besonderen Begriffe sind mit dem Thema verbunden?
  - Im weiteren Verlauf: Wo bestehen Lücken? Welche Informationsabschnitte sind noch ergänzungsbedürftig? Welche speziellen Begriffe müssen noch mit Hintergrundinformationen gefüllt werden?

  Erstellen Sie anhand der Antworten auf diese Fragen eine Liste mit möglichst konkreten, engen Suchbegriffen, nach denen Sie im Netz fahnden wollen. Je spezieller und enger Ihre Suchbegriffe sind, desto größer die Chance, die gewünschte konkrete Information auch direkt zu finden.

- Zu Ermittlung geeigneter Suchbegriffe bietet sich auch der folgende Weg an: Lesen Sie in einem Lexikon oder einer Enzyklopädie (z. B. auch in *Wikipedia®*) Einträge, die mit Ihrem Thema im Zusammenhang stehen. Diese Einträge enthalten in der Regel markante Schlagworte, Namen oder Ortsangaben, die Sie dann auf Ihre „Fahndungsliste" setzen sollten.

Suchmaschinen

Nicht nur die Wahl der richtigen Suchbegriffe, sondern auch die Wahl der richtigen Suchmaschine ist für den Erfolg Ihrer Internetrecherche von großer Bedeutung.

- Suchmaschinen durchsuchen das Internet beständig mit spezieller Software, die *Spider* (Spinne) oder *Crawler* (Krabbler) genannt wird, nach Stichworten oder Wortgruppen aller Art ab. Die Ergebnisse einer solchen Suche werden dann in einer Datenbank abgelegt. Geben Sie einen Suchbegriff in die Suchmaske einer Suchmaschine ein, so wird die Datenbank dieser Suchmaschine durchforstet und es werden Ihnen alle Internetseiten aufgelistet, auf denen Ihr Suchbegriff vorkommt.
- Die Datenbanken verschiedener Suchmaschinen weisen, je nach eingesetzter Spider-Software und nach der Häufigkeit, mit der diese das Netz durchforscht, sehr unterschiedliche Eintragungen auf. Die Eingabe desselben Suchbegriffes kann damit bei verschiedenen Suchmaschinen zu unterschiedlichen Ergebnissen führen. Es ist folglich wichtig, sich vor Beginn der Suche Gedanken über die Auswahl geeigneter Suchmaschinen zu machen.
- Die derzeit gängigste Suchmaschine ist *Google®* (*http://www.google.de/*). Doch auch wenn diese Suchmaschine sehr viele Webseiten erfasst, kann es durchaus lohnend sein, verschiedene Suchmaschinen nach demselben Suchbegriff forschen zu lassen. Deckungsgleiche Suchergebnisse lassen sich leicht aussortieren – doch man wird unter Umständen auch auf gänzlich andere Internetseiten stoßen.

Bei den Suchmaschinen unterscheidet man:

- **Allgemeine Suchmaschinen**. Sie durchsuchen das Internet oder bestimmte Teile des Netzes nach dem Vorkommen bestimmter eingegebener Suchbegriffe. Dabei beschränken sich einige Suchmaschinen auf die Durchforschung bestimmter Abschnitte der Internetdateien (z. B. der URL), andere durchsuchen den gesamten Text einer Internetquelle (Volltextsuchmaschinen).
  Neben Suchmaschinen, die das Internet nach deutschsprachigen Quellen durchsehen, gibt es auch Suchmaschinen, die Ihre Suche ohne Spracheinschränkung durchführen oder aber ganz speziell nach Quellen in französischer, italienischer, spanischer, portugiesischer oder einer anderen Sprache suchen.
- **Spezialsuchmaschinen**. Für eine Vielzahl von Themenfeldern gibt es spezielle Suchmaschinen, deren Datenbestand zum jeweiligen Themenfeld deutlich breiter und vollstän-

diger ist, als bei allgemeinen Suchmaschinen. Suchen Sie spezielle Informationen, sollten Sie auf solche Spezialsuchmaschinen zurückgreifen.

- **Metasuchmaschinen**. Hierbei handelt es sich um Suchmaschinen, die den Bestand verschiedener allgemeiner und/oder spezieller Suchmaschinen parallel nach den von Ihnen eingegebenen Suchbegriffen durchstöbern und das Ergebnis der Suche dann zusammenfassen. Sie bieten teilweise weniger detailliertere Suchmöglichkeiten an. Zudem dauert die Suche hier häufig länger als bei allgemeinen bzw. Spezialsuchmaschinen. Auch entspricht die (bei einer großen Zahl von Treffern nicht unwichtige) Reihenfolge der Trefferangaben hier dem Mittel der Gesamtsuche in allen verwandten Suchmaschinen und ist so oft wenig aussagekräftig.
  Metasuchmaschinen sind deshalb eher dazu geeignet, seltenen Suchbegriffen nachzuspüren. Doch auch für einen ersten generellen Überblick über die Informationslage zu einem bestimmten Thema sind sie zweckdienlich.
- **Kataloge**. Diese stellen eine sortierte Sammlung von Internetadressen dar, die unter bestimmten, von Katalogebene zu Katalogebene immer spezieller werdenden Schlagworten zusammengefasst sind. Hier haben die Herausgeber des jeweiligen Katalogs eine Auswahl unter allen Internetadressen getroffen und nur die ihnen geeignet erscheinenden Links nach bestimmten inhaltlichen Kriterien zusammengestellt.
  Die Suche in einem Internetkatalog läuft ähnlich ab wie die Suche in einem Versandhauskatalog. Sie ist damit relativ einfach und führt in der Regel auch schnell zu einem Suchergebnis.
  Doch wie bei einem Versandhauskatalog auch, kann es durchaus sein, dass das Angebot Lücken aufweist. Internetquellen, die für Sie von Interesse sind, wurden unter Umständen von den Katalogherausgebern gerade nicht in den Katalog aufgenommen. Zudem entspricht das Ordnungssystem eines Katalogs dem Geschmack des jeweiligen Katalogherausgebers. Es ist damit nicht für jeden Nutzer nachvollziehbar, was bedeutet, dass man eventuell Links nicht findet, weil sie unter eher ungewöhnlichen Schlagworten einsortiert wurden. Schließlich enthalten mache Unterrubriken viele unsortierte Links, was die Suche zeitraubend und schwierig macht. Manche Kataloge bieten Abhilfe, indem sie eine Katalogsuchoption enthalten.
  Oftmals ist ein Katalog zudem direkt mit einer allgemeinen Suchmaschine gekoppelt. Sie können also eine Suchanfrage im Katalog starten und diese wird dann an die Suchmaschine weitergeleitet.

Eine Übersicht über gängige Suchmaschinen und Kataloge finden Sie auf der folgenden Seite. Dabei wurde auf die Auflistung von Spezialsuchmaschinen aus Platzgründen verzichtet. Sie gelangen jedoch über die angegebenen *Suchmaschinen-Suchmaschinen* (Suchmaschinen, die das Netz nach aktiven Suchmaschinen durchforschen) zu entsprechenden Adressen.

Suche

Suchmaschinen bieten eine Vielzahl von Möglichkeiten, die Suche gezielter und effektiver zu gestalten. Sie können sich über die konkreten Möglichkeiten Ihrer Suchmaschine informieren, indem Sie die Suchmaske der Suchmaschine aufrufen und dann auf die *Hilfe*- bzw. die *Suchtipps*-Funktion klicken. Hier wird Ihnen genau erklärt, wie Sie die Suche mit dieser speziellen Suchmaschine optimal gestalten können.

Suchmaschinen (Stand: 29.8.2013)

Suchmaschinen-Suchmaschinen (Auswahl)

- *http://www.klug-suchen.de/* (Links zu über 1100 deutschsprachigen Suchmaschinen aller Art)
- *http://www.suchmaschinen-datenbank.de/* (Links und Bewertungen zu einer großen Zahl von Suchmaschinen aller Art)
- *http://www.suchmaschinen-online.de/* (Links zu Suchmaschinen)
- *http://www.ub.tu-berlin.de/* (→ Literatursuche → Internetquellen; unter anderem Links zu ausgewählten Suchmaschinen)

Metasuchmaschinen (Auswahl)

- *http://www.apollo7.de/* (deutschsprachig; zu nutzende Suchmaschinen einzeln anwählbar)
- *http://www.copernic.com/* (Copernic Agent Personal; deutschprachige Metasuchmaschine zum Herunterladen; viele Einstellmöglichkeiten)
- *http://www.ixquick.com/* (Metasuchmaschine mit strengen Datenschutzrichtlinien)
- *http://www.metager.de/* (älteste deutsche Metasuchmaschine; viele Einstellmöglichkeiten)
- *http://www.search.com/* (internationale Metasuchmaschine (USA); sehr viele Treffer)

Deutschsprachige allgemeine Suchmaschinen (Auswahl)

- *http://de.search.yahoo.com/* (auch Multimedia-Suche; schnell; hohe Trefferquote)
- *http://scholar.google.de/* (Suchmaschine für die gezielte Suche nach wissenschaftlichen Quellen)
- *http://www.fastbot.de/* (sehr schnell; einfach; hohe Trefferquote)
- *http://www.fireball.de/* (sehr schnell; hohe Trefferquote)
- *http://www.google.de/* (einfach zu bedienen; sehr schnell; sehr hohe Trefferquote)
- *http://suche.freenet.de/* (sehr schnell; sehr gute Trefferquote; Suche über *google*®)
- *http://www.bing.com* (Suchmaschine von Microsoft®; hohe Trefferquote bei der Bildersuche)
- *https://www.startpage.com* (schnell, sehr hohe Trefferquote; strenge Datenschutzrichtlinien)

Internationale allgemeine Suchmaschinen und Kataloge (Auswahl)

- *http://www.teoma.com/* (einfach zu bedienen; hohe Trefferquote)
- *http://www.scirus.com/* (englischsprachige Suchmaschine für die gezielte Suche nach wissenschaftlichen Quellen)
- *http://www.dmoz.org/* (englischsprachiger Katalog; mehr als 5 Mio. Einträge; mit Suchmaschine)

zudem: *http://www.google.com/* und *http://www.lycos.com/* und *http://www.yahoo.com/*

Generell aber gelten für die Suche mit (fast) allen Suchmaschinen die folgenden Regeln:

- Geben Sie mehrere inhaltlich zusammenhängende Suchbegriffe gleichzeitig in die Suchmaske ein. So verfeinern und präzisieren Sie die Suche (→ Seite 61).
- Erhalten Sie kein verwertbares Suchergebnis, probieren Sie andere, eventuell nur leicht abgewandelte Suchbegriffe bzw. Begriffskombinationen.
- Suchen Sie unter Umständen mit denselben Suchbegriffen in verschiedenen Suchmaschinen (→ Seite 64).
- Bei der aktuell gängigsten Suchmaschine *Google®* gelten unter anderem die Regeln:
  - Es werden automatisch nur solche Internetseiten gesucht, auf denen *alle* in die Suchmaske eingegebenen Begriffe vorkommen (automatische „Und"-Suche).
  - Groß- und Kleinschreibung sind unerheblich, bleiben also unbeachtet.
  - Ein direkt vor den Suchbegriff gesetztes „-" bedeutet, dass bei der Suche nur Quellen berücksichtigt werden, in denen der mit einem Minuszeichen versehene Begriff *nicht* vorkommt (→ Seite 67 f.).
  - Ein direkt vor den Suchbegriff gesetztes „+" bedeutet, dass nach dem Suchbegriff in exakt der eingegebenen Schreibweise gesucht wird. Wird kein „+" vor den Suchbegriff gesetzt, so werden auch ähnliche Schreibweisen berücksichtigt (z. B. Caesar und Cäsar).
  - Werden mehrere Suchbegriffe in Anführungszeichen gesetzt, so bedeutet dies, dass diese Begriffe zusammenhängend, als sogenannte Phrase, in der Quelle vorkommen müssen (→ Seite 67 f.).
- Bei vielen anderen Suchmaschinen gelten als Regeln:
  - Geben Sie mehrere Suchbegriffe mit einem direkt davor gesetzten „+" in die Suchmaske ein, so werden als Suchergebnis nur Seiten ausgewiesen, die *alle* diese Begriffe enthalten. Bei Eingabe mehrerer Suchbegriffe ohne ein davor gesetztes „+" wird nach Internetquellen gesucht, in denen einer *oder* mehrere der Suchbegriffe vorkommen. Bei einigen Suchmaschinen muss statt des „+" der Begriff „AND" in Großschreibung zwischen die Suchbegriffe gesetzt werden.
  - Ein direkt vor den Suchbegriff gesetztes „-" bedeutet: Dieses Wort darf auf der Internetseite *nicht* vorkommen.
    Bei einigen Suchmaschinen muss statt des „-" der Begriff „NOT" in Großschreibung zwischen die Suchbegriffe gesetzt werden.
  - Werden mehrere Suchbegriffe in Anführungszeichen gesetzt, so bedeutet dies, dass diese zusammenhängend in der Quelle vorkommen müssen.
  - Setzen Sie hinter ein Wort ein „*" (Platzhalter, Wildcard), so wird nach Wortstämmen gesucht. Es werden als Ergebnis dann alle Seiten aufgelistet, die das eingegebene Wort oder ein zusammengesetzten Wort enthalten, das dieses Wort als Anfang aufweist.

  - Schreiben Sie den Suchbegriff klein, so wird das Wort in Klein- und in Großschreibung gesucht.
- Nutzen Sie die Optimierungsmöglichkeiten Ihrer Suchmaschine, die sich bei den meisten Suchmaschinen unter der Funktion „*Erweiterte Suche*", „*Profisuche*", „*Detailsuche*", „*weitere Optionen*" oder „*Advanced Search*" verbergen. Hier können Sie in die Suchmaske Wortkombinationen, Wortausschlüsse, die gewünschte Sprache usw. eingeben.
- Sind Ihre Englischkenntnisse gering, so beschränken Sie die Suche durch Anklicken des entsprechenden Buttons auf deutschsprachige Internetseiten.
- In vielen Suchmaschinen können Sie durch Anklicken des Buttons „Bilder" gezielt nach Abbildungen (Bilder, Diagramme, Karten usw.) suchen.

Suchtipps

Hier noch einige Tipps, wie Sie Ihre Internetrecherche optimieren können:

- Finden Sie unter einem bestimmten Suchbegriff keinen geeigneten Eintrag, so ändern Sie den Begriff leicht ab und suchen dann erneut. Beispiel: Der Begriff *HIVirus* führt bei einer Suche mit der Suchmaschine *Fireball* am 18. 6. 2011 nur zu 384 deutschsprachigen Treffen, der Suchbegriff *HIV* hingegen zu 17,9 Mio deutschsprachigen Treffern.
- Suchen Sie im gesamten **W**orld **W**ide **W**eb und nicht nur in deutschsprachigen Quellen. Insbesondere wenn Sie nach speziellen Informationen fahnden, erhalten Sie so deutlich mehr Treffer, da die Mehrzahl der Internetquellen in Englisch abgefasst ist.
- Nutzen Sie nach dem Aufrufen einer fremdsprachigen Website die Übersetzungstools Ihres Browsers bzw. Ihrer Suchmaschine – aber nur, um sich einen groben Eindruck vom Inhalt der jeweiligen Quelle zu verschaffen! Übersetzungsmaschinen liefern zwar Übersetzungsergebnisse, doch sind diese in der Regel unzureichend. Häufig führen Übersetzungsfehler bzw. -unschärfen dazu, dass der Inhalt der Ursprungsquelle verfälscht wiedergegeben wird. Solche Übersetzungsergebnisse sind als Basis für ein Referat oder eine Facharbeit nicht zu verwenden. Haben Sie bezüglich Ihrer Fremdsprachenkenntnisse Bedenken, sollten Sie Ihre Suche auf den deutschen Sprachraum beschränken oder sprachbegabte Bekannte um Hilfe bitten.
- Auch bei der Suche im Internet funktioniert das Tracer-Verfahren (→ Seite 53): Viele Internetseiten enthalten Links zu thematisch verwandten Seiten. Durch Anklicken dieser Links gelangen Sie zu eventuell interessanten, von Ihrer Suchmaschine nicht aufgespürten Internetquellen. Und diese können wiederum weitere Links enthalten …
- Doch Achtung: Stärker als beim Durchblättern eines Buch verleitet das Tracer-Verfahren im Internet dazu, abzuschweifen. Links reizen dazu, sie anzuklicken, die dazugehörigen Seiten zu durchstöbern und sich dabei immer mehr vom eigentlichen Ziel der Internetrecherche zu entfernen. Hier gilt: Lassen Sie sich nicht auf Nebenpfade locken. Behalten Sie Ihr Rechercheziel im Auge.

- Denken Sie daran, geeignet erscheinende Internetseiten auszudrucken oder auf Ihrem Computer abzuspeichern. Dies ist nicht nur sinnvoll, weil Sie eventuell verpflichtet sind, die verwendeten Internetquellen Ihrer Facharbeit oder Ihrem Referat im Original beizufügen, sondern auch, weil die von Ihnen aufgespürte Quelle unter Umständen bereits am Folgetag nicht mehr im Netz verfügbar ist.
- Ist eine Internetseite, deren Abspeicherung bzw. Ausdruck Sie versäumt haben, bereits am Folgetag nicht mehr auffindbar, versuchen Sie diese aus dem *Cache*, dem Zwischenspeicher Ihrer Suchmaschine, zu laden. Hier bleiben auch im Netz nicht mehr verfügbare Websites noch einige Zeit gespeichert.
- Vergessen Sie die bibliografische Erfassung der Websites nicht (⟶ Seite 21).
- Bevor Sie Internetquellen verwenden, sollten Sie deren Seriosität abschätzen. Internetseiten öffentlicher Institutionen, Universitäten oder großer Zeitungen sind in der Regel gut verwendbar. Bei Seiten von Privatpersonen sollten Sie überprüfen, ob der Verfasser namentlich genannt wird. Ist dies nicht der Fall, sollte die Quelle nicht benutzt oder deren Nennung mit einem kritischen Kommentar versehen werden. Die Suchmaschine *http://scholar.google.de/* bietet die Möglichkeit, im Netz gezielt nach wissenschaftlicher Literatur zu suchen. Zusätzliche Angaben (z. B. wie oft und durch wen die Quelle zitiert worden ist) ermöglichen eine Abschätzung der wissenschaftlichen Relevanz und Seriosität der Seite.
- Werden Sie nicht zum „Aktualitätsguru"! Das Internet besticht zwar durch seine Aktualität. Doch wird niemand von Ihnen erwarten, dass Sie in Ihr Referat oder Ihre Facharbeit die aktuellen Meldungen des Abgabetags einbringen. Legen Sie daher eine Deadline für Ihre Internetrecherche fest (⟶ Seite 15 f.). Nach diesem Termin, der spätestens eine Woche vor dem Referat bzw. einige Wochen vor Abgabe der Facharbeit liegen sollte, darf die Recherche nur bei schmerzlichen Materiallücken wiederaufgenommen werden.
- Nutzen Sie nach dem Aufruf einer Seite zum Aufspüren des Suchbegriffs im Dokument die Suchfunktion Ihres Browsers bzw. pdf-Readers.

Beispiel: Suchen mit Suchmaschinen

Ergebnisse einer Suche mit der Suchmaschine Google®:

- Bei Eingabe von *goethe faust mephisto* listet die Suchmaschine 79 700 deutschsprachige Internetquellen auf, in denen die Worte *Goethe* und *Faust* und *Mephisto* vorkommen.
- Bei Eingabe von *goethe -Faust mephisto* listet die Suchmaschine 23 600 deutschsprachige Internetquellen auf, in denen die Worte *Goethe* und *Mephisto*, nicht aber das Wort *Faust* vorkommen.
- Bei Eingabe von *„Goethes Faust"* listet die Suchmaschine 316 000 deutschsprachige Internetquellen auf, in denen die Phrase *„Goethes Faust"* in genau dieser Schreibweise als zusammenhängender Begriff vorkommt.

Beispiel: Suchen mit Suchmaschinen

- Bei Eingabe von *goethe* listet die Suchmaschine 2,04 Millionen Internetquellen auf, in denen das Worte *Goethe* in exakt dieser oder einer anderen möglichen Schreibweise vorkommt (z. B. als *goethe, Göthe, göthe* usw.).
- Bei Eingabe von *+Göthe* listet die Suchmaschine nur die 73 800 Internetquellen auf, in denen das Worte *Göthe* in exakt dieser Schreibweise vorkommt.

Beispiel eines optimierten Suchvorganges mit der Suchmaschine Google®:

- Das Thema Ihrer Facharbeit in einem Leistungskurs Geschichte lautet: *Deutschland als Kolonialmacht – Das Beispiel der ehemaligen Kolonie Deutsch-Südwestafrika (heute Namibia).*
- Sie haben bereits geeignete Literatur gefunden, suchen jedoch noch weitere Informationen über die Rolle des Generalleutnants von Trotha bei der Niederschlagung des Herero-Aufstandes in Deutsch Südwestafrika im Zeitraum 1904 – 1907.
- Ausgehend von dieser Informationslücke notieren Sie die folgenden Suchbegriffe: Deutsch – Südwestafrika – Herero – Aufstand – Generalleutnant von Trotha – 1904 – 1907.
- Sie arbeiten mit der Suchmaschine *Google®*. Hier wählen Sie nach Aufruf der Suchmaske die Option „Das Web“ durch Anklicken des entsprechenden Button; Sie suchen damit im gesamten Internet und nicht nur nach deutschsprachigen Internetquellen.
- Nun starten Sie Ihre Suche. Sie geben zunächst *deutsch südwestafrika* in die Suchmaske ein. Das Ergebnis: 89,8 Mio. Internetquellen werden aufgelistet. Deutlich zu viele, um sie alle auf ihre Verwendbarkeit hin zu überprüfen.
- Nun geben Sie *deutsch südwestafrika herero* ein. Das Ergebnis: 171 000 Quellen, darunter auch solche mit völkerkundlichem Inhalt – für Ihre Arbeit mithin nicht unbedingt geeignet.
- Schließlich geben Sie ein *deutsch südwestafrika herero „von Trotha“*. Das Ergebnis: Es werden nur noch 10 300 Internetquellen aufgeführt, die jeweils alle drei Suchbegriffe und die Phrase „von Trotha“ enthalten. Diese Seiten haben den Herero-Aufstand und die Rolle von Trothas bei der Niederschlagung des Aufstandes zum Inhalt. Sie können sie nun aufrufen.

Bei der Suche werden Sie feststellen:

- *Google®* sucht automatisch nach Seiten, auf denen *alle* eingegeben Begriffe vorkommen.
- Dabei ist es egal, in welcher Reihenfolge Sie die einzelnen Suchbegriffe eingeben.
- Auch Groß- und Kleinschreibung ist ohne Bedeutung. Eine Suchanfrage *deutsch südwestafrika herero „von Trotha“* führt zu den gleichen 657 Internetquellen wie die Anfrage *Deutsch Südwestafrika Herero „von Trotha“*. Lediglich die Auflistungsreihenfolge der Ergebnisse weicht teilweise voneinander ab.
- Allerdings sollten Sie auf eine exakte Schreibweise achten. Geben Sie z. B. *deutsch südwestafrika herrerro „von Trotha“* ein, so erhalten Sie den Hinweis „Ergebnisse für **deutsch südwestafrika herero „von Trotha“** und die dazu passenden 10 300 Internetquellen weden angezeigt. Zugleich erscheint die Anfrage: „Stattdessen suchen nach: **deutsch südwestafrika herrerro „von Trotha“?** Klicken Sie diesen Satz an, gelangen Sie zu nur drei Suchergebnissen.

5 Auswertung von Textquellen

Stapelt sich nach erfolgreicher Suche ein Berg von Literatur und Internetausdrucken auf Ihrem Schreibtisch, so können Sie sich trotzdem nur kurz zufrieden zurücklehnen. Denn nun steht die eigentliche Auswertungsarbeit bevor.

Dabei besteht die Gefahr, dass Sie sich im Dschungel der vielen hundert bedruckten Seiten verlieren und nach dem Lesen der siebten Textquelle schon nicht mehr wissen, was in den Quellen zwei und drei steht. Die Meinungen der verschiedenen Autoren verschwimmen und wo Sie den Wert „4,2 Millionen Jahre" als Angabe für das Alter der ersten Frühmenschen gelesen haben, wissen Sie auch nicht mehr.

Um solch ein Chaos zu vermeiden, sollten Sie bei der Quellenauswertung ebenso planvoll vorgehen wie bei der Quellensuche. Folgende Schritte bieten sich dabei an:
① Rückbesinnung auf das Thema
② Gewinnen eines ersten Überblicks
③ Gründliches Lesen
④ Auswertendes Lesen
⑤ Erstellen einer Stoffsammlung

5.1 Rückbesinnung auf das Thema

Bevor Sie sich an die Auswertung der Textquellen begeben, sollten Sie sich das Thema Ihres Referats bzw. Ihrer Facharbeit erneut genau ansehen. Denn das Thema muss die Leitvorgabe der Literaturauswertung sein.

Somit gilt:

- Stellen Sie sicher, dass Sie das Thema und seine Zielrichtung klar erfasst haben.
- Überprüfen Sie die Stichworte, die Sie zum Thema notiert haben (→ Seite 46) und präzisieren, ergänzen und bereinigen Sie gegebenenfalls Ihre Stichwortsammlung.
- Behalten Sie das Thema beim Lesen und Auswerten der Textquellen stets im Auge. Sie vermeiden es auf diese Weise, sich beim Auswerten der Textquellen auf Nebengleise zu begeben und sich zu „verzetteln".

5.2 Gewinnen eines ersten Überblicks

Ordnen Sie Ihre Textquellen in eine sinnvolle und günstige Lesereihenfolge. Folgende Ordnungsfragen könnten Ihnen dabei helfen:

- Welches sind Übersichtsdarstellungen oder allgemein gehaltene Werke?
  Mit diesen sollten Sie beginnen. Erst danach sollten Sie Detaildarstellungen und Spezialuntersuchungen zur Hand nehmen. Besonders geeignet für den Leseeinstieg sind z. B. dem Thema zuzuordnende Artikel aus Lexika bzw. Enzyklopädien.
- Auf welche Literaturverweise sind Sie bei Ihrer Informationssuche immer wieder gestoßen?
  In der Regel handelt es sich hierbei um Standardwerke zu Ihrem Thema. Auch sie gehören an den Anfang Ihrer Leseliste.
- Welches sind die jüngsten verfügbaren Literaturwerke?
  Diese gehören in den ersten Teil Ihrer Leseliste, greifen sie doch häufig ältere Werke auf, zitieren und verarbeiten diese.
- An das Ende der Leseliste gehören Spezialwerke, Detailstudien und thematisch eng gefasste Internetquellen.

Suchen Sie nun in jeder Quelle die Texte bzw. Textabschnitte, die für Ihr Thema relevant sind:

- Bedienen Sie sich dabei zum einen des Inhaltsverzeichnisses der Bücher (in der Regel vorne im Buch zu finden). Hier können Sie unter Umständen bereits die Kapitel identifizieren, die Ihrem Thema zuzuordnen sind.
- Eine weitere Hilfe stellt das Personen- und Sachregister dar (in der Regel hinten im Buch zu finden). Suchen Sie hier nach den Stichworten aus Ihrer Stichwortliste bzw. Mindmap.
- In Zeitschriftenartikeln helfen oftmals die Überschriften der einzelnen Artikelabschnitte sowie eine eventuelle Zusammenfassung am Schluss des Artikels, sich im Artikeltext zu orientieren.
- In Internetquellen können Sie auch die Suchfunktion Ihres Browsers bzw. pdf-Readers zum Aufspüren Ihrer Schlüsselbegriffe nutzen.

Lesen Sie nun im dritten Schritt die für Ihr Thema relevanten Abschnitte jeder Textquelle diagonal, das heißt überfliegen Sie diese.

- Achten Sie dabei auf die für Sie wichtigen Schlüsselwörter.
- Suchen Sie nach den zentralen Aussagen der Textpassagen. Diese sind häufig optisch hervorgehoben (*kursiv gedruckt*, g e s p e r r t g e d r u c k t, **fettgedruckt**, <u>unterstrichen</u> oder durch einen Absatz hervorgehoben). Auch Begriffe wie *deshalb, daher, somit, schlussfolgernd* usw. deuten auf wichtige Textpassagen hin.

- Lesen Sie insbesondere auch Zusammenfassungen am Anfang oder Ende einer Textquelle.
- Stichwortartige Aufzählungen sollten Sie sich mit besonderem Interesse ansehen, denn diese fassen häufig ein ganzes Kapitel zusammen.

Beim diagonalen Lesen sollten Sie die gerade gelesene Quelle unter folgenden Gesichtspunkten rastern:
- Sind die Inhalte der Textquelle tatsächlich für mein Thema relevant?
- Welche Inhalte erscheinen mir besonders wichtig und interessant?

Legen Sie bei interessant und wichtig erscheinenden Textpassagen ein Lesezeichen zwischen die jeweiligen Buchseiten bzw. markieren Sie diese Passagen am Rand durch einen roten Punkt.

Nachdem Sie alle Textquellen einmal überflogen haben, sollten Sie
- die für Ihr Thema nicht relevanten Textquellen beiseitelegen.
- die Reihenfolge der relevanten Quellen für den eigentlichen Auswertungsvorgang überprüfen. So muss die Lesereihenfolge z. B. verändert werden, wenn eine bestimmte Textquelle sich als ergiebiger erwiesen hat als zunächst angenommen.
- Ihre bisherige Stichwortliste/Mindmap gegebenenfalls ergänzen oder korrigieren.
- einen ersten Gliederungsentwurf erstellen. Hierzu halten Sie markante Stichworte bzw. erste Ideen für Kapitelüberschriften fest und bringen diese in eine Ihnen logisch erscheinende Reihenfolge.
- zu jedem Stichwort und jeder vorläufigen Kapitelüberschrift ein separates Leerblatt anlegen. Auf diesem sollten Sie oben das Thema Ihrer Arbeit und darunter das Stichwort bzw. die vorläufige Kapitelüberschrift notieren. Das Blatt dient im Folgenden dazu, die Ergebnisse der Textauswertung aufzunehmen (→ Beispiel auf Seite 74).
  Anstelle eines Papierblattes können Sie auch für jeden Schlüsselbegriff eine Karteikarte oder eine Seite in Ihrem Schreibprogramm anlegen. Das Blatt Papier hat allerdings den Vorteil, ausreichend Platz für Notizen zu bieten und zudem jederzeit und an jedem Ort problemlos verfügbar zu sein.

Am Ende dieses Arbeitsabschnittes sollten vorliegen:
- eine sinnvollen Lesereihenfolge für die als relevant eingestuften Textquellen
- eine vorläufige Gliederung Ihres Themas mit entsprechenden Stichworten bzw. vorläufigen Kapitelüberschriften
- zu jedem Stichwort bzw. jeder vorläufigen Kapitelüberschrift ein Blatt bzw. eine Karteikarte

5.3 Gründliches Lesen

Sie sollten nun die Textquellen in der zuvor festgelegten Reihenfolge gründlich lesen. Je wichtiger Ihnen dabei ein Text erscheint, desto intensiver sollten Sie ihn durcharbeiten. Eventuell ist es auch notwendig, schwierige oder besonders wichtige Passagen mehrmals zu lesen. Halten Sie ein Fremdwörterlexikon bzw. ein Fachlexikon bereit, um gegebenenfalls unbekannte Begriffe nachschlagen zu können.

Symbolvorschläge für Randnotizen

	Bedeutung
!	wichtiger Abschnitt
?	Unklarheit/zu klärende Frage
⇒	Schlussfolgerung
	Zusammenhang
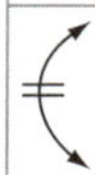	Widerspruch
Def.	wichtige Definition
Bsp.	anschauliches Beispiel
Zusf.	zentrale Zusammenfassung
1. 2. 3. 4. 5.	Glieder einer Argumentationskette bzw. zusammengehörende, einem Oberpunkt zuzuordnende Aspekte/Informationen
Zit.	Textstelle, die man wörtlich zitieren möchte

Für die weitere Nutzung ist es sinnvoll,

- wichtige Textpassagen zu unterstreichen bzw. mit einem Textmarker zu markieren. Benutzen Sie dabei eventuell für gegensätzliche Positionen oder für Passagen, die sich auf unterschiedliche Schlüsselbegriffe beziehen, verschiedenfarbige Stifte oder Marker.
- auf dem Seitenrand Anmerkungen zu notieren (Stichworte, Abkürzungen oder auch bestimmte Symbole).

Ziel aller Markierungen und Randanmerkungen ist es, für die nachfolgenden Nutzungsschritte eine rasche Orientierung im Text zu ermöglichen. Daher ist es wenig sinnvoll, z. B. drei Viertel des Textes zu markieren oder den Rand mit einer Fülle von Anmerkungen zu versehen. Vielmehr gilt hier: Weniger ist oft mehr!

- Markieren Sie also nur die für Ihr Thema wirklich wichtigen Textstellen, Auffälligkeiten oder Widersprüche.
- Bleiben Sie auch bei den Randanmerkungen eher sparsam; merken Sie nur das an, was für Ihr Thema relevant ist.
- Benutzen Sie für die Randanmerkungen wenige standardisierte Symbole, die Sie zudem konsequent verwenden sollten.

Unterstreichen oder markieren und mit Anmerkungen versehen dürfen Sie natürlich nur Texte in Internetausdrucken, Kopien oder eigenen Büchern. In ausgeliehenen Büchern können Sie stattdessen zur Kennzeichnung wichtiger Seiten schmale Papierstreifen verwenden, die Sie aus Altpapier selbst zurechtschneiden und an der aus dem Buch herausragenden Seite mit Notizen wie „*zentrale Definition Lernen*" versehen können. Zudem gibt es im Handel kleine selbstklebende Zettel, Pfeile usw., die sich ohne Spuren wieder entfernen lassen. Sie können mit Anmerkungen versehen und dann an passender Stelle im Buch eingeklebt werden.

5.4 Auswertendes Lesen und Erstellen einer Stoffsammlung

Nach dem ersten Durcharbeiten der Textquellen gilt es nun, den Quellen die für Ihre Arbeit relevanten Informationen zu entnehmen, diese sodann zu ordnen und für die Abfassung des Referats-/Facharbeitstextes aufzubereiten.
Lesen Sie dazu die bereits durchgearbeiteten Texte ein zweites Mal und halten Sie relevante Textinformationen auf den vorbereiteten Gliederungsblättern fest.

Die → Seite 74 stellt Ihnen ein solches Gliederungsblatt vor, auf dem die ermittelten Informationen als Stoffsammlung aufgelistet wurden. Bei den in einer solchen Stoffsammlung festgehaltenen Informationen kann es sich handeln um:

- wichtige Daten, Fakten, Definitionen ①;
- stichwortartige Hinweise auf bedeutsame Materialpassagen, brauchbare Abbildungen usw., die Sie bei der späteren Formulierung Ihres Referat- bzw. Facharbeitstextes berücksichtigen wollen ②;
- knappe, mit eigenen Worten formulierte Zusammenfassungen bzw. Inhaltsübersichten gelesener Texte ③;
- wörtliche Auszüge aus einem Text, die Sie als direkte/wörtliche Textzitate in Ihre Arbeit einbinden möchten ④;
- Zusammenhänge, die Sie bei der Auswertung eines Textes oder aus der Zusammenschau mehrerer Texte erkannt haben (gegebenenfalls in Form von Strukturdiagrammen/Pfeildiagrammen) ⑤;
- Notizen bezüglich Übereinstimmungen zwischen verschiedenen Quellen ⑥;
- die Dokumentation von Widersprüchen zwischen verschiedenen Quellen bzw. von Meinungsgegensätzen zwischen verschiedenen Autorinnen und Autoren ⑦;
- die Niederschrift eigener Gedanken, Gewichtungen und Wertungen ⑨.

Wichtig ist dabei: Jede aus einer Textquelle entnommene Information muss auf Ihrem Stoffsammlungsblatt mit einer Quellenangabe (inklusive Angabe der Seitenzahl) versehen werden. Haben Sie bereits eine Literatur- und Internetquellenkartei angelegt (→ Seite 20 f.), so reicht an dieser Stelle die Literaturangabe in Kurzform, also NACHNAME der Autorin bzw. des Autors und Erscheinungsjahr des Buches bzw. der Zeitschrift (Beispiel: MÜLLER 2006).

Beispiel: Stoffsammlung

Thema der Arbeit:
Eine Impfung gegen AIDS — Utopie oder zum Greifen nahe ?

Stichwort:
Bau des HI-Virus

Name HIV = human immunodeficiency virus (menschliches Immunschwächevirus) NYE/PARKIN 1995, S. IX unten und MÖLLING 1988, S. 3 oben ①

Entdeckung HIV-1 in den Jahren 1983/84 und HIV-2 im Jahr 1985 MÖLLING 1988, S. 6 f.

Abbildungen Zweidimensionale Darstellung HIV in MODROW et al. 2003 S. 393, HIV-ARBEITSKREIS SÜDWEST 2001, S. 5, http://www.hivinfo.de/ 15.7.2007
Elektronenmikroskopische Aufnahmen HIV in MÖLLING 1988, S. 20 ff., http://www.chemgapedia.de 15.07.2007 ②
Dreidimensionale Darstellung HIV in http://www.spiegel.de/ 15.7.2007 (gut!), http://www.hiv-info.de/ 15.7.2007

Genom und Proteine NYE/PARKIN 1995, S. 4 f.: Hier wird der Aufbau von HIV-1 und HIV-2 vorgestellt. Die Ähnlichkeit zwischen den beiden Subspezies wird betont. Die einzelnen Bauelemente des Virus wie auch die Struktur seines Genoms werden aufgeführt und knapp erläutert, siehe dazu auch MÖLLING 1988, S.19 ff., ③
MODROW et al 2003, S. 394 ff.
klare Darstellung genereller Aufbau Genom Retroviren DOERFLER 2002, S. 65

Vorkommen „HIV ist ein gekapselter Retrovirus, der RNA als Genom enthält. Es gibt zwei Subtypen: HIV-1 und HIV-2. Der erste ist die Hauptursache von AIDS weltweit, HIV-2 wird hauptsächlich in westafrikanischen Ländern gefunden.“ http://www.merian.fr.bw.schule.de/ 15.7.2001 ④
aktuelle Zahlen Infektionen: http://www.hivinfo.de/ 15.7.2007

Hülle Austreten des Virus aus der Wirtszelle (Knospung, Budding) → „Mitnahme“ von Membranteilen der Wirtszelle mit eingelagerten Glycoproteinen des Virus ⑤

↙ Diese bilden Teil der Virushülle, die somit u. a. aus einer Lipiddoppelschicht mit eingelagerten viralen Proteinen besteht ⑥
NYE/PARKIN 1995, S. 6 , LEVINE 1993, S. 142, MODROW et al. 2003, S. 393 + 422 f.

Begriff „Virushülle“ nicht eindeutig: ⑦
- NYE/PARKIN 1995, S.6 → Matrix (Protein p17) + Lipiddoppelschicht
- LEVINE 1993, S. 21 f. → Generell bei Viren: „Die Hülle besteht aus ... umschlossen.“ (siehe gelbe Markierung im Buch) ⑧
- http://www.merian.fr.bw.schule.de/ 15.7.2001 → 2-schichtige zylindrische Proteinhülle aus Proteinen
  p24 und p17 (= Capsid + Matrix)
- http://www.uni-essen.de/ 15.7.2007 → Hülle = zelluläre Lipidmembran + virale Glykoproteine + Matrix

  ↑ denke das ist richtig ⑨

Halten Sie gegebenenfalls zentrale Inhalte gelesener Texte in Form kurzer Inhaltsangaben fest. Auf diese Weise durchdringen Sie einen Text besonders intensiv, erfassen dessen zentrale Informationen und üben zugleich das Formulieren. Auch können Sie so überprüfen, ob sie den gelesenen Text verstanden haben und welche Aspekte des Textes für Ihre Arbeit von Bedeutung sind. Fragmente der erstellten Inhaltsangaben können später auch als Grundstock für den Text Ihrer Arbeit dienen.

Bei Ihren Notizen sollten Sie darauf achten, klar zwischen den aus Textquellen übernommenen Sachinformationen bzw. Meinungen und Ihren eigenen Gedanken und Aussagen zu unterscheiden. Benutzen Sie gegebenenfalls zwei verschiedenfarbige Stifte.

Direkte (wörtliche) Zitate müssen absolut exakt aus dem Text übernommen werden, das heißt inklusive der originalen Zeichensetzung, Rechtschreibung und Darstellung (z. B. Kursivdruck, Fettdruck usw. → Seite 87 f.). Steht Ihnen die Quelle im Original bzw. als Kopie bis zum Ende Ihrer Arbeitszeit zur Verfügung, so genügt es eventuell, das beabsichtigte wörtliche Zitat in der Textquelle zu markieren und in Ihrer Stoffsammlung nur eine Zitat-Kurzfassung mit genauer Quellenangabe zu vermerken ⑧.

Schreiben Sie zunächst am besten mit Bleistift. Dies unterstreicht zum einen den unverbindlichen Charakter der ersten Formulierungen. Zum anderen erlaubt ein Bleistifttext schnelles Radieren und damit Korrigieren.
Schreiben Sie mit großem Zeilenabstand. Lassen Sie einen breiten Rand frei. So haben Sie reichlich Platz für Einschübe, Korrekturen und Umformulierungen.
Eröffnen sich im Verlauf der Quellenarbeit Querverbindungen zwischen Schlüsselbegriffen Ihrer Stoffsammlung, so sollten Sie diese ebenfalls vermerken.

Ideen und Stichworte, die Sie keinem Gliederungspunkt zuordnen können, notieren Sie auf einem separaten Blatt mit der Überschrift *Sammelsurium*. Sie können diese gegebenenfalls zu einem späteren Zeitpunkt bestimmten Gliederungspunkten zuordnen oder aber verwerfen.
Heften Sie Ihre Stoffsammlungsbögen zusammen mit dem Gliederungsentwurf ab. Es wäre mehr als ungünstig, wenn diese Produkte intensiver Auswertungsarbeit aus Unachtsamkeit im Altpapier landen würden oder im Kopienberg unauffindbar wären.

Als Alternative bietet es sich hier an, die Stoffsammlung im hinteren Teil Ihres Arbeitstagebuches (→ Seite 17 f.) zu vermerken. So haben Sie diese immer griffbereit und auch für die spätere Reflexion Ihres Arbeitsprozesses zur Hand. Der Nachteil ist hierbei aber, dass sich das Arbeitstagebuch bei der schöpferischen Arbeit eventuell als zu sperrig erweisen könnte. Zum einen ist es nicht so einfach handzuhaben wie ein Blatt Papier, zum anderen engt das kleinere Format manch schöpferischen Geist ein. Doch hier gilt: Wählen Sie die Dokumentationsform, die Ihrem Arbeitsstil am meisten entspricht.

6 Der Weg zum eigenen Text

Sie haben

- Ihre Literatur-/Quellenrecherche weitgehend abgeschlossen (→ Kapitel 4);
- die Textquellen ausgewertet und eine Stoffsammlung erstellt (→ Kapitel 5) und/oder
- Ihre praktischen Arbeitsteile abgeschlossen, deren Ergebnisse ausgewertet und gegebenenfalls grafisch aufbereitet (→ Kapitel 8).

Damit ist es nun soweit: Das Formulieren Ihres Referat- bzw. Facharbeitstextes kann beginnen.

6.1 Von der Stoffsammlung zur Rohfassung des Textes

Im Folgenden soll der Weg zum ausformulierten Text Ihres Referats bzw. Ihrer Facharbeit vorgestellt werden. Wählen Sie für Ihr Referat anstelle des ausformulierten Vortragstextes ein Stichwortmanuskript, so sind einige Besonderheiten zu beachten, die an anderer Stelle vorgestellt werden (→ Seite 165).

Mit den nachstehenden Schritten gelangen Sie zum Text Ihres Referats bzw. Ihrer Facharbeit:

- Überprüfen Sie die bisher vorgesehene Reihenfolge der Kapitel/Stichworte in Ihrer vorläufigen Gliederung. Ist diese jetzt, nachdem Sie die Textquellen bzw. Ihre Arbeitsergebnisse intensiv ausgewertet haben, noch immer stimmig?
  Formulieren Sie eventuell um, ergänzen Sie, verändern Sie gegebenenfalls die Reihenfolge der Gliederungspunkte.
- Arbeiten Sie nun die einzelnen Blätter Ihrer Stoffsammlung in der Reihenfolge der Kapitel Ihrer vorläufigen Gliederung ab.
- Nehmen Sie sich das erste Stoffsammlungsblatt vor. Dieses sollte zum ersten Kapitel des Hauptteils Ihres Referats/Ihrer Facharbeit gehören (→ Seite 169 bzw. Seite 148 ff.). Die Einleitung für ein Referat bzw. eine Facharbeit schreibt man in der Regel erst zum Schluss, da hier auch aufgetretene Probleme, die endgültige Gliederung usw. angesprochen werden müssen – also Elemente, die logischerweise erst nach Fertigstellung des Hauptteils vorliegen.
- Gehen Sie die Punkte auf dem ersten Blatt Ihrer Stoffsammlung durch. Überlegen Sie, in welcher Reihenfolge Sie diese in den späteren Text einbringen wollen. Nummerieren Sie die Textbausteine entsprechend.
- Beginnen Sie nun mit der Erstellung der Rohfassung Ihrer Arbeit. Sie können diese mit einem Bleistift auf Papier festhalten oder, falls Ihnen dieses lieber ist, auch bereits in den Computer eingeben.

Dabei gilt: Keine Hemmungen bei der Formulierung des Textes. Es ist ja nur die Rohfassung. Änderungen sind später immer noch möglich.

- Beginnen Sie z. B. mit einer zentralen Definition, einer Ausgangshypothese, dem historischen Weg, auf dem man eine bestimmte Erkenntnis gewonnen hat, einer Abgrenzung des Untersuchungsgebietes, der Beschreibung und Auswertung einer wichtigen Abbildung oder Ähnlichem.
- Formulieren Sie dann den weiteren Text des ersten Kapitels. Greifen Sie dabei auf Formulierungen zurück, die Sie zuvor in Ihrer Stoffsammlung notiert haben.
- Ihr Text kann prinzipiell aus fünf verschiedenen Elementen aufgebaut sein:
  - Direkte (wörtliche) Textzitate aus den von Ihnen ausgewerteten Quellen; diese dürfen aber nur sparsam und unter Beachtung bestimmter Regeln in Ihren Text eingebracht werden (→ Seite 87 ff.); sie müssen zudem immer mit einem Quellenbeleg versehen werden (→ Seite 89 ff.).
  - Datenangaben, kurze Sachinformationen, Abbildungen, Tabellen usw., die Sie direkt aus einer Fremdquelle in Ihren Text übernehmen; auch hierbei handelt es sich im strengen Sinne um direkte Zitate, die in jedem Fall mit einer Quellenangabe versehen werden müssen (→ Seite 123 ff.).
  - Indirekte (sinngemäße) Textzitate aus Fremdquellen; hierbei handelt es sich um die Zusammenfassung der Inhalte einer Textquelle mit Ihren eigenen Worten; auch diese muss mit einem Quellenbeleg versehen werden (→ Seite 96).
  - Eigene Forschungsergebnisse (→ Seite 122 ff.)
  - Eigene Beschreibungen, Auswertungen, Hypothesen, Schlussfolgerungen, Bewertungen, weiterführende Ideen usw.
- Schreiben Sie Überleitungen zwischen den einzelnen Textpassagen, aber auch zwischen den einzelnen Kapiteln, sodass ein zusammenhängender, sich logisch entwickelnder Text entsteht.
- Wenn Sie die Rohfassung Ihres Textes auf Papier abfassen, sollten Sie Platz zwischen den Zeilen sowie am Rand lassen, um so die Rohfassung später leicht ergänzen und verändern zu können.
- Rechtschreibung, Zeichensetzung und stilistische Feinheiten spielen in diesem Stadium Ihrer Arbeit noch keine Rolle. Formulieren Sie also „frisch von der Leber weg". Schreiben Sie zügig. Wichtig ist es, Gedankengänge und Zusammenhänge zunächst einmal festzuhalten, nicht sie auf den Punkt genau zu formulieren. Lassen Sie an Stellen, an denen Ihnen keine passende Formulierung einfällt, zunächst eine Lücke frei. Später können Sie diese Lücken füllen, ohne Angst haben zu müssen, den roten Faden Ihres Gedankengangs zu verlieren.

6.2 Von der Rohfassung zum endgültigen Text

Sie haben nun einen ersten zusammenhängenden Entwurf Ihres Gesamttextes erstellt. Sie können sich zurücklehnen. Ihre Arbeit steht. Was folgt ist Feinarbeit.

Zunächst gilt es, die Endfassung Ihres Textes zu formulieren. Die zuvor erstellte Rohfassung bildet hierfür eine bereits weit ausgereifte Grundlage. Sie muss lediglich sprachlich und stilistische geglättet, überarbeitet und in eine für wissenschaftliche Arbeiten angemessene Form gebracht werden.

Hier sollten Sie nun, sofern nicht bereits zuvor geschehen, bei Facharbeiten den Computer benutzen, denn eine Facharbeit muss prinzipiell in getippter Form abgegeben werden (→ Seite 135). Bei mündlichen Referaten ist die Abgabe des Referattextes in getippter Form häufig nicht vorgeschrieben. Allerdings muss hier in der Regel ein Handout erstellt werden (→ Seite 179).

Bei der Eingabe des Facharbeitstextes in den Computer bzw. der handschriftlichen Erstellung der Endfassung eines Referates müssen bestimmte Regeln beachtet werden (siehe unten). Zudem bietet sich hier die Möglichkeit, Schwächen der Rohfassung auszuräumen. Also:

- Beachten Sie bei Facharbeiten die formalen Vorgaben (→ Seite 135 f.).
- Achten Sie auf korrekte Rechtschreibung und Zeichensetzung.
- Feilen Sie an Sprache und Stil (→ Seite 80 ff.).
- Überprüfen Sie, ob die entwickelten Gedankengänge und Argumentationsketten vollständig und nachvollziehbar sind. Schließen Sie eventuelle Lücken.
- Gestalten Sie Ihren Text straff und klar: Kürzen Sie in der Rohfassung zu langatmig geratene Beschreibungen und Erläuterungen. Beseitigen Sie Dopplungen und Wiederholungen.
- Denken Sie daran, Abbildungen (Bilder, Grafiken, Karten usw.) und Tabellen mit einer Unter- bzw. Überschrift sowie einer Quellenangabe zu versehen (→ Seite 124 ff.). Zudem müssen diese in den Text eingebettet werden, das heißt es muss im Text auf sie Bezug genommen werden, sie müssen gegebenenfalls beschrieben und erläutert werden.

Bei der Korrektur und Ergänzung Ihrer Rohfassung sollten Sie jedoch mit Augenmaß vorgehen: Die Leichtigkeit, mit der man am Computer Formulierungen ändern, Sätze umstellen und Textpassagen neu ordnen kann, verführt dazu, dieses im Übermaß zu tun. Dabei ist häufig die erste Formulierung die beste. Mehrfaches Umformulieren und Verschieben führt oft zu einer „Verschlimmbesserung“ des Textes. Textfluss und Einheitlichkeit des Stils gehen verloren. Die Klarheit der Gedankengänge und der Argumentationsstrukturen ebenso.

Stoppen Sie also Ihren Perfektionierungsdrang und lassen Sie den Text nach einem mit zeitlichem Abstand durchgeführten zweiten Korrekturgang einfach stehen.

Begeben Sie sich nun an die Formulierung der Endfassung Ihrer Kapitelüberschriften:

- Formulieren Sie unter Beachtung der Kompositionsregeln (→ Seite 128 ff.) treffende Überschriften für die einzelnen Kapitel. Die zu Beginn entworfene vorläufige Gliederung kann dabei als Orientierung dienen.
- Stellen Sie die Kapitelüberschriften zum Inhaltsverzeichnis Ihrer Arbeit zusammen (→ Seite 140 ff.). Nutzen Sie hierfür gegebenenfalls das entsprechende Tool Ihres Computerprogramms. Dies allerdings nur, wenn Sie eine gewisse Erfahrung im Umgang mit dem Schreibprogramm haben. Ansonsten ist die Erstellung des Inhaltsverzeichnisses „per Hand“ meist schneller und einfacher.

Sie sind in der Schlussphase der Arbeit angekommen. Hier gilt es,

- die Einleitung zu formulieren (→ Seite 145 ff. und 167) und
- das Literatur-/Quellenverzeichnis zusammenzustellen (→ Seite 99 ff.).

Zudem muss man bei Facharbeiten:

- eventuell weitere Verzeichnisse erstellen (→ Seite 140 ff.)
- gegebenenfalls einen Anhang hinzufügen (→ Seite 151)
- die Schlusserklärung abfassen (→ Seite 151 f.)

Den Endpunkt sollte bei allen schriftlichen Arbeiten die **Schlusskorrektur** setzen:

- Lesen Sie den Text Ihrer Arbeit sorgfältig Korrektur. Nutzen Sie zum Korrekturlesen einen Ausdruck Ihrer Arbeit. Dieser liest sich angenehmer als ein Bildschirmtext. Außerdem fallen Fehler hier eher ins Auge. Beseitigen Sie Rechtschreib- und Zeichensetzungsfehler, stilistische Ungereimtheiten, Lücken und Dopplungen.
- Nutzen Sie an dieser Stelle auch die Rechtschreibkorrekturfunktion Ihres Schreibprogramms. Doch Vorsicht: Sich bei der Schlusskorrektur der Arbeit allein auf den Computer zu verlassen, kann trügerisch sein. Zum einen erkennt das Rechtschreibkorrekturprogramm viele Fehler nicht (z. B. grammatikalische Fehler, falsche Wörter, Satzbaufehler), zum anderen entstehen durch die Korrektur einzelner Wörter häufig missverständliche Formulierungen oder sogar neue Fehler.
- Bitten Sie zudem in jedem Fall eine Bekannte bzw. einen Bekannten, Ihre Arbeit durchzulesen. Einem Außenstehenden fallen Grammatikfehler und Stilbrüche eher auf als dem Verfasser. Es muss sich dabei nicht um einen „Fachmann“ handeln. Sie bzw. er soll ja nicht die inhaltliche, sondern lediglich die formale Richtigkeit der Arbeit überprüfen.

Noch ein paar Tipps für die Erstellung der Endfassung Ihrer Arbeit:

- Der Text muss von Ihnen selbst verfasst sein. Eine Ausnahme bilden nur klar gekennzeichnete direkte (wörtliche) Zitate. Die Übernahme von Fremdtexten z. B. aus dem

Internet, ohne diese zu kennzeichnen, stellt einen „geistigen Diebstahl“ dar (→ Seite 85) und kann, sofern die Lehrperson dies erkennt, zur Bewertung des Referats / der Facharbeit mit „ungenügend“ führen.
- Übertreiben Sie das Feilen an Formulierungen nicht.
- Haben Sie aber den Mut, Ihre vorläufige Gliederung falls notwendig zu ändern. Schreiben ist ein schöpferischer Prozess, der in seinem Verlauf durchaus zu deutlichen Abweichungen vom ursprünglichen Gliederungskonzept führen kann. Passen Sie Ihre vorläufige Gliederung durch Umformulieren der Gliederungspunkte oder Verändern der Kapitelreihenfolge einfach den neuen Bedingungen an.
- Dabei gibt es meist eine Reihe von Alternativen für die Anordnung der Kapitel bzw. der Textabschnitte, die in vielen Fällen alle gleich überzeugend sind. Haben Sie also eine Ihnen logisch erscheinende Kapitelabfolge entwickelt, so behalten Sie diese bei. Notieren Sie in Ihrem Arbeitstagebuch die Gründe, die Sie zu dieser Gliederung bewogen haben. So können Sie deren Entstehung auch später noch nachvollziehen und – etwa Ihrer Lehrerin bzw. Ihrem Lehrer – erläutern.
- Es bieten sich gegebenenfalls Querverweise im Text an, um die Vernetzung von Informationen und mögliche alternative Textanordnung zu verdeutlichen (zum Beispiel: „→ Seite 14“ bzw. „siehe Kapitel 2.2“)

6.3 Sprache und Stil

Bei einer Facharbeit wie auch einem schriftlichen Referattext sind Sprache und Schreibstil Mittel der Kommunikation zwischen Ihnen und dem Leser. Oberstes Ziel der sprachlichen und stilistischen Gestaltung der Arbeit muss es daher sein, Ihre Forschungsergebnisse, Erkenntnisse und Ideen für den Leser verständlich und nachvollziehbar darzustellen.

Ihr Sprach- und Schreibstil ist zugleich aber Ausdruck Ihrer Persönlichkeit. Er prägt Ihre Texte ebenso wie es die Inhalte tun. Und das ist gut so.

Bleiben Sie auch beim Schreiben Ihrer Facharbeit oder Ihres Referats Sie selbst. Lassen Sie sich nicht dazu verleiten, einen gestelzten, Ihnen nicht entsprechenden Schreibstil zu verwenden, nur weil Sie eine wissenschaftliche Arbeit und keinen „normalen Text“ schreiben. Wer sich beim Schreiben zwingt, einen fremden Schreibstil zu übernehmen, wird schnell die Lust am Formulieren verlieren und oftmals auch die Begeisterung für die Sache selbst.

Das Zugeständnis einer „persönlichen Handschrift“ bedeutet jedoch nicht, dass es keine Leitlinie gäbe, an die man sich beim Schreiben wissenschaftlicher Texte halten sollte.

Grundsätzlich gelten für die sprachliche und stilistische Gestaltung der Facharbeit bzw. des schriftlichen Referattextes ähnliche Vorgaben wie auch für das Schreiben von Klausuren:

- Schreiben Sie interessant, nicht langweilig.
- Schreiben Sie informativ, nicht in leeren Phrasen.
- Schreiben Sie sachlich, nicht emotional.
- Versuchen Sie durch Sachargumente zu überzeugen, nicht durch schwärmerische Rhetorik.

Für die Erstellung Ihres Textes sollten Sie im Auge behalten (Negativ-Beispiel → Seite 83):
- Er muss in Schriftsprache abgefasst sein.
- Verwenden Sie Fachbegriffe, insbesondere solche, die Sie aus dem entsprechenden Fachunterricht kennen. Doch Vorsicht: Ein treffsicher eingebrachter Fachbegriff sagt zwar oft mehr als eine lange Erklärung; dennoch gilt: Ein „Zuviel" verdirbt den Effekt. Lassen Sie Ihren Text nicht zu einer Anhäufung von Fachbegriffen werden. Wenden Sie die Fachsprache vielmehr wohldosiert an.
- Versehen Sie spezielle, ausgefallene Fachbegriffe mit einer kurzen Erläuterung.
- Auf keinen Fall sollten Sie eigene „Fachbegriffe" konstruieren wie z. B. „multifaktorielle Ursachenkompetenz" oder „makromolekulare Destruktionskoordination". ② ⑧
  Ein Text wird nicht dadurch inhaltlich überzeugend, dass er wissenschaftlich *klingt*.
- Achten Sie bei der Textabfassung auf gute Lesbarkeit und einen flüssigen Schreibstil.
- Bevorzugen Sie einen prägnanten, einfachen Stil. Vermeiden Sie lange, unübersichtliche Sätze („Bandwurmsätze" ④). Bei kurzen Sätzen behalten Sie und der Leser die Übersicht. Dies darf allerdings nicht zu einem Text führen, der aus aneinandergereihten Hauptsätzen besteht. ⑨
- Verwenden Sie das Passiv und den Konjunktiv möglichst sparsam. Sätze im Konjunktiv wirken manchmal gestelzt. ⑭
- Eine Häufung gleicher Wörter in aufeinanderfolgenden Satzteilen bzw. Sätzen sollten Sie vermeiden. ⑰ ⑱
  Ersetzen Sie beim zweiten oder dritten Gebrauch das Wort durch sinnverwandte Begriffe (Synonyme). Sie finden solche Begriffe in Wörterbüchern oder, wenn Sie ein Textverarbeitungsprogramm benutzen, im sogenannten *Thesaurus* (Pfad z. B. bei Microsoft Word®: Wort schreiben; dann eingeben: *Extras/Sprache/Thesaurus*).
- Vermeiden Sie auch
  - Umgangssprache und zu saloppe Formulierungen *(megastark, echt krass, chillen usw.).* ⑫ ⑮ ⑲
  - Füllwörter und leere Phrasen wie *übrigens, natürlich, selbstverständlich, wie man weiß, wie allgemein bekannt, ja doch wohl* usw. ① ⑦ ⑩ ⑫ ⑯
  - Plattitüden/nichtssagende Passagen ⑤
  - die Anhäufung von Superlativen wie z. B. *Das größte, architektonisch überzeugendste, in seinen Strukturen klarste und schönste aller Loire-Schlösser …*
  - Floskeln wie *nun* oder *also*

- zu viele „*dass*“-Sätze ⑭
- das „ärztliche“ *wir* bzw. *uns* (Pluralis Majestatis), also Formulierungen wie *Wir schlussfolgern daraus …* oder *Uns erscheint …* – es sei denn, Sie kommen als Autorenteam zu diesen Ergebnissen. ⑫
- unnötige inhaltliche Wiederholungen. ⑱
- unterschwellige Bewertungen (z. B. *aufgeblasene Person, inakzeptable Schadstoffkonzentration*). ⑥ Schreiben Sie möglichst wertneutral. Wenn Sie Fakten bewerten oder Stellung beziehen, dann weisen Sie diese Passagen klar als „eigene Meinung“ aus. Sie können Ihren Text hier auch in der „Ich-Form“ verfassen. Beispiele: *„Dieser Aussage des Autors stimme ich zu.“* oder *„Meines Erachtens ist dies …“*

- Unterlassen Sie die überflüssige Erklärung eindeutiger Fakten oder allseits bekannter (Fach-)Begriffe. ③ ⑬
- Stellen Sie im Text klare Bezüge her, indem Sie Wörter und Phrasen wie *daraus folgt, deshalb, weil* usw. verwenden.
- Gliedern Sie Ihren Text durch Absätze. Immer dann, wenn ein neuer Sinnabschnitt, eine neue Argumentation oder eine Bewertung beginnt, sollte ein Absatz eingefügt werden. Ein langer ungegliederter Text ist ermüdend zu lesen. Doch sollten Sie sich genau überlegen, an welcher Stelle Sie Absätze einfügen. Willkürlich platzierte Absätze stören den Lesegang. ⑪ Zudem darf nicht Absatz auf Absatz folgen. Besteht jeder Absatz nur noch aus einem Satz, so wirkt der Text zergliedert, unruhig und unzusammenhängend. ⑯–⑲
- Listen Sie gleichrangige Informationen in Form von Aufzählungen auf.
- Formulieren Sie Überleitungen. Reihen Sie die Kapitel nicht beziehungslos aneinander, sondern verbinden Sie diese durch überleitende Sätze. Stellen Sie so Bezüge zwischen den einzelnen Kapiteln her.
- Wenn Sie komplizierte Sachverhalte erläutern, kann es sinnvoll sein, zur Veranschaulichung Beispiele anzuführen.
- Stellen Sie umfangreiche Datensätze in Form von Tabellen, Diagrammen oder Karten dar (→ Seite 122 ff.). Diese sind anschaulich und für den Leser leichter zu erfassen.

Negativ-Beispiel: Sprachliche und stilistische Schwächen

3.1 Galileo Galilei

Wie ① jeder weiß hat kaum eine Gestalt der Wissenschaftsgeschichte auf die Nachwelt, ② ipso ergo alle späteren ③ Generationen bis zu uns heute, eine solche Faszination ausgeübt wie der italienische Mathematiker, Physiker, Philosoph und Konstrukteur Galileo Galilei, der am 15.2.1564 in Pisa geboren, 1592 zum Mathematikprofessor in Pisa, 1610 zum Mathematikprofessor in Padua ernannt wurde und am 8. Januar 1642 in Arcetri bei Florenz verstarb und den man als einen der größten Naturwissenschaftler aller Zeiten bezeichnen kann und auch durchaus so bezeichnet hat (vgl. MEYERS GROSSES TASCHENLEXIKON 1987c, S. 332 und STEENBLOCK 1998, S. 39 f.). ⑤ ④

Er führte das quantitative Experiment in die Naturwissenschaft ein. Er leitete die Pendelgesetze ab. Er erfand einen ⑥ phänomenalen Proportionalzirkel. Er leitete, wie sicherlich ⑦ gemeinhin bekannt, durch reine Gedankenexperimente die Gesetze des freien Falls ab. Er konstruierte nach holländischem Vorbild ⑧ optiktechnisch wie auch linsenqualitativ superbe Fernrohre. ⑨

⑩ Übrigens entdeckte er mit einem solchen Fernrohr vier Monde des Jupiter und die Ringe des Saturn (MEYERS GROSSES TASCHENLEXIKON 1987c, S. 332; WAHLBRINCK 2006, S. 28). ⑪

⑫ So richtig bekannt aber wurde uns Galilei natürlich erst durch die Sache mit der Bewegung der Erde um die Sonne.

Schon 1613 schrieb er einen Brief an den ⑬ Benediktiner (= ein Mitglied des Ordens des heiligen Benedikt) B. Castelli, in dem er schrieb, dass seine Vorstellungen über das Verhältnis der Bibel zum heliozentrischen Weltbild so aussähen, dass dies eine neue Interpretation der Heiligen Schrift erfordern würde. ⑮ Hier gab es den ersten Knatsch mit der Kirche. ⑭

1632 musste sich Galilei ⑯ bekanntlich vor einem Inquisitionsgericht wegen seines ⑰ „Irrglaubens von der Bewegung der Erde um die Sonne“ verantworten.

Am 22.6.1633 musste er diesem ⑱ „Irrglauben von der Bewegung der Erde um die Sonne“ öffentlich abschwören.

Doch er blieb im Grunde seines Herzens dieser ⑲ coolen Idee treu und soll der Legende nach gesagt haben: „Und die Erde bewegt sich doch!“ Auf jeden Fall wurde er Ende 1633 unter Hausarrest gestellt, wo er 1642 starb.

6.4 Schreibblockaden

Vielleicht geht es Ihnen ja auch so: Die Formulierung Ihres Facharbeits-/Referattextes steht an. Und plötzlich werden Sie von jener Angst gepackt, die auch Koryphäen wie Goethe und Schiller nie ganz abschütteln konnten: der Angst vor dem ersten Wort. Immerhin sollen Sie etwas formulieren, von dem man eine hohe stilistische Qualität erwartet. Etwas, das den von Ihnen bearbeiteten Literaturtexten gleichwertig ist. Etwas … Stopp! Wenn Sie mit solch hochgeschraubten Ansprüchen und Erwartungen ans Werk gehen, werden Sie nur schwer den Mut finden, die erste Seite Ihres Textes fertigzustellen.
Zur Überwindung einer solchen Schreibhemmung sollten Sie Folgendes unternehmen:

Kopf frei machen. Machen Sie sich klar: Im Grunde sind es nicht Ihre Lehrerinnen bzw. Ihre Lehrer, die solch hohe Ansprüche an Ihren Text stellen, sondern allein Sie selbst.

Nobody is perfect. Lesen Sie Referate bzw. Facharbeiten, die von Mitschülern verfasst oder im Internet veröffentlicht wurden (Internetquellen dazu → Seite 40). Schnell werden Sie erkennen: Auch dort wurde „nur mit Wasser gekocht“. Perfekt sind meist nur Druckqualität und Layout. Jede Arbeit hat kleine oder auch größere Formulierungsschwächen und darf sie auch haben! Warum also sollte allein der von Ihnen verfasste Text perfekt sein müssen?

Alles ist relativ. Relativieren Sie den Stellenwert des Referats bzw. der Facharbeit. Von der erreichten Note hängt nicht Ihr Abitur und schon gar nicht Ihr weiteres Leben ab. Die erzielte Note ist nur eine von vielen. Ob Sie ein gut (plus) oder ein befriedigend (minus) erzielen wirkt sich in der Endnotenberechung zum Abitur in der Regel gar nicht aus.

Einfach anfangen. Beginnen Sie mit etwas einfach zu Formulierendem: einer wörtlich übernommenen Definition, einer Beschreibung, der Ausgangshypothese … Sind die einleitenden Sätze erst formuliert, geht Ihnen der Rest des Textes meist leicht von der Hand.

7 Zitate und Quellenbelege

7.1 Plagiate

Stellen Sie sich vor: Sie haben lange an Ihrer Facharbeit gefeilt, haben Literatur und Internetquellen ausgewertet und viel Zeit auf die Formulierung des Textes verwandt. Der Lohn: Ihre Facharbeit erhält die Note *sehr gut*.
Vier Jahre später absolvieren Sie im Rahmen Ihres Lehramtsstudiums ein Schulpraktikum. Der Sie betreuende Lehrer zeigt Ihnen eine besonders gelungene Facharbeit, die Ihnen sogleich sehr bekannt vorkommt: Es ist Ihre eigene alte Arbeit. Wortwörtlich abgeschrieben – mit nur einer Änderung: Als Autor ist eine Ihnen völlig fremde Person angegeben.
Sie halten diesen Fall für aus der Luft gegriffen? – Mitnichten. In der Schulpraxis kommen ähnliche Fälle durchaus vor und an Universitäten haben Studenten mit dieser dreisten Vorgehensweise bereits Abschlüsse erschwindelt.
Es handelt sich hierbei um ein **Plagiat**, den Diebstahl geistigen Eigentums. Ein Plagiat liegt aber nicht nur vor, wenn eine fremde Arbeit durch Einsetzen des eigenen Namens einfach „umgewidmet" wird. Auch die wörtliche oder weitgehend wörtliche Übernahme von Texten aus Büchern, Zeitschriften oder Internet **ohne Angabe der Quelle** ist ein Plagiat.
Wenn sie sich Ihre eigenen Gefühle im oben geschilderten Fall vorstellen, werden Sie verstehen, warum Plagiate scharf geahndet werden. Studenten, die beim Plagiieren erwischt werden, müssen mit Strafmaßnahme bis hin zum Verlust des Studienplatzes rechnen. Wird an der Schule ein Plagiat in einer Facharbeit oder einem Referat entdeckt, führt dies, je nach Umfang, zu Notenabzügen oder zur Bewertung der Gesamtleistung mit *ungenügend*.

Das Entdecken von Plagiaten ist dabei relativ einfach: Es gibt Indizien, die auf Plagiate hindeuten und jedem Lehrer bekannt sind (Stilbrüche, ungewöhnliche Fachbegriffe usw.) Zudem lassen sich mit Internet-Suchmaschinen oder spezieller Plagiat-Finder-Software (z. B. *http://www.turnitin.com/de/* 29. 8. 2013) Plagiate aus dem Internet leicht aufdecken.
„Aber" – so werden Sie einwenden – „ich muss doch Informationen aus Textquellen in meine Arbeit übernehmen. Wie schütze ich mich davor, ein Plagiat zu begehen?
Die Antwort auf diese Frage lautet: Zitieren Sie!

Zitate (= wörtliche oder sinngemäße Übernahme von Formulierungen oder Gedanken Anderer) sind in wissenschaftlichen Arbeiten etwas ganz Normales. Entscheidend ist:

- Zitate müssen mit einem exakten **Quellenbeleg** (= Angabe der Ursprungsquelle) versehen werden.
- Sie müssen, wenn es sich um wörtliche Übernahmen, sogenannte **direkte (wörtliche) Zitate**, handelt, durch Anführungszeichen als solche kenntlich gemacht werden.

Wie dieses konkret aussehen sollte, stellen die beiden folgenden Abschnitte vor.

7.2 Direkte Zitate

Was ist eine direktes Zitat?

Hierbei handelt es sich um die exakte Übernahme eines Textes, Textabschnittes oder auch einer Tabelle, eines Diagramms, einer Karte usw. aus einer von Ihnen bearbeiteten Quelle. Zu jedem direkten (wörtlichen) Zitat gehört ein Quellenbeleg, also die genaue Angabe der Quelle, aus der Sie das Zitat übernommen haben, sowie der Fundstelle des Zitates innerhalb dieser Quelle.

Wann ist ein direktes Zitat sinnvoll?

Direkte Zitate dürfen nur einen kleinen Teil Ihrer Facharbeit/Ihres Referats ausmachen (max. 5 %). In keinem Fall ist es erlaubt, eine Arbeit ganz aus direkten Zitaten aufzubauen, da dann die eigene Formulierungsleistung fehlt.

Direkte Zitate sind nur unter bestimmten Bedingungen sinnvoll:

- Hat eine Autorin bzw. ein Autor einen für Ihre Arbeit grundlegenden Gedanken so hervorragend formuliert, dass jede Veränderung zu sachlichen Unschärfen führen würde, dann sollten Sie diese Textpassage wörtlich in Ihre Arbeit übernehmen.
- Wollen Sie eine Textpassage aus einer Primärquelle (→ Seite 43 f.) im Folgenden interpretieren und kommentieren, so sollten Sie diese Passage als direktes Zitat Ihrer Interpretation voranstellen. Dasselbe gilt für Tabellen, Diagramme, Karten, Bilder usw., die Sie nachfolgend auswerten und erläutern. Auch sie gehören der Erläuterung in der Originalfassung vorangestellt.
- Vertreten Sie in einer bestimmten Frage eine andere Meinung als ein von Ihnen gelesener Autor, dann sollten Sie den Autor gerechtigkeitshalber „zu Wort kommen lassen", dessen Position also wörtlich zitieren, bevor Sie Ihre gegensätzliche Meinung darlegen.
- Definitionen, die für Ihre Arbeit besonders wichtig sind, müssen Sie exakt angeben. Dieses gilt erst recht, wenn eine Definition in der Fachliteratur umstritten ist. Mit dem wörtlichen Zitat der Definition beziehen Sie eindeutig Position, auch wenn die zwischen den Fachleuten bestehenden Meinungsunterschiede nicht ausführlich dargestellt werden (etwa aus Platzgründen).
- In praktischen naturwissenschaftlichen Arbeiten ist es oftmals sinnvoll, die Vorschriften, nach denen Sie Ihre Versuche bzw. Untersuchungen ausgeführt haben, wörtlich zu zitieren. So kann der Leser Ihren Versuchsweg nachvollziehen und eventuell aufgetretene Probleme einschätzen.
- Direkte Zitate können auch als Beleg eigener Behauptungen, Interpretationen und Argumentationsschritte angeführt werden.

Wie sollte ein direktes Zitat aussehen?

Ein direktes Zitat muss exakt der Ursprungsquelle entsprechen. Groß- und Kleinschreibung, Zeichensetzung, Rechtschreibung, Hervorhebungen und Datenangaben, selbst Fehler müssen originalgetreu aus der Ursprungsquelle übernommen werden. Es sollten nur einzelne Passagen der Ursprungsquelle zitiert werden. Lediglich in Einzelfällen können längere Abschnitte einer Quelle als direktes Zitat übernommen werden.

Bei direkten Zitaten gilt (→ Beispiele Seite 88):

- Der wörtlich übernommene Text wird in Anführungszeichen „ … “ gesetzt. ①
- Wird eine Textstelle zitiert, die ihrerseits ein Zitat beinhaltet, so wird dieses Zitat im Zitat in einfache Anführungszeichen ‚ … ‘ gesetzt. ⑦
- Kürzungen in direkten Zitaten sind möglich, aber nur zulässig wenn dadurch der Sinn des Zitates nicht verfälscht wird. Zudem muss jede Kürzung kenntlich gemacht werden. Dies geschieht in folgender Weise: An die Stelle des weggelassenen Buchstabens, Wortes, Satzteils oder Satzes werden drei in eckigen Klammern stehende Punkte gesetzt […]. ④
- Werden ein oder mehrere Absätze ausgelassen, so werden die in eckigen Klammern stehenden Auslassungspunkte in eine Extra-Zeile gesetzt. ⑩
- Zur Verbesserung der Verständlichkeit des direkten Zitates können ergänzende Einschübe in das Zitat eingebunden werden. Diese Ergänzungen werden in eckige Klammern gesetzt, damit man sie von den in runden Klammern stehenden Einschüben im Originaltext unterscheiden kann. ③
- Fügen Sie erläuternde Einschübe ein oder heben Sie Worte des zitierten Textes durch Fettdruck hervor, so sollten sie dies durch die in eckige Klammern gesetzte Phrase [Einschub des Verfassers] bzw. [Hervorhebung d. Verf.] kenntlich machen. ⑨
- Auch Umstellungen in der Satzkonstruktion, die zur Einpassung des Zitates in den laufenden Text notwendig sind, werden durch eckige Klammern gekennzeichnet. Dabei wird an der Stelle im Satz, an der Text entfernt wurde, eine eckige Klammer mit drei Auslassungspunkten gesetzt […]. Der an anderer Stelle im Satz wieder auftauchende Text wird gleichfalls in eckige Klammern gesetzt. ⑥
- Dies gilt nicht für die Anpassung von Groß- und Kleinschreibung am Beginn eines direkten Zitates: Hier darf ohne Kennzeichnung durch eckige Klammern beim ersten Buchstaben des Zitates die Groß-/Kleinschreibung geändert werden.
- Für die Zeichensetzung gilt:
  - Geht ein Satz nach dem Ende des direkten Zitates weiter, so steht das Komma nach dem Anführungszeichen. ②
  - Reicht das Zitat bis zum Satzende, so wird als Satzzeichen stets das Satzzeichen gesetzt, das der Satzzusammenhang fordert, in den das Zitat in der Arbeit gestellt wird. Das Satzzeichen steht nach dem Anführungszeichen bzw. nach dem Quellenbeleg. ⑤

Beispiel: Kennzeichnung direkter Zitate

2.1 Wüstentypen der Sahara

Die Sahara, „die mit 9 Millionen km^2 die mit Abstand größte Wüste der Erde ①
darstellt und den afrikanischen Kontinent vom Atlantik bis zum Roten Meer
durchzieht“ (http://www.michael-martin.de 18.07.2007), bedeckt eine Fläche, ②
die rund 25 mal so groß ist wie Deutschland.

Viele Europäer verbinden mit dem Begriff Sahara die Vorstellung sonnendurchglühter „endlos weite[r] Sand- und Dünenfelder, die von Karawanen auf wochenlangen Reisen durchschritten werden und in denen sich die Fahrzeuge der Rallye Paris–Dakar festfahren“ (SIX 2001, S. 14). Diese Vorstellung stimmt
jedoch nur bedingt. „Bau und Struktur des Großraumes Sahara sind [vielmehr] ③
äußerst vielfältig. […] Die gesamt Sandfläche [der Sahara] kann man aber […] ④
auf [nur] ca. 20 % der Sahara-Fläche abschätzen“ (SCHIFFERS 1980, S. 12). ⑤

Neben der Sandwüste mit ihren riesigen Dünenmeeren, den *Ergs*, gehören auch die Felsschuttwüste (*Hamada*), die Kies- oder Geröllwüste (*Serir*) und nicht zuletzt die Gebirgswüste mit den beeindruckenden Gebirgszügen des Ahaggar-, Aïr- und Tibesti-Massivs zu den landschaftsprägenden Wüstentypen der Sahara.
Teilweise, so im Ahaggar- und Tibesti-Gebirge, „[…] begleiten [vulkanische ⑥
Erscheinungen] wichtige Strukturlinien im Untergrund. ‚Die Gleichförmigkeit ⑦
des Landschaftsbildes legt sich täuschend und verhüllend über den bunten
Reichtum seines Baues‘“ (ebd., S. 12; mit einem Zitat aus KRENKEL 1943). ⑧

Im folgenden sollen nun die einzelnen Wüstentypen der Sahara näher vorgestellt werden. SIX (2001, S. 14) charakterisiert sie so:

> ⑨ „Die **Hamada** [Hervorhebung des Verfassers] ist die in der Sahara am weitesten verbreitete Wüstenform (ca. zwei Drittel der Gesamtfläche) und das arabische Wort ([hamada] = tot) bezeichnet eine Steinwüste aus kantigem Felsschutt (vgl. Diercke Weltatlas S. 134/135).
> […] In Abhängigkeit vom [Ausgangs]Gestein unterscheidet man zwischen Kalkstein-, Sandstein- und Basalthamada. Das scharfkantige Material ist an Ort und Stelle insbesondere durch Frostverwitterung (und Salzsprengung) entstanden.
> ⑩ […]
> Erg. Die riesigen Dünenmeere oder arabisch „Erg“ […] sind äußerst spektakulär […]. Der Kern der Ergs ist immer aus Riesendünen (= Draa) aufgebaut.“

⑪

Direkte Zitate in einer Facharbeit im Fach Erdkunde

- Kürzere Zitate werden für bessere Lesbarkeit in den laufenden Text integriert. ①
- Längere Zitate werden vom übrigen Text abgesetzt. Dies geschieht dadurch, dass sie
  - in einer neuen Zeile begonnen werden;
  - vom vorausgehenden und vom nachfolgenden Text jeweils durch eine Leerzeile abgesetzt werden;
  - rechts und links um bis zu einen Zentimeter eingerückt werden;
  - mit kleinerer Schriftgröße geschrieben werden (z. B. 10 pt statt 12 pt);
  - mit einzeiligem anstelle des sonst vorgegebenen eineinhalbzeiligen Zeilenabstand geschrieben werden.

  Sie sind auf diese Art und Weise sofort als direktes Zitat erkennbar. ⑪
- Enthält ein Zitat offensichtliche Fehler (z. B.eine falsche Datenangabe, Druckfehler), so müssen auch diese übernommen werden. Sie werden jedoch durch das in eckige Klammern gesetzte Wort *sic* (lat. *sic* = so; es steht dort wirklich so) mit oder ohne Ausrufezeichen direkt hinter dem Fehler – also [sic] bzw. [sic!] – gekennzeichnet.

Wie soll die Ursprungsquelle eines direkten Zitates angegeben werden?

Jedes direkte Zitat muss zusätzlich zum zitierten Text eine Angabe der Ursprungsquelle, einen *Quellenbeleg*, enthalten. Für diesen gibt es drei zentrale Vorgaben:

- Jeder Quellenbeleg muss so gestaltet sein, dass die Ursprungsquelle sowie die Fundstelle innerhalb dieser Quelle vom Leser eindeutig zu identifizieren sind.
- Im Rahmen einer Arbeit muss der Quellenbeleg bei allen Zitaten in einheitlicher Form vorgenommen werden.
- Zusätzlich zum Quellenbeleg „direkt am Zitat" muss die jeweilige Quelle auch im Literatur- und Quellenverzeichnis aufgeführt werden (→ Abschnitt 7.5).

Die Form, in der ein Quellenbeleg erfolgt, ist aber keineswegs festgelegt. Je nach Fachgebiet sind verschiedenste Formvorgaben üblich. In der Literatur werden über 400 Varianten aufgeführt. Besonders verbreitet sind aber zwei Belegverfahren: die *naturwissenschaftliche* und die *geisteswissenschaftliche Form des Quellenbelegs*. Diese beiden sollen daher im Folgenden vorgestellt werden. Welches der beiden Belegverfahren für Sie relevant ist, hängt von den Vorgaben der Sie betreuenden Lehrkraft ab. Fragen Sie diese daher, bevor Sie mit der Reinschrift beginnen, nach ihren Wünschen zur Gestaltung der Quellenbelege.

Beim **naturwissenschaftlichen Belegverfahren** wird die Quelle im Text als Kurzbeleg angegeben (z. B. MÜHLENSTEIN 2007, S. 111 oder http://www.uni-stuttgart.de; 29. 08. 2013). Das System, nach dem diese Kurzbelege erstellt werden, verdeutlicht Ihnen die nachfolgende Tabelle. Hier wie auch auf Seite → 92 finden Sie zudem Beispiele für solche Kurzbelege.

Quellenbelege nach dem naturwissenschaftlichen Belegverfahren

Kennzeichen der Textquelle	Form des Kurzbeleges	Beispiele
Quelle wurde von einer Autorin/einem Autor verfasst	NACHNAMEN DES AUTORS IN GROSSBUCHSTABEN – Erscheinungsjahr der Quelle – Komma – Seite, von der das Zitat stammt	STEENBLOCK 2007, S. 101 ① ②
Primärquelle, die von einer Autorin/einem Autor verfasst wurde	NACHNAMEN DES AUTORS IN GROSSBUCHSTABEN – Erscheinungsjahr der Quelle – Komma – Seite, von der das Zitat stammt – Komma – Zeilen, in denen der zitierte Text steht	GOETHE 2004, S. 71, Z. 5 – 9 bzw. GOETHE 2004, S. 71, Z. 5 ff.
Internetquelle	abgekürzte URL (= Internetadresse bis einschließlich Domainangabe, d.h. einschließlich .de, .org, .com usw.) – Entnahmedatum aus dem Internet – gegebenenfalls Seite, von der Zitat stammt	http://www.wahlbrinck.de 18.07.2007 oder www.wahlbrinck.de 18.07.2007 ②
Quelle wurde von zwei Autoren verfasst	NACHNAMEN BEIDER AUTOREN IN GROSSBUCHSTABEN durch „&" verbunden – Erscheinungsjahr der Quelle – Komma – Seite oder Verbindung der Autorennachnamen durch „und" bzw. „/"	RAU & BART 2006, S. 77 ④ oder RAU und BART 2006, S. 77 oder RAU/BART 2006, S. 77
Quelle hat drei oder mehr Verfasser	NACHNAME DES ERSTEN AUTORS IN GROSSBUCHSTABEN – et al. (lat. et alii = und andere) – Komma – Seite	CASTRUP et al. 1997, S. 41 ③
Sie zitieren aus zwei oder mehr Werken eines Autors, die alle im selben Jahr verfasst wurden. oder Sie zitieren zwei Internetquellen mit identischer abgekürzter URL, die am selben Tag aus dem Netz entnommen wurden.	Die Kennzeichnung der unterschiedlichen Quellen erfolgt durch Hinzufügen eines Kleinbuchstaben hinter die Jahreszahl (in alphabetischer Folge beginnend mit a).	ROSE 1999a, S. 11 ROSE 1999b, S. 11 ROSE 1999c, S. 5 bzw. http://www.ard.de 19.07.2007a http://www.ard.de 19.07.2007b oder www.ard.de 19.07.2007a www.ard.de 19.07.2007b
Man zitiert eine Quelle, die ihrerseits wiederum ein Zitat enthält.	Angabe der zitierten Quelle wie zuvor beschrieben – Semikolon – Phrase „mit einem Zitat aus" – Angabe der Quelle, aus der das zitierte Zitat stammt	WEIDLICH 1999, S. 12; mit einem Zitat aus LOSE 1978 bzw. http://www.uni-stuttgart.de 20.07.2007; mit einem Zitat aus BLÜTHGEN 1966
In einer Quelle wird ein Autor zitiert. Man möchte den dort zitierten Text des anderen Autors in seiner Arbeit zitieren.	Angabe der zitierten Quelle wie zuvor beschrieben – Semikolon – Phrase „zitiert nach" – Doppelpunkt – Angabe der Quelle, aus der der zitierte Text stammt	RAFFKOPF 2002; zitiert nach: STAUFF 2007, S. 21 ⑤

Kennzeichen der Textquelle	Form des Kurzbeleges	Beispiele
Man zitiert eine Quelle ohne Jahresangabe.	Angabe der zitierten Quelle wie zuvor beschreiben – anstelle der Jahreszahl die Angabe „o. J." (= ohne Jahresangabe) – Seite	STEIN o.J., S. 12
Man übernimmt eine Tabelle, ein Diagramm, ein Bild oder Ähnliches	Der Quellenangabe wird die Phrase „Quelle(n):" vorangestellt.	Quelle: HUHNBEIN 2005, S. 3

Auf drei Aspekte sei noch hingewiesen:

- Zitiert man die gleiche Quelle direkt danach ein weiteres Mal, so kann in diesem Fall der Beleg so aussehen: *ebd., S. 7* (ebd. = ebenda, eben die unmittelbar vorher angeführte Quelle; → Beispiel Seite 88, ⑧).
- Bezieht sich ein Zitat auf mehr als eine Seite in der Ausgangsquelle, so sind verschiedenen Angabevarianten üblich:
  - Die Seiten, auf welche sich das Zitat bezieht, werden konkret angegeben. Beispiel: *FENSTERHOLZ 2004, S. 5 – 12*
  - Die erste Seite des zitierten Textbereiches wird angegeben und dann mit dem Zusatz „f." (= eine folgende Seite) bzw. „ff." (= mehrere folgende Seiten) versehen. Beispiel: *NUDEL 2003, S. 42 f.*
- Bei anderen Quellen (CD-ROM, historischen Quellen, Zeitungen usw.) sind die Kurzbelege analog wie bei Literatur- und Internetquellen auszuführen.

Beispiel: Naturwissenschaftliches Belegverfahren

2 Der Opium-Krieg

2.1 Der Weg in den Krieg

In der Zeit von 1775 bis 1839 war die Entwicklung Chinas von negativen Tendenzen gekennzeichnet: „Von der Bevölkerungsexplosion und der mit ihr zusammenhängenden Verarmung [der Masse der Bevölkerung; Einschub d. Verf.]; vom Verfall der Verwaltung, als einer gleichbleibenden Zahl von Beamten die unablässig steigende Zahl der Menschen in ihren Verwaltungsbezirken buchstäblich über den Kopf wuchs; und schließlich [...] von der sich ausbreitenden Korruption“ (SEITZ 2004, S. 96). ①
Von 1700 bis 1800 stieg die Bevölkerung Chinas um 204 Millionen auf 342 Millionen Menschen an (SEITZ 2004, S. 94). Chinas Bevölkerung war damit zweieinhalbmal so zahlreich wie die aller europäischen Staaten zusammengenommen und China vereinte mehr als ein Drittel der damaligen Weltbevölkerung auf sich (SEITZ 2004, S. 94; http://de.wikipedia.org 20.07.2007). Im Jahre 1851 ②
besaß China ca. 432 Millionen Einwohner und damit dreimal so viel Menschen wie 150 Jahre zuvor (STAIGER et al. 2003, S. 82). ③
Im gleichen Zeitraum aber konnte die landwirtschaftliche Anbaufläche nur um 50 Prozent ausgeweitet werden. Die Hektarerträge für Getreide ließen sich mit den damals zur Verfügung stehenden Mitteln kaum noch steigern. Die Agrarproduktion hielt folglich mit dem Bevölkerungswachstum nicht Schritt (SEITZ 2004, S. 94). Hinzu kam die schlechte Infrastruktur. „Die landwirtschaftlichen Produkte wurden huckepack über schmale Wege und in schmalen Booten auf einem Gewirr von Flüssen [...] transportiert. Zugtiere stellten eine Seltenheit dar, da sie zu kostspielig für die meisten Bauern waren“ (SPENCE & CHIN 1996, ④
S. 11).
Und obwohl deren Einkünfte kaum für das tägliche Brot ausreichten, presste die Regierung durch korrupte Beamte aus ihnen mit grausamen Methoden immer höhere Abgaben heraus. Teilweise verließen verzweifelte Bauern ihr Land und wurden Banditen (SEITZ 2004, S. 94 f.). Gleichzeitig aber gedieh unter den hoffnungslosen, geknechteten Bauern und Handwerkern der Opiumkonsum.
Opium wurde bereits seit Mitte des 18. Jahrhunderts von den Portugiesen und später von den Engländern nach China eingeführt (WILHELMY 1905; zitiert ⑤
nach http://www.jaduland.de 20.11.2005). Neben der berauschenden Wirkung dämpft Opium

Die Anwendung des naturwissenschaftlichen Belegverfahrens in einer Facharbeit im Fach Geschichte

Die Anwendung des naturwissenschaftlichen Belegverfahrens in einer Facharbeit im Fach Geschichte

Beim **geisteswissenschaftlichen Belegverfahren** wird der Quellenbeleg in Form von Fußnoten oder Endnoten geführt (→ Beispiele Seite 95).

- Dazu wird nach dem Anführungszeichen am Zitatende eine Ziffer gesetzt. Diese muss hochgestellt oder in runde Klammern gesetzt werden. ①
- Wird eine Statistik, Grafik usw. übernommen, so wird die Zitatziffer an das Ende der Über- bzw. Unterschrift der Tabelle, Abbildung usw. gesetzt. ②
- *Alle* Zitate einer Arbeit bzw. bei längeren Arbeiten alle Zitate eines Kapitels werden dabei *fortlaufend nummeriert*.
- Die Quellenangabe kann dann in zwei Formen erfolgen:
  Entweder als *Fußnote* am Ende (Fuß) der Seite. Dabei wird ein Teilstrich gezogen, der über ein Fünftel bis ein Drittel der Textbreite verläuft (Zitierstrich) ③. Dann wird die Ziffer des Zitates als Hochzahl bzw. als in runde Klammern gesetzte Zahl aufgeführt. Schließlich wird die Quelle angegeben. ⑤
  Oder aber in Form von *Endnoten* am Ende eines Kapitels oder am Ende der Arbeit. Die Endnoten stellen dabei eine Sammlung aller Fußnoten eines Kapitels bzw. einer Arbeit dar. Diese Art des Quellenbelegs ist allerdings die für den Leser mühsamste.
- Die Angabe der Quelle erfolgt bei Fuß- wie bei Endnoten in gleicher Weise, und zwar exakt so wie im Literatur- und Quellenverzeichnis (→ Seite 99 ff.). Dies gilt für Literatur- wie für Internetquellen.
- Bei der ersten Angabe einer Quelle in einer Fuß- oder Endnote muss diese im vollen Wortlaut angegeben werden. ⑤ ⑥
- Wird die gleiche Quelle ein zweites oder weiteres Mal zitiert, kann die Angabe abgekürzt werden. Es werden dann nur noch der Nachname des Autors (je nach formaler Gestaltung des Literaturverzeichnisses in Großbuchstaben oder Kleinbuchstaben) und die Seitenzahl angegeben. ⑦
  Teilweise ist es üblich, nach dem Nachnamen des Autors den Zusatz „*a. a. O.*" aufzuführen (= am angegebenen Ort, das heißt die Quelle wurde bereits zitiert und kann im Literaturverzeichnis gefunden werden). Die Angaben [71]*NOSBERT, S. 9* und [71]*NOSBERT, a. a. O., S. 9* sind jedoch inhaltlich identisch, der Zusatz „*a. a. O.*" kann daher entfallen.
- Zitieren Sie vom selben Autor mehrere Werke, so muss, um Verwechselungen auszuschließen, auch beim zweiten oder weiteren Zitat eine Kurzform des Titels der Quelle mit angegeben werden.
- Bei einem zweiten bzw. weiteren Zitat aus derselben Internetquelle reicht die Angabe der URL. ⑧
- Fußnoten werden in kleinerer Schrifttype (z. B. Times New Roman 9 pt) und mit einfachem Zeilenabstand geschrieben. ⑨
- Viele Textverarbeitungsprogramme enthalten Möglichkeiten, Fußnoten automatisch zu erstellen und zu verwalten. Diese sind im Handbuch des Programms erläutert.

- In Fußnoten können neben Quellenangaben auch Informationen aufgeführt werden, die nicht direkt in den Gedankengang des Haupttextes passen, jedoch wert sind, erwähnt zu werden. Auch Hinweise auf Querverbindungen zu anderen Stellen der Arbeit sowie Begriffserläuterungen usw. lassen sich in Fußnoten unterbringen. ④

Welche Fehler sollte man bei direkten Zitaten vermeiden? – Eine Checkliste

- **Fehler 1:** Der zitierte Text wurde nicht in Anführungszeichen gesetzt.
- **Fehler 2:** Der zitierte Text wurde nicht wortgenau übernommen.
- **Fehler 3:** Auslassungen und Ergänzungen wurden nicht kenntlich gemacht.
- **Fehler 4:** Das Zitat wurde nicht mit einem Quellenbeleg versehen.
- **Fehler 5:** Die zitierte Quelle wurde nicht im Literatur- und Quellenverzeichnis aufgeführt.
- **Fehler 6:** Das Zitat steht isoliert da, wird nicht in den Zusammenhang des Facharbeits-/Referattextes eingebettet. Das heißt, der zitierte Text wird weder ausgewertet noch kommentiert, interpretiert oder durch vertiefende eigene Ausführungen ergänzt. Er dient nur als Ersatz für eine eigene Textformulierung.
- **Fehler 7:** Das direkte Zitate gibt Banalitäten, Allgemeinplätze wieder, die man leicht mit eigenen Worten hätte formulieren können.
- **Fehler 8:** Das Zitat erscheint willkürlich gewählt, passt nicht in den Kontext des übrigen Textes. Hier stellt sich die Frage, ob der Inhalt des Zitates korrekt erfasst wurde.
- **Fehler 9:** Das Zitat ist zu lang, enthält zu viele verschiedene Facetten. Den Lesern wird nicht klar, welche konkrete Bedeutung das Zitat in der Arbeit hat. Lange Zitate sind nur zulässig, wenn sie ausführlich interpretiert und erläutert werden.
- **Fehler 10:** Das Zitat ist unvollständig. Es endet, bevor der Kerngedanke bzw. die beweiskräftige Stelle überhaupt genannt wurde.
- **Fehler 11:** Der Sinnzusammenhang, in den das Zitat gestellt wird, ist ein völlig anderer als der Sinnzusammenhang in der Ursprungsquelle. Damit wird die Intention des zitierten Textes verfälscht.

Beispiel: Geisteswissenschaftliches Belegverfahren

2.1 Die Bevölkerungsentwicklung Mumbais

Mumbai (ehemals Greater Bombay)[3], heute eine Megastadt mit über 13 Mio. Einwohnern, war „noch vor vierhundert Jahren nicht mehr als ein Fischernest".[4] ① Im Jahre 1534 erhielten die Portugiesen vom Sultan von Gujarat „sieben kleine, mit Kokospalmen bewachsene und nur von einigen Fischern bewohnte Inseln zum Geschenk".[5] Sie bezeichneten diese Inseln als *Bom Bahia* (= gute Bucht), woraus sich im Laufe der Zeit der Name Bombay entwickelt haben soll.[6] Die Portugiesen nutzten Bombay seiner geschützten Lage wegen als Hafen. 1661 erhielten die Briten die sieben Inseln. Sie bauten den Hafen aus. Im Jahre 1668 „verpachtete der [britische] König das Gebiet an die 1600 gegründete berühmteste Handelsgesellschaft der Welt – an die [britische] *East India Company*, die darauf hin ihren Hauptsitz 1687 von Surat [...] in das besser geeignete Bombay verlegte. Dies kann als eigentliches Geburtsjahr der Weltstadt gelten."[7]

Der Aufstieg des ehemaligen Bombay lässt sich unter anderem an der Entwicklung der Einwohnerzahl ablesen.

Tabelle 1: Die Bevölkerung Mumbais (Greater Bombays) 1661 – 2001[8] ②

Jahr	1661	1881	1901	1921	1941	1961	1981	2001
Bevölkerung (Mio.)	0,01	0,77	0,81	1,24	1,69	4,15	8,23	11,98

1675 war die Einwohnerzahl mit rund 60 000 noch relativ gering. „Bei der ersten Volkszählung im Jahre 1864 waren es 817.000. In den 1860er und 1890er-Jahren ging die Bevölkerungszahl bedingt durch Seuchen etwas zurück."[9]

③ 3 Mumbai (ehemals Greater Bombay) besteht aus *Bombay Island*, einer rund 67 km² ④ großen Insel, sowie der sich nördlich anschließenden Insel *Salsette*. Seit 1995 trägt Bombay den Namen Mumbai. Zu den Hintergründen der Umbenennung von Bombay in Mumbai vgl, Eckert, S. 65 – 79.

4 D. Rockmann, Mein Bombay, Frankfurt 1998, S. 10. ⑤

5 Rockmann, S. 11. ⑦

6 Vgl. zur Entwicklung des Namens Bombay: H. Nissel, Bombay/Mumbai: Stadterweiterung und Stadtumbau einer „Globalizing City", in: Ravi Ahunja & Christiane Brosius (Hrsg.): Mumbai – Delhi – Kolkata, Heidelberg 2006, S. 31 ff. ⑪

7 Nissel, S. 19 f. ⑥

8 Tabelle entnommen aus http://de.wikipedia.org/wiki/Mumbai, wikipedia, Artikel Mumbai, aus dem Internet am 19.07.2007. ⑧

9 http://de.wikipedia.org/wiki/Mumbai

Direkte Zitate und geisteswissenschaftliches Belegverfahren in einer Facharbeit im Fach Erdkunde

7.3 Indirekte Zitate

Was ist ein indirektes Zitat?

Jede Form einer sinngemäßen Wiedergabe fremder Texte, Daten, Quellen und Gedanken bezeichnet man als indirektes (sinngemäßes, gedankliches) Zitat (⟶ Beispiele Seite 97). Indirekte Zitate machen in Facharbeiten und Referaten in der Regel die Masse des Textes aus. Es handelt sich bei ihnen z. B.

- um die Wiedergabe eines gelesenen Ausspruches mit eigenen Worten ②;
- oder um einen von Ihnen selbst (frei) formulierten Text, der jedoch in seinen Grundgedanken auf den Ausführungen beruht, die Sie zuvor in einer oder mehreren Textquellen gelesen haben ④;
- oder um einen Text, den Sie selber formuliert haben, dessen Datengrundlage Sie jedoch aus einem Buch entnommen haben (⟶ Beispiel: Seite 92, ③).

In all diesen Fällen haben Ihre Formulierungen geistige Mütter bzw. Väter, die der Fairness halber angegeben werden müssen. Zu jedem indirekten Zitat gehört deshalb ein Quellenbeleg, also die genaue Angabe der Quelle(n), auf die sich Ihre Ausführungen stützen. ① ③ ⑤ ⑥

Wann liegt kein indirektes Zitat vor?

- Wenn Sie eigene Untersuchungsergebnisse vorstellen, auswerten, kommentieren.
- Wenn Sie eigene Beschreibungen, Erläuterungen, Schlussfolgerungen, Bewertungen usw. formulieren.
- Wenn Sie ein direktes Zitat einbringen.

Wie sollte ein indirektes Zitat aussehen?

- Ein indirektes Zitat steht niemals in Anführungszeichen.
- Anfang und Ende eines umfangreicheren indirekten Zitates müssen für den Leser erkennbar sein. In der Regel kann dieses dadurch erreicht werden, dass ein längeres indirektes Zitat einen eigenen Absatz bildet.
- Jedes indirekte Zitat muss mit einem Quellenbeleg versehen werden. Dieser kann am Anfang oder Ende des Satzes bzw. Absatzes stehen, der das indirekte Zitat enthält ① ③, es kann aber auch in den Satz integriert sein ⑤.
- Der Quellenbeleg kann nach dem naturwissenschaftlichen oder geisteswissenschaftlichen Belegverfahren erfolgen (siehe oben).
  Es muss hierbei allerdings das gleiche Belegverfahren verwendet werden wie bei den direkten Zitaten. Dem Quellennachweis kann aber der Zusatz *nach, siehe* oder *vgl.* (= vergleiche) vorangestellt werden.
  Die Quellenbelege werden nach den gleichen Regeln erstellt wie bei direkten Zitaten (siehe oben).

- Werden einzelne Aussprüche, Gedanken usw. eines Autors in indirekter Rede zitiert, muss der Konjunktiv verwendet werden. ②

Beispiel: Kennzeichnung indirekter Zitate

2.2 Definition von Ablösung

Eine sehr allgemeine Definition des Begriffes Ablösung findet sich bei FRÖHLICH im *Wörterbuch Psychologie*. Dort heißt es: Der Begriff Ablösung (bzw. Abnabelung) steht als „Bezeichnung für die im Verlauf der individuellen Entwicklung schrittweise vollzogene Lösung von Bindungen an die elterliche Autorität, bzw. an die Denk- und Verhaltensnormen älterer Menschen" (FRÖHLICH ①
2000, S. 34). FRÖHLICH vertritt die Meinung, dass die Ablösung die entscheidende Voraussetzung dafür sei, um eigenständig in der Welt der Erwachsenen ②
bestehen und handeln zu können (ebd., S. 34).
GUSKI und LANGLOTZ-BRUNNER (1991, S. 38) unterscheiden zusätzlich ③
eine innere und eine äußere Ablösung. Die innere Ablösung beinhaltet die emotionale Loslösung des Heranwachsenden aus dem Schonraum Familie. Dieser psychodynamische Prozess ist vielschichtig und vollzieht sich familienintern. Die innere Ablösung ist die Voraussetzung dafür, dass die äußere Ablösung ④
erfolgen kann. Diese dokumentiert sich in einem eigenen Lebensstil und gegebenenfalls auch einer Verlagerung des Wohnortes.

Noch differenzierter beschreibt HURRELMANN (1999, S. 142) die Ablösung. ⑤
Er unterscheidet vier Ebenen, auf denen die Ablösung erfolgt:

- *auf psychologischer Ebene* durch eine verstärkte Ausrichtung der Gefühle und Einstellungen an Gleichaltrigen, bei gleichzeitig schwindendem Einfluss der Eltern
- *auf kultureller Ebene* durch das Entdecken eines eigenen Lebensstils, der sich nicht an dem der Erwachsenen orientieren muss
- *auf räumlicher Ebene* durch die Verlagerung des Wohnortes
- *auf materieller Ebene* indem der junge Erwachsene finanziell unabhängig wird.

In der Regel werden die vier Ebenen vom Heranwachsenden in der zuvor genannten Reihenfolge durchlaufen.

STIRLIN vertritt die Meinung, dass der Ablöseprozess als Spirale zu begreifen sei, die sich allmählich in Richtung Selbstverwirklichung und Differenzierung von Heranwachsenden und Eltern weitet und Schritt für Schritt zu einer immer größeren Unabhängigkeit beider Parteien führt (vgl. STIRLIN 1974, S. 144). ⑥

Indirekte Zitate in einer Arbeit im Fach Pädagogik
(Seite erstellt nach: ANSGAR ELLING: Möglichkeiten der Begleitung des Ablöseprozesses an der Schule für Geistigbehinderte. Münster 2001, S. 10 f., unveröffentlichte Hausarbeit.)

Welche Fehler sollte man bei indirekten Zitaten vermeiden? – Eine Checkliste

- **Fehler 1:** Das Zitat wurde nicht mit einem Quellenbeleg versehen.
- **Fehler 2:** Die zitierte Quelle wurde nicht im Literatur- und Quellenverzeichnis aufgeführt.
- **Fehler 3:** Der zitierte Text wurde relativ wortgetreu übernommen. Bei indirekten Zitaten muss der Ursprungstext mit eigenen Worten zusammengefasst und wiedergegeben werden. Man darf also nicht zu nahe am Wortlaut des Ausgangstextes bleiben.
- **Fehler 4:** Der zitierte Ursprungstext wird durch die Umformulierung im Sinn verfälscht. Die Aussage oder Intention des Autors der Ausgangsquelle wird nicht treffend wiedergegeben. Um dies zu vermeiden, muss man den Ursprungstext vor dem Zitieren genau erfassen und dessen Inhalt verstanden haben.
- **Fehler 5**: Das Zitat wurde nicht in den Text der Facharbeit/des Referats eingebettet. Zwischen den indirekten Zitaten fehlen Überleitungen und Zwischentexte.
  Ein Text, der nur aus aneinandergereihten indirekten Zitaten besteht, wirkt spröde und enthält zumeist auch Brüche und Gedankensprünge.

7.4 Zitate und Quellenbelege in Referaten

Auch ein mündlicher Vortrag stützt sich auf Quellen, die man gelesen und durchgearbeitet hat. Folglich enthält auch jedes mündlich vorgetragene Referat Zitate.

Direkte Zitate

Werden im Vortrag Textquellen wörtlich zitiert, muss eine solche Stelle als direktes Zitat ausgewiesen werden. Es gelten hier die gleichen Regeln wie für ein direktes Zitat in schriftlichen Texten:

- Es dürfen keine inhaltlichen Veränderungen vorgenommen werden, ohne diese kenntlichzumachen.
- Ein eindeutiger Quellenbeleg ist Pflicht.
- Zudem ist es wichtig, den Beginn und das Ende eines direkten Zitates deutlich zu markieren. Allerdings kann dieses ja, anders als in einem schriftlichen Text, nicht durch Anführungszeichen geschehen. Vielmehr markieren hier zwei Floskeln den Anfang und das Ende des direkten Zitates, nämlich: „*Ich zitiere aus*" sowie „*Zitatende*".

Ein direktes Zitat in einem Referat sollte damit die folgende Form aufweisen:

Beispiel: Direktes Zitat im Referat
[...] Die Diskussion um eine Green Card für ausländische Spitzenkräfte und Experten begann im Zusammenhang mit der CEBIT 2000 in Hannover. *Ich zitiere hier aus einem Artikel der Frankfurter Allgemeinen Zeitung vom 25.Februar 2000:* „Mit feinem Gespür für den richtigen Auftritt kündigte Bundeskanzler Gerhard Schröder auf der CEBIT an, Spezialisten in Sachen Datenverarbeitung und elektronische Netze aus fernen Ländern, insbesondere aus Indien und Russland, eine Arbeitserlaubnis erteilen zu wollen. Er wolle jene Zulassung vergeben, die in Amerika ‚Green Card' heißt." *Zitatende.* Seit jener ersten Ankündigung [...]

Indirekte Zitate

Ein Referat enthält in der Regel auch große Passagen, die sich sinngemäß auf eine oder mehrere Textquellen beziehen. Es wäre jedoch für den Vortragsfluss störend, wollte man, wie bei einem schriftlichen Text, jedes dieser indirekten Zitate mit einem Quellenbeleg versehen. Hier reicht es in der Regel aus, die benutzte Literatur am Ende des Referats anzugeben. Dies kann dadurch geschehen, dass man sie im Handout auflistet (→ Seite 179 f.). Verteilt man kein Handout, können die benutzten Quellen auch an die Tafel geschrieben, auf einer Folie aufgelistet oder im Original mitgebracht und vorgestellt werden.

Handout

Für den Handout-Text gelten bei direkten Zitaten (inklusive Grafiken, Tabellen usw.) die gleichen Zitierregeln wie bei schriftlichen Arbeiten. Auch umfangreiche indirekte Zitate sollten mit einem Quellenbeleg versehen werden. Ansonsten reicht das im Handout aufgeführte Literatur- und Quellenverzeichnis zur Dokumentation aus (→ Seite 179 f.).

7.5 Literatur- und Quellenverzeichnis

Funktion

Als Autorin bzw. Autor einer Facharbeit oder eines Referats sind Sie verpflichtet, alle benutzten Quellen offenzulegen. Die Angabe der Quellen muss dabei grundsätzlich so gestaltet sein, dass dem Leser/Zuhörer deren Auffinden problemlos möglich ist. Auf diese Weise erhält er die Möglichkeit, Ihre Literaturangaben nachzuprüfen und, falls gewünscht, die von Ihnen benutzten Quellen im Original zu lesen. Im Text haben Sie aber in der Regel die benutzten Quellen nur in verkürzter Form angegeben (→ Seite 89 ff.). So dient denn das *Literaturverzeichnis* (sofern nur Literatur aufgeführt wird) bzw. das *Literatur- und Quellenverzeichnis* dazu, Ihrer Pflicht zur exakten Angabe der Quellen nachzukommen.

Allgemeine Kennzeichen

Literatur- und Quellenverzeichnisse weisen folgende generelle Kennzeichen auf:

- Hier sind alle Quellen aufgeführt, die Sie zur Erstellung Ihrer Facharbeit/Ihres Referats benutzt und dabei zitiert haben. Doch auch nur diese und keine weiteren!
- In einer Facharbeit bildet das Literatur- und Quellenverzeichnis das letzte Kapitel (vor einem eventuellen Anhang). Auf dem Referat-Handout steht es an letzter Stelle. Es sollte daher erst nach Abschluss der Textarbeit mithilfe der bibliografischen Notizen (→ Seite 20 f.) erstellt werden.
- Im Literatur- und Quellenverzeichnis werden die Quellen alphabetisch nach Autorennamen bzw. Kurz-URL geordnet.
  Bei gleichen Nachnamen kommt der Vorname der Autoren als zweites Ordnungskriterium hinzu.
- Mehrere Werke eines Autors wie auch mehrere Internetquellen mit gleicher Kurz-URL werden chronologisch geordnet, also nach dem Erscheinungsjahr bzw. Entnahmedatum aus dem Internet, beginnend mit dem ältesten Werk.
- Im Literatur- und Quellenverzeichnis können drei Gruppen von Quellen aufgeführt sein: Primärliteratur, Sekundärliteratur und Sonstige Quellen (→ Seite 44 f.).
- Nur in den sprachlichen Fächern ist es üblich, Primär- und Sekundärliteratur getrennt aufzuführen (→ Seite 103).
- Der Bereich *Sonstige Quellen* kann bei Bedarf weiter untergliedert werden in *Internetquellen, Archivalische Quellen (Dokumente), Filme* und *sonstige Quellen* (CD-ROM usw.). Eine solche Feinaufteilung empfiehlt sich jedoch nur, wenn von einem „Quellentyp" mindestens vier verschiedene Quellen zitiert wurden.
- Zitierte Zeitungsartikel werden, sofern nicht (bei vier und mehr zitierten Artikeln) in einem separaten Verzeichnisabschnitt unter der Überschrift *Zeitungen* aufgeführt, wie Zeitschriftenartikel bibliografiert: Je nachdem ob Sie die Print- oder die Online-Version benutzt haben werden sie unter *Literatur* oder *Internetquellen* aufgelistet.

Layout

Über die Layoutgestaltung eines Literatur- und Quellenverzeichnisses gibt es sehr unterschiedliche Vorstellungen. Prinzipiell aber gilt:

- Bei geringer Quellenzahl wird das Verzeichnis in gleicher Schriftgröße wie der Text der Arbeit geschrieben. Bei großer Quellenzahl und Platzknappheit kann mit kleinerer Schrifttype geschrieben werden.
- Die Quellenangaben werden mit einfachem Zeilenabstand geschrieben.
- Absätze werden „hängend" formatiert, das heißt, sind für eine Quellenangabe mehrere Zeilen notwendig, so werden die zweite und folgende Zeile nach rechts eingerückt.
- Am Ende jeder Quellenangabe steht ein Punkt.

- Vom Vornamen eines Autors wird nur der erste Buchstabe angegeben. Nur bei gleichen Nach- und Vornamen zweier Autoren werden weitere Buchstaben aufgeführt.
- Titel wie Dr., Prof. usw. werden bei den Autorenangaben weggelassen.
- Die Angabe *1. Auflage* wird nicht vermerkt.
- Bei Verlagen mit mehreren Verlagsorten wird nur der erste angegeben.
- Viele Schreibprogramme gestalten Internetadressen automatisch blau und unterstrichen. Auch Kurz-URL und URL können in dieser Weise aufgeführt werden.

Layoutvarianten

Die Feingestaltung des Quellenverzeichnisses richtet sich vor allem nach zwei Kriterien:

- danach, ob Sie die Quellenbelege im Text Ihrer Arbeit nach dem naturwissenschaftlichen oder nach dem geisteswissenschaftlichen Belegverfahren gestaltet haben;
- nach den persönlichen Layoutvorlieben der Lehrerin bzw. des Lehrers (der eine mag „&“ durch „und“ ersetzt haben, beim anderen muss die Abkürzung „S.“ wegfallen oder der *Buchtitel* kursiv gesetzt werden usw.).

Sie sollten vor Beginn der Arbeit am Quellenverzeichnis Ihre Lehrerin bzw. Ihren Lehrer nach seinen Layoutvorstellungen fragen und diese bei der Gestaltung des Verzeichnisses berücksichtigen. Im Folgenden werden nun zwei der gängigsten Layoutvarianten vorgestellt:

Einträge in das Literatur- und Quellenverzeichnis bei Verwendung des geisteswissenschaftlichen Belegverfahrens

Alle zitierten Quellen müssen alphabetisch sortiert aufgeführt werden. Gestalten Sie die Angaben wie folgt (→ Beispiele Seite 103).

- Fall 1: *Ein Buch – ein Autor*
  Nachname, abgek. Vorname, Titel des Buches, Untertitel, Auflage, Erscheinungsort Erscheinungsjahr. ①
- Fall 2: *Ein Buch – zwei Autoren*
  Nachname, abgek. Vorname & Nachname, abgek. Vorname, Titel des Buches, Untertitel, Auflage, Erscheinungsort Erscheinungsjahr. ⑥
- Fall 3: *Ein Buch – drei oder mehr Autoren*
  Nachname des ersten Autors, abgek. Vorname et al., Titel des Buches, Untertitel, Auflage, Erscheinungsort Erscheinungsjahr. ②
- Fall 4: *Aufsatz in einer Zeitschrift*
  Nachname, abgek. Vorname, Titel des Aufsatzes, Untertitel des Aufsatzes, in: Name der Zeitschrift, Nummer der Zeitschrift Erscheinungsjahr, Seitenangabe Anfang und Ende des Aufsatzes. ⑧
- Fall 5: *Aufsatz in einem Sammelband (einem Buch, ggf. mit Herausgeber(n), in dem mehrere Autoren Aufsätze geschrieben haben)*

Nachname, abgek. Vorname, Titel des Aufsatzes, Untertitel des Aufsatzes, in: Nachname, abgek. Vorname (Hrsg.), Titel des Sammelbandes, Untertitel, Auflage, Erscheinungsort, Erscheinungsjahr, Seitenangabe Anfang und Ende des Aufsatzes. ④

- Fall 6: *Internetdokumente*
  Vollständige URL, Nachname des Autors, abgek. Vorname, Titel des Dokuments, [gegebenenfalls] Zeitung/Zeitschrift, [gegebenenfalls] Datum der Meldung bzw. Datum der Einstellung ins Netz, aus dem Internet entnommen am. ⑨ und ⑩
- Fall 7: *Zeitungsartikel mit Autorenangabe*
  Nachname, abgek. Vorname, Titel des Artikels, Untertitel des Artikels, in: Name der Zeitung vom Erscheinungsdatum, Seite. ⑦
- Fall 8: *Zeitungsartikel ohne Autorenangabe*
  Titel des Artikels, Untertitel, in: Name der Zeitung vom Erscheinungsdatum, Seite. ③

Sonderfälle

- Sonstige Quellen (z. B. Video, CD-ROM, Interviews) müssen in ähnlicher Weise im Quellenverzeichnis aufgeführt werden wie Textquellen. Wichtig ist: Machen Sie möglichst genaue Angaben zur jeweiligen Quelle. ⑪
- Bei Institutionen kann im Text deren (offizielle) Abkürzung als Kurzbeleg genutzt werden. Im Quellenverzeichnis muss hinter der Abkürzung in Klammern der vollständige Name aufgeführt werden. → Seite 104, ③
- Ist bei einer Quelle der Name des Verfassers unbekannt, so schreibt man an dessen Stelle „o. V.“, fehlt der Erscheinungsort „o. O.“ und fehlt eine Angabe zum Erscheinungsjahr schreibt man „o. J.“. → Seite 104, ⑨
- Bei englischsprachigen Quellen wird „Hrsg.“ als „ed.“ (= Editor; Einzahl) bzw. „eds.“ (Mehrzahl) und „S.“ als „p.“ (Einzahl) bzw. „pp.“ (Mehrzahl) abgekürzt. ⑧
- Zitieren Sie von einem Autor mehrere Werke mit gleichem Erscheinungsjahr oder mehrere Internetquellen mit gleicher Kurz-URL und gleichem Entnahmedatum, so gilt beim *naturwissenschaftlichen Belegverfahren*: Die Quellen erhalten hinter der Jahreszahl den Zusatz *a, b, c* usw. Sie werden diesem Zusatz entsprechend geordnet. → Seite 104, ⑪
  Beim *geisteswissenschaftlichen Belegverfahren* gilt: Das Ordnungskriterium ist hier der Titel des Werkes. Den Jahreszahlen werden keine Kleinbuchstaben hinzugefügt. ⑤

Beispiel: Literatur- und Quellenverzeichnis (1)

6 Literatur- und Quellenverzeichnis

Primärliteratur

① Salinger, J. D., The Catcher in the Rye, London 1994.

Sekundärliteratur

② Crane, C. et al., J. D. Salinger "The Catcher in the Rye", Letts Explore Literature Guides, Carnforth 2004.

③ Der Fänger im Roggen, in: Hamburger Abendblatt vom 29.12.2003.

④ Günter, B., J. D. Salinger "The Catcher in the Rye" (1951), in: Freese, P. & Hermes, L. (Hrsg.), Der Roman im Englischunterricht der Sekundarstufe II, Theorie und Praxis, 2. Auflage, Paderborn 1981, S. 207 – 222.

⑤ Hamilton, I., In Search of J. D. Salinger, London 1998.

Hamilton, I., The Trouble with Money and Other Essays, London 1998.

Münder, P., Jerome David Salinger „Der Fänger im Roggen" (The Catcher in the Rye), Interpretationen und unterrichtspraktische Vorschläge, 6. Auflage, Analysen und Reflexionen Bd. 2, Hollfeld 2005.

⑥ Pinsker, S. & Pinsker, A., Understanding The Catcher in the Rye, A Student Casebook to Issues, Sources, and Historical Documents, Westport Connecticut 1999.

Rau, R. F., Jerome D. Salinger "The Catcher in the Rye", Annotations and Study Aids, Stuttgart 1999.

Spinnen, B., Das absolute Kind, Endlich neudeutsch: J.D. Salingers „Der Fänger im Roggen", in: Süddeutsche Zeitung vom 17.03.2003.

⑦ Steinle, P. H., In Cold Fear, The Catcher in the Rye, Censorship Controversies and Postwar American Character, Columbus Ohio 2000.

⑧ Zapf, H., Logical Action in Salinger's Catcher in the Rye, in: College Literature, 12/1985, pp. 266 – 271.

Internetquellen

⑨ http://www.wahlbrinck.de/catcherintherye/ext.htm, Wahlbrinck, B., The Catcher in the Rye, external aspects of "The Catcher in the Rye", aus dem Internet entnommen am 20.07.2007

http://www.wahlbrinck.de/catcherintherye/int.htm , Wahlbrinck, B., The Catcher in the Rye, internal aspects of "The Catcher in the Rye", aus dem Internet entnommen am 20.07.2007

http://www.euronet.nl/users/los/tcitr.html, Los, M. & Dunning, C., The Catcher in the Rye Pages – Home, aus dem Internet entnommen am 21.07.2007

http://www.geocities.com/exploring_citr/, Morine, S., Exploring The Catcher in the Rye, aus dem Internet entnommen am 20.07.2007

⑩ http://www.nths.newtrier.k12.il.us/academics/english/catcher/SatReview.html, Smith, H., Manhattan Ulysses, Junior, The Catcher in the Rye, By J. D. Salinger, Saturday Review of Literature, July 14, 1951, aus dem Internet entnommen am 20.07.2007

Sonstige Quellen

⑪ Wahlbrinck, B. (2007), Erfahrungen mit dem Einsatz des Romans "The Catcher in the Rye" im Unterricht am Emsland-Gymnasium in Rheine. Interview geführt am 23.07.2007.

Literatur- und Quellenverzeichnis einer Facharbeit im Fach Englisch

Beispiel: Literatur- und Quellenverzeichnis (2)

8 Literatur- und Quellenverzeichnis

Literatur

① BALTIMORE, D. & HEILMAN, C. (1998): Wie nahe ist ein HIV-Impfstoff? In: Spektrum der Wissenschaft, 10, S. 36–42.

② BRÜNING, A. (2005): Das Gute an der Seuche. Epidemien im Mittelalter förderten eine Genveränderung, die vor AIDS schützt. In: Berliner Zeitung, 31.03.2005, Wissenschaft, S. 15.

③ DAH & HAS (Deutsche AIDS-Hilfe e.V. & HIV-Arbeitskreis Südwest) (Hrsg.) (2003): HIV und AIDS. Ein Leitfaden für Ärzte, Apotheke, Helfer und Betroffene. 5. Auflage. Berlin: Springer.

④ FALKE, D. (1977): Virologie. Heidelberger Taschenbücher 178. Berlin: Springer.

KRÄUSSLICH, H.-G. & MÜLLER, B. (2004): Wettrüsten gegen ein mörderisches Virus. In: Spektrum der Wissenschaft, 4, S. 34-41.

⑤ HOOD, L. (1995): Biologie und Medizin im 21. Jahrhundert. In: KEVLES, D. J. & HOOD, L. (Hrsg.): Die genetische Karte des Menschen. Frankfurt a. M.: Insel, S. 156–183.

KURTH, R. & NORLEY, S. (1997): Hindernisse und Fortschritte in der Entwicklung eines Impfstoffes gegen AIDS. In: Spektrum der Wissenschaft, Dossier 3/97, S. 91–94.

⑥ MODROW, S. et al. (2003): Molekulare Virologie. 2. Auflage. Heidelberg: Spektrum Akademischer Verlag.

MÖLLING, K. (1988): Das AIDS-Virus. Weinheim: VCH.

⑦ NYE, K. E. & PARKIN, J. M. (1995): HIV und AIDS. Die molekularbiologischen Grundlagen. Heidelberg: Spektrum Akademischer Verlag.

⑧ QUAST, U. et al. (1997) : Impfreaktionen. Stuttgart: Hippokrates.

RUDOLPH, S. (2007): HIV und AIDS in Afrika. Saarbrücken: VDM Verlag Dr. Müller.

SENGBUSCH, P. von (1979): Molekular- und Zellbiologie. Berlin: Springer.

Internetquellen

⑨ http://chemie-imalltag.de (21.07.2007). REISER, O. (o.J.): Impfstoff gegen AIDS-Virus zeigt Wirkung? http://chemie-im-alltag.de/articles/0046/index.html

http://www.rki.de (22.07.2007). ROBERT KOCH-INSTITUT (Hrsg.) (2006): Stand der weltweiten HIV/AIDS-Epidemie Ende 2006. Meldung vom 05.12.2006. http://www. rki.de/cln_049/nn_196014/DE/Content/InfAZ/H/HIVAIDS/hiv__aids__wat.html

⑩ http://www.wissenschaft.de (21.07.2007). HILBERT, C. (2007): Forscher entdecken natürlichen HIV-Blocker. Meldung vom 20.07.2007. http://www.wissenschaft.de/wissenschaft/news/277251

⑪ http://www.wissenschaft-online.de (20.07.2007a). JAHN, A. (2003): Virales Danaergeschenk. Tarnen sich HI-Viren mit menschlichen Membranhüllen? In: Spektrumdirekt, 29.08.2003. http://www.wissenschaft-online.de/abo/ticker/622591

http://www.wissenschaft-online.de (20.07.2007b). WETZLER, C. D. (2002): Trickreiche Tarnung. Wie das HI-Virus die Immunabwehr umgeht. In: Spektrumdirekt, 12.12.2002. http://www.wissenschaft-online.de/artikel/612573

⑫ http://www.zeit.de (23.07.2007). KIRBACH, R. (2004): Die Rückkehr zum Leichtsinn. In: Die Zeit Dossier, 25.11.2004. http://www.zeit.de/2004/49/aids_Deutschland

Sonstige Quellen

⑬ MICROSOFT (Hrsg.) (2003): Encarta®Enzyklopädie 2004. Artikel: Retrovirus, Human Immunodeficiency Virus (HIV). CD-ROM.

⑭ HOFFMANN, T. & CZIEPLUCH, C. (1994): AIDS. Aufbau, Vermehrung und Nachweis von HIV. VHS-Video. Heidelberg: Spektrum Akademischer Verlag.

Literatur- und Quellenverzeichnis einer Facharbeit im Fach Biologie

Einträge nach dem naturwissenschaftlichen Belegverfahren

Die farbigen Ziffern beziehen sich auf das Beispiel von Seite 104.

Textquelle	Form der Quellenangabe	Beispiele
Ein Buch – ein Autor	NACHNAME, abgek. Vorname (Erscheinungsjahr): Titel des Buches. gegebenenfalls Untertitel. gegebenenfalls Reihe Band. ggf. Auflage. Erscheinungsort: Verlag.	KÖNIG, I. (2004): Vita Romana. Vom täglichen Leben im alten Rom. Darmstadt: Wissenschaftliche Buchgesellschaft. ④
Ein Buch – zwei Autoren	NACHNAME, abgek. Vorname & NACHNAME, abgek. Vorname (Erscheinungsjahr): Titel des Buches. gegebenenfalls Untertitel. gegebenenfalls Reihe Band. ggf. Auflage. Erscheinungsort: Verlag.	GRAICHEN, G. & GRÜNDER, H. (2005): Deutsche Kolonien. Traum und Trauma. 4. Auflage. Berlin: Ullstein. ⑦
Ein Buch – drei oder mehr Autoren	NACHNAME, abgek. Vorname des ersten Autors et al. (Erscheinungsjahr): Titel des Buches. gegebenenfalls Untertitel. ggf. Auflage. Erscheinungsort: Verlag.	BAUER, J. et al. (2007): Aspekte der Globalisierung. Ein Methodenband. Braunschweig: Bildungshaus Schulbuchverlage. ⑥ ⑧
Wörterbücher und Lexika	HERAUSGEBER (Hrsg.) (Erscheinungsjahr): Titel. gegebenenfalls Band. gegebenenfalls Auflage. ggf. Artikel. Erscheinungsort: Verlag.	BROCKHAUS-LEXIKONREDAKTION (Hrsg.)(2003): Brockhaus Universallexikon. Band 1. Artikel: Aids. Leipzig: F.A. Brockhaus. ⑬
Aufsatz in einem Sammelband (= ein Buch ggf. mit einem/mehreren Herausgeber/n, in dem Aufsätze verschiedener Autoren enthalten sind)	NACHNAME, abgek. Vorname (Erscheinungsjahr): Titel des Aufsatzes. ggf. Untertitel des Aufsatzes. In: NACHNAME, abgek. Vorname (Hrsg.): Titel des Sammelbandes. ggf. Untertitel. Erscheinungsort: Verlag, Seite Anfang und Ende des Aufsatzes.	NISSEL, H. (2006): Bombay/Mumbai: Stadterweiterung und Stadtumbau einer „Globalizing City". In: AHUJA, R. & BROSIUS, C. (Hrsg.): Mumbai – Delhi – Kolkata. Annäherung an die Megastädte Indiens. Heidelberg: Draupadi, S. 19-34. ⑤
Aufsatz in einer Zeitschrift	NACHNAME, abgek. Vorname (Erscheinungsjahr): Titel des Aufsatzes. ggf. Untertitel. In: Name der Zeitschrift, Nummer des Heftes, Seite Anfang und Ende des Aufsatzes.	KINSLEY, C. H. & LAMBERT, K. G. (2006): Warum Mütter klüger sind. In: Spektrum der Wissenschaft, 11, S. 46–53. ①
Artikel in einer Zeitung (mit Angabe des Autors)	NACHNAME, abgek. Vorname (Erscheinungsjahr): Titel des Artikels. Untertitel. In: Name der Zeitung, Erscheinungsdatum, Seite(n).	HOBOM, B. (2007): Armes Grün. Wie Gentechnik zur Mangelernährung führt. In: Frankfurter Allgemeine Zeitung, 18.07.2007, N 1. ②
Artikel in einer Zeitung (ohne Angabe des Autors)	NAME DER ZEITUNG (Erscheinungsdatum): Titel des Artikels. Untertitel. Seite.	FRANKFURTER ALLGEMEINE ZEITUNG (20.07.2007): Chinas Aufstieg. S. 11.
Internetdokument (mit Autor und Datum der Einstellung ins Netz)	Kurz-URL (Entnahmedatum). NACHNAME DES AUTORS, abgek. Vorname (Erscheinungsjahr): Titel des Dokuments. Untertitel. [gegebenenfalls] In: Zeitung/Zeitschrift, Datum der Meldung. Vollständige URL.	http://www.spiegel.de (21.07.2007). MUSHARBASH, Y. (2007): Eine Frage der Sicherheit. In: Spiegel online, 18.07.2007. http://www.spiegel.de/politik/ ausland/0,1518,495212,00.html ⑫
Internetdokument (ohne Autor und ohne Datum der Einstellung ins Netz)	Kurz-URL (Entnahmedatum). INSTITUTION: Titel des Dokuments. ggf. Untertitel. Vollständige URL.	http://de.wikipedia.org (20.07.2007). Wikipedia®: London. http://de.wikipedia.org/wiki/ London
Sonderfälle	siehe Seite 102	③ ⑪ ⑬ ⑭

8 Eigene Forschungsarbeit

8.1 Genereller Ablauf

Viele Referate und insbesondere auch Facharbeiten haben nicht die Auswertung von Textquellen, sondern die Gewinnung und Auswertung eigener Forschungsergebnisse, sogenannter Primärquellen (→ Seite 43), zum Gegenstand. Hier geht es darum, eine aufgeworfene Frage bzw. ein Problem mithilfe eigener Untersuchungen, Befragungen, Experimente oder sonstiger praktischer Arbeiten zu beantworten bzw. zu lösen. Dabei geht man prinzipiell in fünf Schritten vor:

Schritt 1 – Problembenennung

Ausgangspunkt kann z. B. das Lesen eines Textes, eine Fernsehsendung, eine Alltags- oder Unterrichtssituation sein. Hier taucht eine bestimmte Frage oder ein Problem auf. Diese Frage bzw. dieses Problem wird nun möglichst präzise formuliert (⇒ wissenschaftliche Fragestellung). Beispiele könnten sein: „Wie hat sich der Unterricht an meiner Schule im Fach Deutsch in den letzten 30 Jahren verändert?“ oder „Welche Obstsorten haben den höchsten Vitamin-C-Gehalt?“

Schritt 2 – Forschungsplanung

Hat man die Ausgangsfrage formuliert, so muss man nun die Schritte planen, mit denen man zu einer Antwort auf diese Frage gelangt. In manchen Fällen wird man dazu zunächst Vermutungen über mögliche Antworten anstellen (⇒ Lösungshypothese(n) erstellen). Dann formuliert man das Forschungsziel, wählt die geeignete Forschungsmethode und legt den konkreten Forschungsablauf fest (⇒ Arbeitsplan).

Schritt 3 – Forschungsdurchführung

Hier werden die zuvor geplanten Forschungsschritte unter Anwendung der gewählten Forschungsmethoden durchgeführt. Die Ergebnisse werden in geeigneter Form festgehalten (schriftlich, filmisch, als Skizze, in einem Tondokument usw.).

Schritt 4 – Auswertung der Ergebnisse

Mithilfe geeigneter Verfahren werden sodann die erhalten Forschungsergebnisse (Rohdaten) ausgewertet. Dazu gehört ggf. auch deren Umarbeitung (z. B. filmisches Material in einen gedruckten Text) oder Aufbereitung (z. B. Zusammenfassung von Rohdaten und grafische Darstellung der zusammengefassten Werte).

Schritt 5 – Nutzung der Ergebnisse

Im letzten Schritt werden nun die erhaltenen Forschungsergebnisse dazu genutzt,

- die Ausgangsfrage zu beantworten/das Ausgangsproblem zu lösen;
- die im Schritt 2 formulierten Hypothesen zu bestätigen (verifizieren) oder zu widerlegen (falsifizieren);
- bekannte Regeln/Theorien zu bestätigen;
- eine Verallgemeinerung der Ergebnisse vorzunehmen und daraus eine neue Regel, Gesetzmäßigkeit oder Ähnliches ableiten;
- neue Problemfragen aufzuwerfen.

Die Möglichkeit zu eigener Forschung bietet sich prinzipiell in fast allen Fächern. Gegenüber reiner Literaturarbeit hat der Einbezug eigener Forschung in ein Referat/eine Facharbeit aber einige markante Vor- wie auch Nachteile.

Vorteile

- Eigene Forschung beinhaltet einen hohen Motivationseffekt. Es macht in der Regel Spaß, sie zu planen, durchzuführen und die mit Spannung erwarteten Ergebnisse auszuwerten.
- Sie ermöglicht die praktische Einübung von Methoden, die in der Schule ansonsten eher selten angewendet werden.
- Sie stellt damit eine gute Vorbereitung für das Studium dar. Arbeiten mit einem Anteil eigener Forschung entsprechen den forschungsorientierten Seminar- und Abschlussarbeiten, die man an der Hochschule in vielen Fächern (allerdings eher im Haupt- bzw. Masterstudium) zu erstellen hat.

Nachteile

- Eigene Forschungsarbeit muss sehr sorgfältig geplant und durchgeführt werden.
- Sie ist in vielen Fällen deutlich zeitaufwendiger als eine reine Literaturarbeit.
- Sie kann unter Umständen zu einem nicht befriedigenden Ergebnis führen oder sogar ganz fehlschlagen. Man benötigt also eventuell eine hohe Frustrationstoleranz.
- Man muss hier oftmals Arbeitstechniken anwenden, die zuvor im Schulalltag noch nicht besonders intensiv eingeübt worden sind (anders als die Auswertung schriftlicher Quellen) und darf sich dabei von der ungewohnten Arbeitssituation nicht verunsichern lassen.

Bevor Sie ein Arbeitsthema wählen, dessen Bearbeitung eigene Forschungstätigkeit erfordert, sollten Sie daher genau überlegen, ob aus Ihrer Sicht die Vorteile oder die Nachteile einer solchen Arbeit überwiegen.

8.2 Planung

Forschung muss, auch um zeitliche Fehleinschätzungen zu vermeiden, sorgfältig geplant werden. Diese Planung beinhaltet:

① die Formulierung des Forschungszieles
② die Wahl der geeigneten Methode(n)
③ die Planung des Ablaufs der Forschungsarbeiten

8.2.1 Forschungsziel

Am Beginn Ihrer Forschungsarbeit steht einer der folgenden vier Ausgangspunkte:

- ein aufgeworfenes Problem
- eine gestellte Frage
- eine aufgestellte Hypothese
- ein konkreter Forschungsauftrag

Legen Sie hiervon ausgehend Ihr konkretes Forschungsziel fest. Folgende Fragen können Ihnen dabei helfen:

- Was wollen Sie konkret mit Ihrer Forschungsarbeit erreichen?
- Was soll konkret überprüft oder nachgewiesen werden?
- Was wollen Sie beweisen oder widerlegen?

Halten Sie den Ausgangspunkt Ihrer Überlegungen sowie das daraus abgeleitete Forschungsziel schriftlich fest (z. B. im Arbeitstagebuch → Seite 17).

8.2.2 Forschungsmethoden

Im zweiten Schritt sollten Sie dann überlegen, *wie* Sie das gesteckte Ziel erreichen können. Leitfragen können hierbei sein:

- Welche Forschungsmethoden können Informationen/Daten/Fakten zum Erreichen des Forschungszieles liefern?
- Welche Besonderheiten sind bei den gewählten Methoden zu beachten?
- Welche konkreten Arbeitsschritte müssen unternommen werden?
- Wie sieht eine sinnvolle Reihenfolge dieser Arbeitsschritte aus?

Zur Beantwortung der ersten beiden Fragen sollten Sie

- überlegen, welche Datenerhebungsmethoden Ihnen bereits aus dem Unterricht bekannt sind; beziehen Sie dabei alle Ihre Schulfächer in die Überlegungen ein.
- sich in der Fachliteratur über mögliche Methoden, Versuchsansätze, Experimente usw. informieren.
- gegebenenfalls die Sie betreuende Lehrkraft um Literaturhinweise bzw. Hilfestellung bitten.

Methoden für die eigene Forschungsarbeit sind unter anderem:

Beobachtungen und Untersuchungen, z. B.

- Beobachtung und Dokumentation einer Mondfinsternis
- Beobachtung des Sozialverhaltens in einer Kindergartengruppe
- Beobachtung des Verhaltens von Fahrradfahrern an einer Radwegbaustelle
- Analyse der Effizienz ausgewählter Suchmaschinen im Internet
- Vogelbeobachtungen in einem Waldgebiet
- Untersuchung chemischer Parameter in einem Baggersee
- Untersuchung der Bodengegebenheiten in zwei verschiedenen Waldgebieten

Experimente, z. B.

- Experimente zu Beugung und Interferenz von Licht
- Experimente zur Ermittlung der Photosyntheseleistung von Blaualgen bei Licht verschiedener Wellenlängen
- Experimente zur Ermittlung des Nitratgehaltes von Nahrungsmitteln

Bau eines Modells und Modellreflexion, z. B.

Planung, Bau und Reflexion eines Modells
- zur Funktionsweise eines quergestreiften Muskels
- zur Simulation von Starkregenfolgen im Gebirge bei unterschiedlicher Hangneigung und Bodenbedeckung

Begehungen, Erkundungen, Kartierungen, z. B.

- Begehung eines Öko-Winzerbetriebes
- Erkundung des Arbeitsablaufes in der Lokalredaktion einer Tageszeitung
- Kartierung der Geschäfte in der Innenstadt von …
- Kartierung des Pflanzenbestandes zweier von ihren Bodengegebenheiten her unterschiedlicher Brachflächen

Umfrage, z. B.

- Umfrage unter den Schülern einer ausländischen Partnerschule zu den Lernbedingungen vor Ort
- Umfrage unter Busfahrgästen hinsichtlich ihrer Fahrgewohnheiten und ihrer Meinung zur Qualität des öffentlichen Nahverkehrs in ihrer Heimatstadt
- Umfrage unter Passanten zu ihrer Interpretation und Bewertung eines soeben installierten Kunstwerks
- Umfrage unter den Kunden eines Reisebüros über deren Vorstellungen von einem idealen Urlaubsziel

Befragungen und Interviews, z. B.

- Befragung von Lokalpolitikern zum soeben eingebrachten Flächennutzungsplan
- Befragung zweier Professoren der Universität … zu den Möglichkeiten und Problemen einer Zusammenarbeit von Universität und Industrie
- Befragung von Ingenieuren der Windkraftanlagen-Firma … zu den hier gefertigten Windrädern, ihrer Aufstellung und zu möglichen Nutzungsproblemen
- Befragung eines Försters zu den Waldschäden im Revier … und deren Entwicklung innerhalb der letzten 10 Jahre
- Interviews mit Zeitzeugen zur Lernsituation an der …-Schule 1933 – 1939
- Interviews mit Schülerinnen und Schüler der Partnerschule in Frankreich oder Großbritannien zu ihrem Wissen über Deutschland per E-Mail (in der jeweiligen Landessprache)

Auswertung von Archivmaterial und Originalquellen, z. B.

- Auswertung von Dokumenten zur Baugeschichte der Stadtkirche im Kirchenarchiv und im Archiv der Heimatstadt
- Auswertung von Tagebuchaufzeichnungen meiner Großmutter aus den Jahren 1945 – 1955 zur Lebenssituation in den Gründerjahren der Bundesrepublik Deutschland
- Auswertung von Fernsehreportagen zu Afrika, die vom 1. 2. bis 1. 4. ausgestrahlt wurden, hinsichtlich Thematik und Intention
- Auswertung eines aktuellen, bisher noch nicht sprachlich untersuchten Buches unter einer bestimmten sprachtheoretischen Fragestellung
- Analyse der filmischen Umsetzung des Buches *Timeline* von M. Crichton im gleichnamigen Film des Regisseurs R. Donner

8.2.3 Arbeitsplan

Haben Sie sich für eine oder mehrere Methoden entschieden, mit deren Hilfe Sie Ihr Forschungsziel erreichen wollen, so können Sie sich an die Planung der notwendigen Arbeitsschritte machen. Das Ergebnis Ihrer Überlegungen sollte ein konkreter *Arbeitsplan* sein, auf dem Sie die methodischen, technischen und zeitlichen Aspekte Ihrer geplanten Forschungsarbeit festhalten. Auf der gegenüberliegenden Seite ist ein Ausschnitt aus einem solchen Arbeitsplan dokumentiert. Halten Sie den Arbeitsplan schriftlich fest (eventuell in Ihrem Arbeitstagebuch bzw. einem separaten Forscherheft; → Seite 17 bzw. Seite 114).

Beispiel: Erste Seite eines Arbeitsplanes im Fach Biologie

Arbeitsplan zur Untersuchung von Revierverhalten und Kommunikation bei Kampffischen (Betta splendens)

Vorbereitung

21.5. → Aufstellen zweier großer Aquarien (aus Schule) in der Biologiesammlung direkt nach dem Unterricht. Frau Dr. Suppenhuhn schließt auf. Ausmessen der Aquarien für Plastiktrennwände und Pappe. Nachmittags besorgen von schwarzer Pappe und Klebeband (zum Abdunkeln Aquarien außen) und von schwarzen Plastikschubern zum Unterteilen der Aquarien (→ Bürobedarfshandlung Sauser). Bestellung von vier Kampffischmännchen und zwei Kampffischweibchen in Zoohandlung Gluck.

22.5. → ab 15.00 Uhr Einrichten Aquarien. Frau Dr. Suppenhuhn schließt auf und hilft falls notwendig. Anbringen von Führelementen für Aquarienunterteilung (Material Biologiesammlung; Silikonkleber mitbringen aus Vaters Werkkeller). Unterteilen Aquarien in drei gleich große Abteilungen durch Plastiktrennwände in Führelementen. Abkleben der Aquarien außen mit schwarzer Pappe um Störungen von außen auszuschalten. Einrichten der Aquarien (Pumpen + Heizungen + Dreifachstecker aus Schule). Keine Bepflanzung.
Bereitlegen von Kescher und Glasstäben (Biologiesammlung).

23.5. → nachmittags Abholen Kampffische in Zoohandlung Gluck. Futter mitbringen. Kosten: Biologieetat/ich 50 : 50. Hausmeister Kruse schließt Biologiesammlung um 16.00 Uhr auf. Einsetzen der Kampffische in die Aquarien. Einsetzschema:

25.5. → 15.30 Uhr Installation Digital-Videokamera + Beleuchtung auf Stativ (Kamera, Lampen, Stative aus Schule). Probeaufnahmen. Frau Dr. Suppenhuhn schließt auf. Fütterung Kampffische vor Unterricht. Am Abend und am Wochenende füttert Hausmeister Kruse.

26.5. → zuhause Spiegel in eingekerbten Rohrstock einpassen und befestigen für Attrappenversuche (Material Werkkeller Vater)

Untersuchung

29.5. → 15.00 Uhr Treffen mit Frau Dr. Suppenhuhn vor Biologiesammlung. Beobachtung Ruheverhalten der Kampffische in den Abteilungen der Aquarien. Je Kampffisch 10 min. Achten auf Bewegung, Körperhaltung, Flossenschlag, Farbe, Kiemen
Dokumentation: Videokamera + Diktiergerät (Smartphone) + Forscherheft.

30.5. → 15.00 Uhr Treffen mit Hausmeister Kruse vor Biologiesammlung. Untersuchung Verhalten Kampffischmännchen bei gegenseitiger Sichtung. Bereitlegen Kescher und Glasstäbe. Herausziehen Trennwände zwischen den Männchen im ersten Aquarium. Beobachten.
Fragen zur Beobachtung:

- Wie schnell reagieren Männchen aufeinander?
- Wie sehen die Reaktionen aus?

Folgende Fragen können eine Hilfe bei der Erstellung Ihres Arbeitsplanes sein:

- Welche *Hilfsmittel* werden benötigt (Geräte und Materialien für Experimente, Mikroskop mit Fotoaufsatz, Videokamera, Fotokamera, Kassettenrekorder, Computer usw.)?
- Welche dieser *Hilfsmittel* kann die Schule bereitstellen, welche müssen Sie selbst besorgen? Wo können Sie diese gegebenenfalls besorgen?
- Welche *Kosten* entstehen (z. B. für Fotoabzüge, für Fahrten, den Kauf von Versuchstieren, von Geräten und Chemikalien usw.)? Wer trägt diese Kosten – die Schule, Sponsoren, Sie selber?
- Welcher *Zeitrahmen* ist für die einzelnen Arbeitschritte anzusetzen? Planen Sie hier großzügig. Kalkulieren Sie ein, dass Experten oder Zeitzeugen, die Sie befragen wollen, unter Umständen einen vollen Terminkalender haben oder in Urlaub fahren, dass Begehungen/Kartierungen beim ersten Mal wegen schlechten Wetters abgebrochen werden müssen oder Experimente schiefgehen und wiederholt werden müssen.
- Welche *Zeitvorgaben* sind zu beachten? Wollen Sie in Archiven arbeiten, so erkundigen Sie sich frühzeitig nach deren (manchmal recht ungewöhnlichen) Öffnungszeiten. Klären Sie auch ab, in welchem Zeitfenster Beobachtungen möglich oder Umfragen sinnvoll sind. Behalten Sie schließlich auch die insgesamt für die Facharbeit/das Referat zur Verfügung stehende Zeit im Auge.
- Benötigen einzelne Arbeitsschritte *Vorlaufzeiten*? Dies könnten z. B. sein: Bestellzeiten für Geräte und Chemikalien, Zeit zum Einholen einer Umfrageerlaubnis, Zeit zum Aufspüren von Zeitzeugen oder Bestellzeiten für bestimmte Film-DVDs. Berücksichtigen Sie solche Vorlaufzeiten großzügig in Ihrer Zeitplanung.
- Bei *Arbeiten in der Schule*: Wie erhalten Sie am Nachmittag oder am Wochenende Zugang zu Material und Fachräumen? Muss die Sie betreuende Lehrkraft während Ihrer Experimente und Untersuchungen anwesend sein? Falls ja, müssen Sie Ihren Arbeitsplan eng mit der Lehrerin oder dem Lehrer abstimmen.
- Welche *rechtlichen Probleme* könnten auftreten und müssen vor Forschungsbeginn geklärt werden? Müssen z. B. Genehmigungen für Begehungen, Probeentnahmen, Kartierungen, Befragungen und Umfragen eingeholt werden? Geben interviewte Zeitzeugen die Erlaubnis zur Verwendung von Foto- und Tonmaterial, das Sie bei Ihren Interviews aufgenommen haben? Gilt diese Erlaubnis für Ihre Arbeit inklusive einer eventuellen öffentlichen Präsentation? Lassen Sie sich die Erlaubnis schriftlich bestätigen.
- Welche *Sicherheitsstandards* müssen Sie einhalten? Diese Frage ist vor allem bei Experimenten in den Fächern Biologie, Chemie und Physik bedeutsam.
- Wie wollen Sie die *Ergebnisse* Ihrer Forschung *erfassen* und *festhalten*? Neben der in jedem Fall sinnvollen Führung eines Forscherheftes (→ Seite 114) bieten sich hier unter anderem an: Computerausdrucke, Photos, Videofilm, Tonaufzeichnungen, Protokollblätter, Fragebögen, Kartenskizzen.

Das Gesamtergebnis Ihrer Planungsüberlegungen, der schriftliche Arbeitsplan, bildet dann die Richtschnur für Ihre Forschungsarbeit. Er ist aber nicht unumstößlich, sondern muss bei auftretenden Problemen immer wieder neu der jeweiligen Gesamtsituation angepasst werden. Sie sollten eine Kopie dieses Planes gut sichtbar in unmittelbarer Nähe Ihres Schreibtisches aufhängen – als Gedächtnisstütze für eventuelle Fixtermine.

Falls Sie auf die Mithilfe von Lehrkräften, Hausmeistern, Experten, Zeitzeugen oder anderen Personen angewiesen sind, sollten Sie Ihren Arbeitsplan exakt mit diesen Personen abstimmen. Halten Sie bei der Umsetzung die abgesprochene Zeitplanung genau ein. Es gibt kaum etwas Ärgerlicheres für eine vielbeschäftigte Lehrkraft oder einen Hausmeister, als bei einem vereinbarten Treffen feststellen zu müssen, dass die Schülerin oder der Schüler den Termin offenbar vergessen hat. Als „Service" für die Personen, deren Assistenz Sie benötigen, können Sie diesen eine schriftliche Übersicht über die Termine zusammenstellen, an denen ihre Hilfe gewünscht bzw. notwendig ist.

8.3 Durchführung

Die konkrete Durchführung Ihrer Forschungsarbeit wird je nach Thema und gewählter Methode sehr unterschiedlich aussehen. Allen Forschungsarbeiten gemeinsam ist aber die Notwendigkeit, deren Verlauf und Ergebnis sorgfältig zu dokumentieren.

8.3.1 Dokumentation

Eine möglichst genaue Dokumentation ist bei eigener Forschungsarbeit deshalb so wichtig, weil die Informationsquelle hier äußerst vergänglich ist: Ein Tier wiederholt ein beobachtetes Verhalten nicht unbedingt. Eine Umfrage kann häufig kein zweites Mal durchgeführt werden. Zeitzeugen können wegziehen oder versterben. Deshalb gilt bei eigener Forschung: Was man nicht protokolliert und festhält, ist oftmals für immer verloren.

Für die Dokumentation Ihrer Forschungsarbeit heißt dies:

- Die Dokumentation sollte möglichst detailliert erfolgen. Man kann nicht zu viele Informationen, wohl aber zu wenige festhalten!
- Insbesondere bei der schriftlichen Dokumentation ist darauf zu achten, Forschungsergebnisse wertungsfrei zu dokumentieren. Was zunächst zählt, sind Fakten und Daten. Erst im nächsten Schritt werden die Fakten und Daten dann ausgewertet und interpretiert.
- Festgehalten werden müssen:
  - Ausgangsfrage/-Problem, Forschungsziel und Arbeitsplan

  - im Forschungsverlauf alle Abweichungen vom vorgesehenen Arbeitsplan und deren Gründe; diese Informationen benötigen Sie unter anderem für einen spätere Fehlerdiskussion
  - Besonderheiten im Forschungsablauf wie z. B. besonders gelungene Arbeitsschritte, aber auch Störfaktoren und Fehlschläge
  - die Ergebnisse der Forschungsarbeit
- Dokumentieren Sie möglichst zeitnah, das heißt nicht erst eine Woche später aus dem Gedächtnis.
- Versehen Sie jede dokumentierte Information mit einem Datum (und, sofern von Bedeutung, der Uhrzeit). Häufig ist dies bei der späteren Auswertung eine wichtige Hilfe.

Mögliche Dokumentationsmedien sind:

- Das Arbeitstagebuch (→ Seite 17) oder ein entsprechendes „Forscherheft“. Hierunter versteht man einen Collegeblock oder ein gebundenes Heft, in dem alle Forschungsschritte schriftlich sowie in Form von Skizzen, Zeichnungen usw. festgehalten werden. Neben dem Forschungsverlauf und den Forschungsergebnissen können Sie im „Forscherheft“ auch bereits Auswertungs- und Interpretationsideen, persönliche Anmerkungen und Verbesserungsvorschläge notieren.
- Interviews, Expertenbefragungen, Umfragen und Beobachtungen können Sie auf Tonträger oder per Videokamera dokumentieren. Insbesondere bei Interviews bietet dieses Verfahren den Vorteil, dass man die Antworten später in aller Ruhe abschreiben kann, ohne befürchten zu müssen, entscheidende Aspekte beim Mitschreiben zu verpassen. Wichtig ist es, dabei auf gute Tonqualität zu achten. Sie sollten Ihr Kassettengerät oder die Videokamera vorher auf deren Tonqualität hin überprüfen und gegebenenfalls auch eine Tonprobe zu Beginn des Interviews oder der Beobachtung durchführen.
- Für eine Dokumentation in Form von Bildern kommen Fotos und Video-/Camcorderaufnahmen infrage. Hier ist es wichtig, sich vor Beginn der Arbeit mit der Technik des benutzten Gerätes vertraut zu machen. Es ist ungünstig, erst im Verlauf der Lebendbeobachtung einer Paviangruppe im Zoo festzustellen, dass man den Schul-Camcorder nicht bedienen kann.
- Neben den zuvor genannten gibt es je nach Forschungsarbeit noch weitere Dokumentationsverfahren: Kartenskizzen, Fragebögen, Ausdrucke von E-Mails, Dateien auf CD-ROM, DVD oder Memory-Stick usw.

8.3.2 Hinweise zu ausgewählten Forschungsmethoden

Bei Experimenten ist zu beachten:

- Exaktes Arbeiten ist oberstes Gebot. Dies gilt für die genaue Beschriftung benutzter Glasgeräte ebenso wie für das Abwiegen von Chemikalien.
- Fertigen Sie von Ihrem Versuchsaufbau beschriftete Skizzen und gegebenenfalls Fotos an.
- Die Ergebnisse Ihrer Experimente müssen reproduzierbar sein. Halten Sie sich daher genau an die zuvor ausgearbeitete Versuchsplanung/Versuchsvorschriften. Abweichungen müssen exakt beschrieben und begründet werden.
- Beachten Sie die Sicherheitsstandards insbesondere beim Umgang mit Elektrizität, Radioaktivität und Chemikalien.
- Entsorgen Sie Chemikalien und Abfälle fachgerecht (Lehrkraft fragen).
- Nutzen Sie zur Dokumentation der Ergebnisse gegebenenfalls Protokollschemata. Dies ermöglicht eine übersichtliche Dokumentation der Versuchsergebnisse und erleichtert deren spätere Auswertung. Vermerken Sie auf jedem Protokollblatt Datum und Uhrzeit bzw. die Versuchsnummer als Ordnungsinformationen. Zudem auch die Rahmenbedingungen des jeweiligen Versuches und Besonderheiten der Versuchsanordnung.

Beispiel: Protokollschema, einfach

Datum: ____________ Versuchsnummer: ____________

Rahmenbedingungen des Versuches:

____

____

Besonderheiten der Versuchsanordnung/Abweichungen vom Versuchsplan:

____

____

Temperatur Wasserbad	Startzeit	Färbung nach 1'	Färbung nach 5'	Färbung nach 10'

Tierbeobachtungen und Untersuchungen:

- Achten Sie hier auf eine möglichst artgerechte Haltung der Tiere. Halten Sie die Tierschutzbestimmungen ein.
- Denken Sie daran: Die Tiere sind an erster Stelle Lebewesen und erst an zweiter Stelle Versuchsobjekte!
- Sorgen Sie für eine regelmäßige Fütterung und die Säuberung der Halteboxen, Aquarien usw.

Wichtige Aspekte bei Umfragen sind:

- Für Umfragen benötigen Sie in vielen Fällen eine Genehmigung (in der Schule vom Schulleiter, im Kaufhaus von der Geschäftsleitung, in der Stadt/Gemeinde vom Ordnungsamt usw.). Sie sollten diese auch in schriftlicher Form bei sich tragen, um auf diesbezügliche Fragen gleich reagieren zu können.
- Legen Sie das Ziel Ihrer Umfrage fest und richten Sie den Fragekatalog an diesem Ziel aus.
- Für diesen Fragenkatalog gilt:
  - Der Wortlaut der Fragen muss vor Beginn der Umfrage genau festgelegt werden.
  - Allen Befragten müssen die gleichen Fragen im gleichen Wortlaut gestellt werden (wichtig für mündlich durchgeführte Umfragen). Unterschiedliche Formulierungen können zu einer Verfälschung der Ergebnisse führen.
  - Formulieren Sie die Fragen klar und eindeutig. Vermeiden Sie hier missverständliche Begriffe und Formulierungen (Beispiele für nicht eindeutige Fragen sind: „Kaufen Sie gerne hier ein?" ⟶ Was ist unter „gerne" zu verstehen? oder „Stimmen Sie einer Forderung nach härteren Strafen für Doping zu? ⟶ Welche Strafen gibt es denn bisher? Doping in welchen Bereichen? …)
  - Vermeiden Sie Suggestivfragen („Sie sind doch auch der Meinung, dass …").
  - Standardisierte Fragen mit vorgegebenen Antwortalternativen (⟶ Fragebogen auf Seite 118) liefern leicht auszuwertende Ergebnisse, engen aber andererseits die Antwortspielräume der Befragten stark ein.
  - Die Antwortalternativen können bei standardisierten Fragen mit Kästchen zum Ankreuzen oder in tabellarischer Form vorgegeben werden (⟶ Seite 118). Beide Formen ermöglichen eine schnelle Auszählung der Antworten.
  - Achten Sie darauf, die Meinungsvielfalt der Befragten nicht durch zu wenige Antwortvorgaben einzuengen (also nicht: „zu hoch/zu niedrig", sondern „Skala zwischen zu hoch und zu niedrig von 1 bis 6").
  - Geben Sie aber auch nicht zu viele Antwortmöglichkeiten vor. Dies führt zu Verwirrung bei den Befragen und zu einem hohen Auswertungsaufwand.

  - Bei offenen Fragen („Was halten Sie von einer Verdopplung der Ökosteuer?" oder „Warum haben Sie Köln als Reiseziel gewählt?") erhalten Sie eine Vielzahl unterschiedlicher Antworten, deren Zusammenfassung und Auswertung unter Umständen recht schwierig und zeitaufwendig ist. Dafür ergeben sich hier häufig überraschende Antwortvarianten.
- Die Antworten der Befragten müssen genau protokolliert werden:
  - Bei schriftlichen Befragungen ist dieses bereits durch die ausgefüllten Fragebögen gegeben.
  - Bei mündlich durchgeführten Umfragen mit vorgegebenen Antwortalternativen bietet sich eine Protokollierung in Form von Strichlisten an. Hierzu sollten Sie ein vorbereitetes Protokollblatt benutzen, auf dem die Fragen und Antwortalternativen vermerkt sind (→ Seite 118). Sie können so die Fragen ablesen und die Antworten durch Ankreuzen der entsprechenden Antwortalternativen protokollieren.
  - Stellen Sie hingegen offene Fragen, so ist die Protokollierung der Antworten auf Tonträgern sinnvoll, da Sie so jede Antwort im vollständigen Wortlaut zur Auswertung erhalten.
- Überlegen Sie, ob eine Erfassung persönlicher Daten der Befragten notwendig ist (Alter, Geschlecht, Familienstand, Beruf, Einkommen usw.). Oftmals führen Fragen zur persönlichen Lebenssituation und erst recht die Angabe des Namens zu einer Abwehrhaltung der Befragten und mindern deren Bereitschaft, weitere Fragen zu beantworten. Glauben Sie, auf die Erfassung persönlicher Daten nicht verzichten zu können, so sollten Sie diese erst am Ende der Befragung erheben (→ Seite 118).
- Informieren Sie die Befragten vorab über Ihren Status und das Ziel der Umfrage („Ich bin Schüler des ...Gymnasiums und führe im Rahmen meiner Facharbeit eine Befragung zum Thema ... durch."). Sichern Sie Ihnen die Anonymität Ihrer Antworten zu.
- Akzeptieren Sie es, wenn jemand nach Ihren einleitenden Worten erklärt, nicht befragt werden zu wollen.
- Wählen Sie die Zahl der Befragten nicht zu klein. Sie benötigen, damit ihre Ergebnisse signifikant (= nicht zufällig) sind, eine statistisch ausreichende Größe der Befragtengruppe.
- Bitten Sie gegebenfalls die Sie betreuende Lehrkraft um Mithilfe bei der Erstellung des Fragenkatalogs.

Probieren Sie gegebenenfalls Ihre Fragen vor der eigentlichen Umfrage an Bekannten oder Verwandten aus.

Beispiel: Fragebogen im Fach Erdkunde zum Thema „Verkehr und Versorgung“

Mündliche Umfrage zum Einkaufsverhalten in Dudelstadt am 1.9.2012
Befragte/r Nummer: ____________________

1) Aus welcher Stadt bzw. Gemeinde kommen Sie? ____

2) Wie sind Sie zu Ihrem heutigen Einkauf in Dudelstadt angereist?
☐ zu Fuß ☐ Fahrrad ☐ Pkw ☐ Bus ☐ Bahn ☐ Sonstiges

3) Falls Sie mit dem Auto angereist sind, auf welchem Parkplatz parken Sie?
☐ Buschheide ☐ Geistergasse ☐ Rosenschanze ☐ Parkstreifen an Straße

4) Falls Sie mit dem Auto angereist sind, wie bewerten Sie die Höhe der Parkgebühren auf den Parkplätzen in Dudelstadt?

viel zu hoch	zu hoch	angemessen	zu niedrig	viel zu niedrig

5) Falls Sie mit dem Auto angereist sind, hatten Sie vor Fahrtantritt bereits Kenntnis über das kostenlose Park-and-ride-Angebot in Dudelstadt (von/bis Parkplatz Buschheide an der Autobahnabfahrt)? ☐ Ja ☐ Nein

6) Haben Sie das Park-and-ride-System heute genutzt? ☐ Ja ☐ Nein

7) Welche Waren beabsichtigen Sie bei Ihrem heutigen Einkauf in Dudelstadt zu kaufen?

Lebensmittel	Kleidung	Sonstige Textilwaren	Schuhe	Brillen/ Uhren/ Schmuck	Bücher

Radio- und Fernsehartikel	Computer	Möbel	Körperpflegeartikel/ Parfüm	Sportartikel	Reisen im Reisebüro	Sonstiges

8) Wie häufig kommen Sie nach Dudelstadt zum Einkaufen?

1 x pro Jahr	2 – 5 x pro Jahr	6 – 11 x pro Jahr	1 x im Monat	Häufiger als 1 x im Monat

9) Welche Waren haben Sie bei Ihren Einkäufen in Dudelstadt in den letzten 2 Jahren gekauft?

Lebensmittel	Kleidung	Sonstige Textilwaren	Schuhe	Brillen/ Uhren/ Schmuck	Bücher

Radio- und Fernsehartikel	Computer	Möbel	Körperpflegeartikel/ Parfüm	Sportartikel	Reisen im Reisebüro	Sonstiges

10) Geschlecht: ☐ weiblich ☐ männlich

11) Alter: ____________________

Interviews und Expertenbefragungen:

- Nehmen Sie möglichst einige Zeit vor dem geplanten Interviewtermin Kontakt mit Ihrem Interviewpartner auf. Informieren Sie diesen über Ihren Interviewwunsch und dessen Hintergrund (Thema der Facharbeit/des Referats, Stellenwert des Interviews in der Facharbeit/im Referat).
- Sprechen Sie mit Ihrem Gesprächspartner einen konkreten Termin für das Interview ab.
- Bereiten Sie sich intensiv auf das Interview vor:
  - Sie sollten dazu vorab Informationen über Ihren Gesprächspartner und alle anzusprechenden Sachaspekte einholen. Sind Sie gänzlich uninformiert, so wirken Sie als Interviewer hilflos.
  - Überlegen Sie sich vorab Ihre Fragen. Planen Sie die Gesprächsführung. Es empfiehlt sich die Anlage eines Interviewfragebogens, der Ihnen als Interviewer hilft, die Fragen gut formuliert und in der richtigen Weise zu stellen, keine Frage zu vergessen und gegebenenfalls wichtige Antwortaspekte direkt festzuhalten.
  - Kontrollieren Sie Ihr Equipment. In der Regel werden Sie das Interview mit einen Tonaufzeichnungsgerät festhalten. Überprüfen Sie vorab dessen Funktionstüchtigkeit. Denken Sie daran, ausreichend Speichermedium zur Verfügung zu haben (Kassetten, Speicherchips).
- Notieren Sie zu Beginn des Interviews Datum, Uhrzeit und Ort.
- Interviews verlangen eine intensive Zusammenarbeit zwischen Fragendem und Befragtem. Sie können prinzipiell in eher starrem Rahmen oder relativ offen geführt werden.
- In einem offen geführten Interview formulieren Sie Ihre Fragen eher unspezifisch oder geben lediglich Gesprächsimpulse. Sie nehmen sich damit als Interviewer zurück und räumen dem Interviewten große Spielräume für die Beantwortung der Fragen ein. (ein prägnantes Beispiel: die ZDF-Talkshow *Johannes B. Kerner*)
- Offen geführte Interviews bieten vielfältige Chancen, interessante und überraschende Informationen zu erhalten. Zudem sind diese auch für Sie als Interviewer spannend. Sie müssen hier jedoch in jedem Fall die Möglichkeit einer Tondokumentation nutzen, da eine direkte Mitschrift nicht möglich ist.
- Zudem erfordert diese Interviewvariante vom Interviewer ein hohes Maß an Flexibilität und Reaktionsvermögen. Nur so nämlich kann man direkt auf überraschende neue Informationen reagieren und diese durch gezieltes Nachfragen konkretisieren.
- Sie sollten sich auch darauf einstellen, dass manche Interviewpartner dazu neigen, abzuschweifen. Überlegen Sie bereits vor Beginn des Interviews Strategien, mit deren Hilfe Sie den Interviewpartner wieder an die gestellte Frage heranführen. Diese könnten sein: Wiederholung der gestellten Frage; Umformulieren der gestellten Frage unter Aufgreifen eines vom Gesprächspartner geäußerten Gedankens; Zurückführen auf den Kern der Frage, indem man bestimmte mit der Frage zusammenhängende Daten, Fakten

usw. nennt, die man zuvor gelesen hat, und um eine konkrete Stellungnahme zu diesen Daten, Fakten usw. bittet.

- Einfacher zu führen, zu protokollieren und auszuwerten sind hingegen Interviews, bei denen die Fragen enger formuliert sind. Dies ist z. B. bei den sogenannten W-Fragen der Fall (welche …? Wann …? Wo …? usw.). Allerdings haben diese Fragen den Nachteil, dass die Informationsbreite in dem Maße abnimmt, wie die Fragestellung eingeengt wird. Wollen Sie allerdings präzise, auch quantitativ auswertbare Informationen erhalten, sollten Sie eine enge Fragestellung wählen. Doch sollten Sie die Einengung auch nicht übertreiben, da das Interview ansonsten den Charakter eines Polizeiverhöres annehmen könnte.
- Interviews sind nicht immer einfach zu führen. Ihre Interviewpartner können vom Thema abschweifen (siehe oben). Sie können aber auch durch die gestellten Fragen emotional aufgewühlt werden. Dies kann z. B. bei Interviews mit Zeitzeugen der Fall sein. Stellen Sie sich auf solche Situationen ein und überlegen Sie sich, wie Sie gegebenenfalls reagieren können.
- Achten Sie auf den Schutz der Persönlichkeitsrechte der Interviewten. Das Mitlaufenlassen eines Kassettenrekorders oder Diktiergerätes während des Interviews müssen Sie sich von Ihrem Interviewpartner genehmigen lassen. Auch müssen Zitate aus Interviewauszügen in Ihrer Arbeit mit einer Nennung des Namens der interviewten Person versehen werden.
- Die Tondokumente Ihrer Interviews müssen Sie im Original aufbewahren, um sie gegebenenfalls als Beleg für Ihre Darstellung zur Hand zu haben.
- Machen Sie eventuell auch Fotos von Ihrem Interviewpartner.
- Bei der Auswertung von Interviews müssen Sie den gesprochenen Text in die Schriftform überführen. Dabei gilt:
  - Sie können Auszüge aus Interviews wörtlich oder sinngemäß in den Text Ihrer Facharbeit/Ihres Referats einbringen.
  - Zitate aus Interviews sollten durch eine entsprechende Anmerkung als solche kenntlich gemacht werden.
  - Wörtliche Zitate aus Interviews werden in gleicher Weise aufgeführt wie direkte Zitate aus Textquellen (→ Seite 86 ff.). Allerdings muss zusätzlich der Name des jeweils Sprechenden angegeben werden, um so klar zwischen Fragendem und Interviewtem zu unterscheiden.
  - Aus der Gesprächsführung resultierende Besonderheiten (z. B. Pausen, Wiederholungen, Gesten usw.) sollten Sie gegebenenfalls kursiv und in Klammern in ein wörtliches Zitat einfügen.

- In Interviews werden aber auch größere Passagen enthalten sein, die Sie nicht wörtlich zitieren. Wollen Sie diese in geraffter, zusammengefasster Form in Ihre Arbeit einbringen, so gelten hierfür die Regeln für indirekte Zitate (→ Seite 96 ff.).
- Als Quelle wird der Name des Interviewten sowie das Datum des Interviews angegeben. Beim naturwissenschaftlichen Belegverfahren reicht der Kurzbeleg aus (Beispiel: *Interview mit WAHLBRINCK 2013*).
- Das Interview muss auch im Quellenverzeichnis aufgeführt werden (unter Sonstige Quellen; → Beispiel Seite 103, ⑪).

- In Facharbeiten können Sie den vollständigen Text des Interviews im Anhang abdrucken oder auch der Arbeit eine Kopie Ihres Tonmitschnittes beifügen.

Für Begehungen und Erkundungen gilt

- Auch hier müssen ähnlich wie beim Interview vorab genaue Absprachen mit dem zu erkundenden Betrieb getroffen werden (→ Seite 119).
- Zur Dokumentation wird hier neben Papier (z. B. auf einem Klemmbrett) oder Ihrem Forscherheft vor allem auch eine Kamera oder ein Camcorder benötigt.
- Wichtig ist: Die Genehmigung zur Nutzung der aufgenommenen Bilddokumente muss beim Betriebsführer oder einer anderen entscheidungsberechtigten Person eingeholt werden.
- In die Begehung/Erkundung können Kurzinterviews mit wichtigen Personen eingebettet sein. Diese werden aber meist nicht per Tonrekorder, sondern schriftlich festgehalten.

Bei Kartierungen ist zu beachten

- Benötigt wird eine entsprechende Kartengrundlage (Katasterplan, DGK 5, Karte des zu kartierenden Waldareals usw.).
- Um Kartierungsergebnisse im Gelände festhalten zu können, wird eine feste Schreibunterlage benötigt (z. B. ein Klemmbrett).
- Um sich mit den räumlichen Gegebenheiten vertraut zu machen, sollten Sie die zu kartierende Region vor Kartierungsbeginn begehen.
- Entwickeln Sie ein Kartierungsprotokollblatt. Hier sollten unter anderem die genaue Lagebezeichnung des jeweils kartierten Objektes und dessen kartierte Kennzeichen/Eigenschaften vermerkt werden. Erst nach Abschluss der Kartierung können dann die Informationen aus den Kartierungsprotokollblättern in die Kartengrundlage übertragen werden.
- Kartierungen können mit einer Begehung und Befragung kombiniert werden (z. B. Befragung von Geschäftsinhabern zur Miethöhe; Erfassung der Verkaufsausrichtung der Geschäfte bei einer Begehung – beides wird dann kombiniert in dieselbe Karte eingetragen).

- Notieren Sie neben den ermittelten Kartierungsergebnissen auch Besonderheiten, Auffälligkeiten und Probleme, die Ihnen im Verlauf der Kartierung unterkommen.
- Widrige Witterungseinflüsse können Kartierungen verzögern. Planen Sie also ausreichend Zeitreserven ein.
- Schreiben Sie mit einem wischfesten Stift.
- Auch für Kartierungen benötigen Sie unter Umständen eine Genehmigung (auf einem Firmengelände, in Aufforstungsregionen usw.).

Für die Archivarbeit gilt

- Beachten Sie, dass Archive teilweise recht „unübliche“ Öffnungszeiten haben.
- In einigen Archiven muss man sich vorab anmelden und gegebenenfalls auch eine Bescheinigung der Schule als „Arbeitsberechtigung“ mitbringen.
- Archive sind häufig anders strukturiert als Büchereien. Lassen Sie sich daher von einem Archivmitarbeiter in den Aufbau und die Suchstruktur des Archivs einweisen.

8.4 Aufbereitung und Darstellung der Ergebnisse

Haben Sie die Forschungsarbeit abgeschlossen, liegen Ihnen eine Fülle sogenannter Rohdaten vor. Sie müssen diese Rohdaten nun
- ordnen und zusammenfassen;
- auswerten, interpretieren und bewerten;
- darstellen und präsentieren.

Die Auswertung, Interpretation und Bewertung Ihrer Arbeitsergebnisse wird je nach konkreter Forschungsarbeit sehr unterschiedlich aussehen. Generell aber gilt:
- Nehmen Sie in Ihrer Ergebnisanalyse auf die Ausgangsfrage, das Ausgangsproblem oder die Ausgangshypothese Bezug. Welche Antwort liefern die Forschungsergebnisse für Ihre Ausgangsfrage? Ermöglichen sie es, das Ausgangsproblem zu lösen? Wurde Ihre Ausgangshypothese bestätigt oder wurde sie widerlegt? …
- Überprüfen Sie anhand Ihrer Ergebnisse, inwieweit Sie das Ziel Ihrer Forschungsarbeit erreicht haben.
- Ordnen Sie die Ergebnisse Ihrer Forschung in den Gesamtrahmen der wissenschaftlichen Forschung ein, das heißt vergleichen Sie Ihre Ergebnisse mit den in der Literatur dokumentierten allgemeinen Angaben, Vergleichsdaten usw.

Die anschauliche Darstellung der Forschungsergebnisse setzt deren intensive Auswertung, Strukturierung und Zusammenfassung voraus. Zur Darstellung stehen folgende Formen zur Verfügung:
- Text
- Tabelle
- Grafik

- kartografische Darstellung
- Skizze, Foto oder eine andere Form von Abbildung

Doch Achtung: Tabellen, Grafiken und sonstige Abbildungen ergänzen Ihre Ergebnisauswertung, können sie aber nicht ersetzen. Das heißt: es genügt nicht, sie abzudrucken, die Inhalte müssen in jedem Fall im dazugehörigen Text beschrieben, interpretiert und bewertet werden.

Tabellen

Tabellen bieten den Vorteil, die darin enthaltenen Daten exakt ablesen zu können. Außerdem können auch uneinheitliche Datensätze in einer Tabelle zusammengefasst werden. Auf der anderen Seite ist die Anschaulichkeit einer Tabelle eher gering. Tabellen mit relativ großen Datenmengen wirken schnell unübersichtlich.
Bei der Erstellung von Tabellen muss man Folgendes beachten:

- Die Rohdaten müssen in der Regel zusammengefasst werden, um die Datenmengen auf ein tabellengerechtes Maß zu reduzieren.
- Es können absolute Werte (z. B. Anzahl, °C) wie auch Prozentwerte oder Indexwerte dargestellt werden.
- Der besseren Lesbarkeit wegen sollte, falls von der Sache her vertretbar, auf die Darstellung von Zahlen mit drei oder vier Kommastellen verzichtet werden.
- Alle Tabellen einer Arbeit werden entsprechend ihrer Reihenfolge nummeriert. Die Tabellennummer wird dabei stets mit dem Zusatz „Tab." versehen (also Tab. 1, Tab. 2, Tab. 3 …).
- Nach der Tabellennummer wird die Tabellenüberschrift aufgeführt. Diese sollte in knapper, doch prägnanter Form den Tabelleninhalt, gegebenenfalls den Bezugsraum und den Bezugszeitpunkt bezeichnen.
- Jede Tabelle muss eine knappe, aber aussagkräftige Beschriftung ihrer Spalten und Zeilen enthalten.
- Die Einheit(en) der dargestellten Daten müssen klar angegeben werden (z. B. kg, °C, Personen). Dies kann in der Überschrift oder in der jeweiligen Spalte bzw. Zeile geschehen.
- Tabellen sollten leserfreundlich gestaltet werden:
  - Zahlen und Beschriftungen nicht zu klein setzen. Günstig ist die gleiche Schriftgröße wie im Text der Arbeit, doch ist auch eine geringfügig kleinere Schrifttype zulässig.
  - Beschriftungen nur horizontal
  - Spaltenüberschriften gegebenenfalls in Fettdruck
- Unter jeder Tabelle muss die Datenquelle vermerkt werden. Haben Sie in der Tabelle Fremddaten verarbeitet, so wird die jeweilige Fremdquelle mit dem Zusatz „Quelle(n):" angegeben (Beispiel: Quelle: STATISTISCHES BUNDESAMT 2005, S. 11). Haben Sie in der Tabelle nur selbst erhobene Daten aufgeführt, so lautet die Quellenangabe: „Quelle: eigene Messungen" oder „Quelle: eigene Erhebungen".

- Die Quellenangabe wird in der Regel in kleinerer Schrifttype geschrieben.
- Die Tabelle wird vom laufenden Text durch eine Leerzeile zwischen Text und Tabellenüberschrift bzw. zwischen Quellenangabe und Text abgesetzt.
- Im Text wird auf eine Tabelle durch Nennung der jeweiligen Tabellennummer verwiesen. Beispiel: „[…] deutlich zugenommen (Tab. 3). Daher […]“ Möglich aber nicht notwendig ist der Zusatz „siehe“ bzw. „→“ (also: siehe Tab. 3, → Tab. 3).
- Viele Textverarbeitungsprogramme enthalten Tools zum Erstellen von Tabellen.

Beispiel: Tabellarische Darstellungen

Tab.1: Die Wassertemperaturen im Haddorfer See (Gemeinde Neuenkirchen) gemessen am 26. 3. und 8. 8. 1979 in der Seemitte (in °C)

	Wassertiefe (in m)									
	0,5	**1**	**2**	**3**	**4**	**5**	**6**	**7**	**8**	**9**
26. 03. 1979	2,6	2,6	2,6	2,6	2,6	2,6	2,7	2,7	2,7	2,7
08. 08. 1979	19,2	18,9	18,5	18,1	17,8	17,5	17,3	13,5	13,3	13,0

Quelle: eigene Messungen

Tab.2: Eine Übersicht über die wichtigsten Diagrammarten und deren Nutzungsbereich

bevorzugt zu wählende Diagrammart → darzustellende Information ↓	**Kurvendiagramm**	**Säulen- oder Balkendiagramm**	**gestapeltes Säulendiagramm**	**Kreissektorendiagramm**	**Flächendiagramm**
umfangreichere durchgängige Datenreihen mit absoluten Werten/Indexwerten	✓				
weniger umfangreiche oder unterbrochene Datenreihen mit absoluten Werten		✓			
miteinander zu vergleichende Einzeldaten		✓			
miteinander zu vergleichende Datenreihen	✓	✓			
Entwicklungsreihen	✓				
kombinierte Datenreihen aus zusammenhängenden absoluten Werten					✓
durchgängige Datenreihen von Prozentwerten					✓
prozentuale Anteile eines Ganzen			✓	✓	
prozentuale Zusammensetzung verschiedener Mengen in Ge genüberstellung			✓	✓	✓

Quelle: eigener Entwurf

Abbildungen

Grafiken, Karten, Skizzen und Bilder werden unter dem Oberbegriff *Abbildungen* zusammengefasst.

Abbildungen dienen der Veranschaulichung (Visualisierung) von Informationen. Zudem haben sie weitere Funktionen: Sie lockern den Text auf, setzen ästhetische Marken. Doch Vorsicht: Abbildungen nur zur Auflockerung einzubringen ist unzulässig. Stets muss die Übermittlung von Informationen erste Priorität haben. Einzige Ausnahme: „Eyecatcher" auf dem Deckblatt einer Facharbeit oder der ersten Folie in einem Referat (→ Seite 138 und 173).

Für alle Abbildungen gilt:

- Alle Abbildungen werden entsprechend ihrer Reihenfolge in der Arbeit nummeriert. Die Nummer wird dabei immer mit dem Zusatz „Abb." versehen (also: Abb. 1, Abb. 2, Abb. 3 …). Bei der Nummerierung wird nicht zwischen Grafiken, Karten, Skizzen oder Bildern unterschieden.
- Nach der Abbildungsnummer wird die Abbildungsunterschrift aufgeführt. Diese sollte in knapper, doch prägnanter Form den Inhalt der Abbildung, gegebenenfalls den Bezugsraum und den Bezugszeitpunkt bezeichnen.
- Abbildungen leserfreundlich gestalten:
  - Die Abbildung darf nicht zu klein sein.
  - Auch Beschriftungen müssen in lesbarer Größe gesetzt werden.
  - Die Qualität (vor allem bei Bildern und Karten) muss ausreichend sein. Auf eine verwaschene, schemenhafte Abbildung sollte man verzichten.
  - Bei Grafiken und Karten darf die verwandte Farbpalette nicht zu groß sein. Bunt wirkt oft unseriös! Man sollte darauf achten, dass alle verwendeten Farben klar voneinander zu unterscheiden sind.
  - Klar aufgebaute Abbildungen eignen sich gut zur Visualisierung von Informationen, unstrukturierte Abbildungen sind dagegen für den Leser ein Ärgernis.
- Unter jeder Abbildung muss die Datenquelle vermerkt werden. Haben Sie in der Abbildung Fremddaten verarbeitet, so wird die jeweilige Fremdquelle mit dem Zusatz „Quelle:" angegeben (Beispiel: „Quelle: MUCKELMANN 2006, S. 79"). Haben Sie die in der Grafik genutzten Daten selbst erhoben, so lautet die Quellenangabe: „Quelle: eigene Messungen" oder „Quelle: eigene Erhebung". Bei Fotos lautet sie „Quelle: eigene Aufnahme", bei Skizzen „Quelle: eigener Entwurf". Eventuell wird hier das Datum der Aufnahme hinzugefügt.
- Die Quellenangabe wird in deutlich kleinerer Schrifttype geschrieben.
- Sie wird unter der Abbildungsunterschrift aufgeführt oder in die Abbildung integriert.

- Die Abbildung wird vom Text durch eine Leerzeile zwischen Text und Abbildung bzw. zwischen Abbildungsunterschrift (Quellenangabe) und Text abgesetzt.
- Im Text wird auf eine Abbildung durch Nennung der Abbildungsnummer verwiesen. Beispiel: „[…] einen Anstieg um rund 30 % (Abb. 7). Daher […]" Möglich, aber nicht notwendig ist der Zusatz „siehe" bzw. „→" (also: siehe Abb. 7, → Abb. 7).

Beispiel: Abbildung

Abb. 1: Tropische Vegetation im *Burgers' Bush* (Burgers Zoo Arnheim)
Quelle: eigene Aufnahme vom 31. März 2007

Textverarbeitungs- und Tabellenkalkulationsprogramme bieten meist einfach zu bedienende Tools zur Erstellung von Diagrammen. Dabei sollte man generell wie folgt vorgehen:

- Überlegung: Was will man dem Leser mithilfe des Diagramms mitteilen? (= Kommunikationsabsicht)
- Festlegen des Diagrammthemas (Diagramminhalt + Raumbezug + Zeitbezug)
- Auswahl der darzustellenden Elemente
- Wahl der geeigneten Diagrammart (→ Seite 124, Tab. 2).
- Sichten und Ordnen der zu verarbeitenden Daten (erfassen: Höchst-/Tiefstwerte, zeitliche Datenabfolge, auszuklammernde Werte usw.)
- Festlegen der Skalierung und der Skalenbeschriftung (Einheiten nicht vergessen)
- Festlegen der Gestaltung von Signaturen, Farben, Linien usw.
- gegebenenfalls Erstellen einer Legende (Achtung: Einheiten angeben!)
- korrekte Beschriftung des Diagramms (Abbildungsnummer, Unterschrift, Quelle)

Beispiel: Grafische Darstellung von Forschungsergebnissen

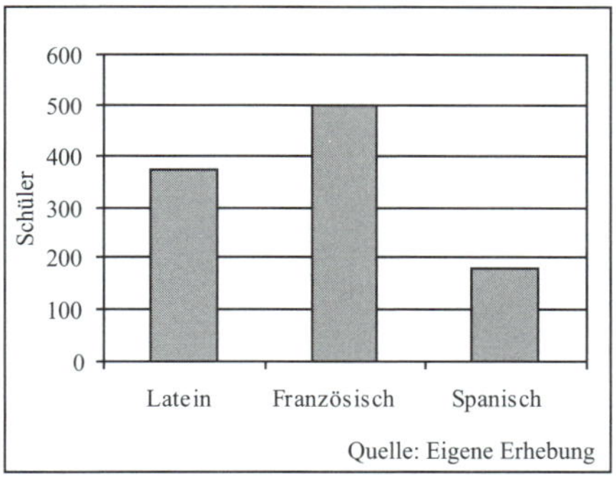

Abb. 2: Die Verteilung der „Zweitsprache“ am Rufus-Gymnasium in Berlin Schuljahr 2007/08

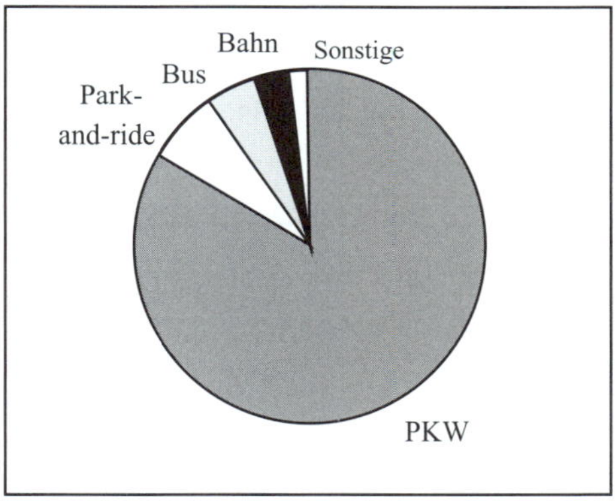

Abb. 3: Anreise der Kunden des Kaufhauses Nubbelberg (in Dudelstadt) am 1. 4. 2007; Quelle: eigene Erhebung; Zahl der befragten Kunden: 122

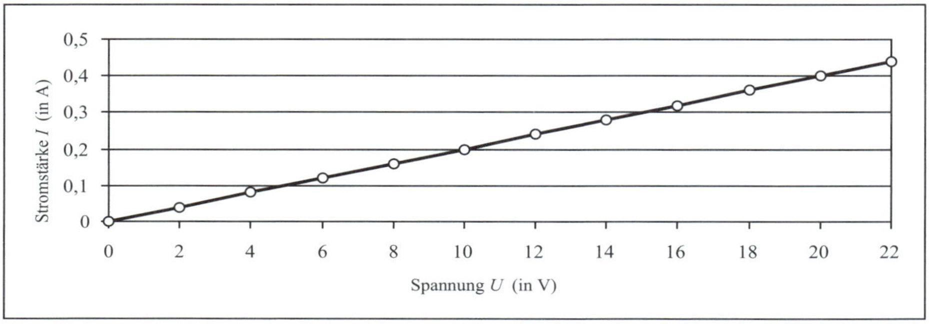

Abb. 4: Ergebnisse der Stromstärkemessung bei verschiedenen angelegten Spannungen (Konstantan-Draht der Länge 0,75 m mit 0,1 mm Durchmesser) Quellen: eigene Messungen; ergänzt aus DORN 2002, S. 124

9 Die Facharbeit

9.1 Bestandteile

Eine Facharbeit besteht aus drei Teilen:

- Den **Präliminarien** (lat. = Vorbereitung, Einleitung). Hierzu gehören
  - Deckblatt
  - Titelblatt
  - Inhaltsverzeichnis
  - gegebenenfalls Abbildungsverzeichnis
  - gegebenenfalls Tabellenverzeichnis
  - gegebenenfalls Abkürzungsverzeichnis
- Dem eigentlichen **Textteil** mit
  - Einleitung
  - Hauptteil
  - Schlussteil
- Dem **Anhangsteil** mit
  - gegebenenfalls Endnoten
  - gegebenenfalls Glossar
  - Literatur- und Quellenverzeichnis
  - Schlusserklärung
  - gegebenenfalls Anhang

Bevor nun im Folgenden die Bausteine einer Facharbeit einzeln vorgestellt werden, einige Worte zum Grundgerüst einer solchen Arbeit, der Gliederung.

9.2 Gliederung

Ziel der Gliederung einer Facharbeit ist es,

- in die Fülle der dokumentierten Informationen einen roten Faden einzuziehen;
- eine logische Abfolge der dargestellten Inhalte herzustellen;
- dem Leser die Erfassung der Arbeitsstruktur und eine rasche Orientierung in der Facharbeit zu ermöglichen.

Ohne Gliederung wäre die Facharbeit in vielen Fällen nicht mehr als eine konfuse Anhäufung von Einzelinformationen, durch die sich der Leser mühsam hindurcharbeiten müsste.

Bereits nach einer ersten inhaltlichen Kontaktaufnahme mit Ihrem Thema können Sie einen Gliederungsentwurf skizzieren (→ Seite 71). Dieser wird dann fortlaufend dem jeweiligen Arbeitsstand angepasst, ergänzt und falls notwendig umstrukturiert.

Jede Facharbeit ist anders. Daher lässt sich das Vorgehen beim Erstellen einer Gliederung nur schwer standardisieren. Zentral ist, dass

- Sie den roten Faden Ihrer Facharbeit in der Gliederung deutlich herausstellen,
- die Gliederung logisch ist und keine Brüche, Sprünge oder Umkehrungen enthält.

Bei der Konzeption Ihrer Gliederung kann eines der folgenden **Gliederungsprinzipien** als Leitfaden dienen:

- Das *chronologische Prinzip*. Leitprinzip der Gliederung ist hier die zeitliche Abfolge der Ereignisse.
- Das *analytische Prinzip*. Hier wird zunächst ein Tatbestand/Ereignis/Faktum beschrieben bzw. vorgestellt. Dann werden dessen innere Struktur und Ursachenzusammenhänge herausgearbeitet und dessen Bedeutung bzw. Folgen erläutert und bewertet. (→ Seite 132)
- Das *deduktive Prinzip*. Zunächst wird ein allgemeiner Rahmen/ein Prinzip/eine Gesetzmäßigkeit dargestellt. Dann werden konkrete Fallbeispiele/Ereignisse/Beobachtungen aufgezeigt und begründet in den allgemeinen Rahmen eingeordnet.
  Geht man umgekehrt vor, so wird dies als *induktives Prinzip* bezeichnet.
- Das *vergleichende Prinzip*. Hier werden Ereignisse/Fakten/Texte anhand bestimmter Leitaspekte miteinander verglichen. Der Vergleich dient dazu, Gemeinsamkeiten und Unterschiede herauszustellen und das Ereignis, die Fakten oder den Text in eine Kategorie bzw. Klasse einzuordnen.
- Facharbeiten, die im Wesentlichen auf eigenen Forschungen basieren, weisen meist folgende typische Gliederungsstruktur auf (→ Beispiel Seite 142):
  - Einordnung der Forschungsarbeit in den wissenschaftlichen oder gesellschaftlichen Kontext
  - Vorstellen des Forschungsziels
  - Erläuterung des Forschungsansatzes
  - Darstellung der Forschungsmethoden und Forschungsdurchführung
  - Dokumentation, Auswertung und Interpretation der Forschungsergebnisse
  - Erläuterung der aus den Ergebnissen abzuleitenden Folgerungen bzw. kritische Einordnung der Ergebnisse in den derzeitigen fachlichen Wissensstand oder Ausblick auf weitergehende Fragestellungen, die sich aus den Forschungsergebnissen ergeben haben.

Unter Umständen wird Ihre Gliederung nicht zur Gänze einem der obigen Prinzipien entsprechen, sondern Elemente verschiedener Gliederungsprinzipien enthalten (→ Seite 132).

Was in Ihrer Gliederung steht, wird logischerweise vom konkreten Thema Ihrer Arbeit bestimmt. *Wie* Sie die Gliederung formal gestalten, dafür gibt es hingegen einige bindende Vorschriften.

Doch auch hier gilt: Für verschiedene Gestaltungselemente existieren zwei oder mehr gängige Alternativen. Bevor Sie die Gliederung Ihrer Facharbeit endgültig festlegen, sollten Sie daher die Sie betreuende Lehrerkraft nach der von ihr favorisierten Variante befragen.

Wichtige formale Aspekte der Gliederung sind:

Gliederungsebenen

Eine Gliederung ist wie eine große Schachtel aufgebaut, in der mehrere kleine Schachteln stecken, in denen wiederum jeweils weitere noch kleinere Schachteln enthalten sind.
Formal findet dies in den verschiedenen Ebenen der Gliederung seinen Ausdruck:

- Oberste Ebene ist die Ebene der Kapitel.
- Jedes Kapitel kann in Unterkapitel (Abschnitte) untergliedert werden. Diese bilden die zweite Gliederungsebene.
- Die Unterkapitel können ihrerseits in Unter-Unterkapitel unterteilt werden, die dann die dritte Gliederungsebene darstellen.

Sie sollten in Ihrer Gliederung nicht über diese dritte Gliederungsebene hinausgehen. Meist reicht es sogar aus, die Gliederung bis zur zweiten Ebene zu verfeinern. Eine kleinschrittige Gliederung erreicht das Gegenteil von dem, was erreicht werden soll: Sie wirkt verwirrend statt übersichtlich, deckt die Strukturen der Arbeit zu, statt sie herauszustellen.
Zudem gilt:

- Zu jedem Gliederungspunkt sollte mindestens eine halbe Seite Text vorliegen.
- Wer A sagt, muss auch B sagen! Ein Kapitel darf nur in *mindestens zwei* Unterkapitel untergliedert werden. Eine Untergliederung mit nur einem Unterkapitel ist unzulässig. Ebenso müssen bei Untergliederung eines Unterkapitels *mindestens zwei* Unter-Unterkapitel vorhanden sein.

Überschriften

Jedes Kapitel, Unterkapitel und Unter-Unterkapitel Ihrer Facharbeit erhält eine eigene Überschrift. Für diese Überschriften gilt:

- Eine Überschrift muss den Inhalt des zugehörigen Gliederungspunktes eindeutig zusammenfassen.
- Sie muss knapp und prägnant sein.
- Nach Überschriften steht kein Punkt.
- Alle Überschriften einer Facharbeit sollten im gleichen Stil abgefasst werden.
- Besonders geeignet ist hier der Nominalstil (= ein Stil, der Substantive bevorzugt). Beispiele: *Ergebnisse der Temperaturmessungen* oder *Probleme Namibias in den 90er- Jahren* (⟶ Seite 132).
- Bedingt geeignet ist der Verbalstil. Beispiele: *Ergebnisse, die ich bei meinen Temperaturmessungen erhalten habe* oder *Vielfältige Probleme bestimmen Namibia in den 90er- Jahren des 20. Jahrhunderts*

- Weniger geeignet, weil zu wenig prägnant und als Stil nicht für die ganze Facharbeit durchzuhalten, ist der Interrogativstil (= Fragestil). Beispiele: *Welche Ergebnisse habe ich bei meinen Temperaturmessungen erhalten? oder Welche Probleme hatte Namibia in den 90er-Jahren des 20. Jahrhunderts?*
- Überschriften von Unterkapiteln dürfen keine Wiederholung der Kapitelüberschrift sein (also **nicht**: Kapitelüberschrift: *Goethe und Schiller* – Unterkapitel 1: *Goethe* – Unterkapitel 2: *Schiller*).
- Allgemeine, nichtssagende Formulierungen sind zu vermeiden (also **nicht**: *Tabellarische Übersicht* oder *Allgemeine Lage* oder *Schlussteil*).

Nummerierung

Um die Übersichtlichkeit der Gliederung zu erhöhen und Querverweise auf einzelne Gliederungspunkte im Text zu erleichtern, werden alle Gliederungspunkte nummeriert. Dies kann entweder in Form einer numerischen Gliederung oder in Form einer alphanumerischen Gliederung geschehen.

Für die *numerische Gliederung* (dezimale Gliederung/dekadische Gliederung) gilt:

- Die Kapitel werden fortlaufend durchnummeriert, beginnend mit 1 (Beispiel: 1, 2, 3 usw.)
- Die Unterkapitel eines jeden Kapitels werden gleichfalls fortlaufend durchnummeriert; jede Unterkapitelnummer besteht dabei aus der Kapitelnummer, danach einem Punkt und der Nummer des Unterkapitels (Beispiel: 1.1, 1.2, 1.3 bzw. 2.1, 2.2, 2.3, 2.4 usw.).
- Die Nummerierung der Unter-Unterkapitel erfolgt nach dem gleichen Schema (Beispiel: 1.2.1, 1.2.2, 1.2.3 usw.).
- Hinter der letzten Ziffer steht kein Punkt.

Typische Beispiele numerischer Gliederungen finden Sie auf den → Seiten 132 und 142.

Bei der *alpha-numerischen Gliederung* (gemischte Gliederung) werden Buchstaben und Zahlen als Gliederungshilfen eingesetzt. Hierbei gelangen Groß- und Kleinbuchstaben sowie römische und arabische Ziffern zur Anwendung. Eine mögliche Variante der alphanumerischen Gliederung ist die folgende:

- Die Teile der Facharbeit erhalten lateinische Großbuchstaben. Hinter diese wird ein Punkt gesetzt. Beispiel: A. B. C. usw.
- Kapitel erhalten fortlaufende römische Zahlen. Hinter diese Zahlen wird ein Punkt gesetzt. Beispiel: I. II. III. usw.
- Die Unterkapitel erhalten arabische Zahlen. Hinter diese Zahlen wird ein Punkt gesetzt. Beispiel: 1. 2. 3. usw.
- Die Unter-Unterkapitel erhalten lateinische Kleinbuchstaben. Hinter diese wird ein Punkt oder eine Klammer gesetzt (Beispiel: a. b. c. oder a) b) c) usw.).

Ein typisches Beispiel einer alpha-numerischen Gliederung ist auf → Seite 143 dargestellt.

Beispiel: Gliederungsprinzipien

Autorin: Lena Anna Castrup

Facharbeitsthema:

Analyse der Stücke „Habanera“ und „Seguidilla“ aus der Oper „Carmen“ von Georges Bizet im gleichnamigen Film „Carmen“ von Carlos Saura in Bezug auf die tänzerische Umsetzung und die Funktion der jeweiligen Szenen.

Gliederung:

1 Mein Weg zum Facharbeitsthema
2 „Carmen“ – Die Oper
2.1 Inhalt der Oper
2.2 Musikalische Analysen
2.2.1 Musikalische Analyse der „Habanera“
2.2.2 Musikalische Analyse der „Seguidilla“
3 „Carmen“ – Der Film
3.1 Inhalt des Films
3.2 Analysen der Tänze
3.2.1 Analyse der „Habanera“
3.2.2 Analyse der „Seguidilla“
3.3 Analysen der Szenenfunktionen
3.3.1 Die Szenenfunktion der „Habanera“
3.3.2 Die Szenenfunktion der „Seguidilla“
4 Persönliche Stellungnahme

Beispiel einer Gliederung unter Anwendung des analytischen Gliederungsprinzips (den vollständigen Text dieser Facharbeit finden Sie in Kapitel 11)

Autorin: Christina Uhlenbrock

Facharbeitsthema: Tanz als Therapie?

Gliederung:

1 Zielsetzung der Arbeit und Begründung der Wahl des Themas
1.1 Ziel der Facharbeit
1.2 Persönliche Motive der Themenwahl
1.3 Materiallage
2 Historischer Abriss der Tanztherapie
3 Konzept der Tanztherapie
4 Akteure der Tanztherapie
4.1 Patienten und Institutionen
4.2 Therapeuten
5 Genereller Verlauf und Dauer der Tanztherapie
6 Aufbau einer Therapiesitzung
7 Exemplarische Darstellung der Methodik der Tanztherapie
7.1 Die Patientengruppe der autistischen Kinder
7.2 Der methodische Ansatz dargestellt am Beispiel des „Spiegelns“
8 Erfolge und Ergebnisse der Tanztherapie
9 Sinn oder Unsinn der Tanztherapie

Beispiel einer Gliederung, die Elemente des analytischen und des deduktiven Gliederungsprinzips enthält (den vollständigen Text dieser Facharbeit finden Sie in Kapitel 11)

Gliederung und Inhaltsverzeichnis

- Die endgültige Gliederung Ihrer Facharbeit ist im Inhaltsverzeichnis dokumentiert.
- Hier sind alle Gliederungsüberschriften und deren Nummerierung aufgeführt.

Genaueres zum Inhaltsverzeichnis finden Sie auf Seite 140 f.

Gliederung und Text der Facharbeit

- Alle Überschriften der Gliederung müssen auch im Text der Facharbeit auftauchen.
- Wichtig: Nummerierung und Überschrift eines Kapitels im Inhaltsverzeichnis muss absolut identisch mit der Nummerierung und Überschrift desselben Kapitels im laufenden Facharbeitstext sein.
- Die Überschrift wird dem zugehörigen Textabschnitt vorangestellt. ①
- Sie wird immer linksbündig gesetzt.
- Idealerweise sollte zwischen Überschrift und vorausgehendem Text ein größerer Abstand sein als zwischen Überschrift und nachfolgendem Text. ④
- Überschriften müssen optisch hervorgehoben werden: Es ist üblich, alle Überschriften fett zu drucken. Auch werden Sie meist größer gesetzt als der laufende Text: Bei einer Text-Schriftgröße von 12 pt, werden die Kapitelüberschriften in etwa 16 pt, die Unterkapitelüberschriften in 14 pt und die Überschriften der Unter-Unterkapitel in 13 oder 12 pt gesetzt. ① ③)
- Eine Unterstreichung von Überschriften ist unüblich.
- Kapitelüberschrift und Unterkapitelüberschrift können ohne Zwischentext direkt aufeinanderfolgen ②. Es kann zwischen beiden aber auch ein überleitender Zwischentext ohne Überschrift stehen.
- Jedes Kapitel sollte auf einer neuen Seite begonnen werden.
- Eine Überschrift darf niemals als Letztes unten auf einer Seite stehen. Es müssen ihr mindestens zwei bis drei Zeilen Text auf der gleichen Seite folgen.
- Werden Textteile eines Abschnitts aus Platzgründen auf die nachfolgende Seite gesetzt, so müssen dies *mindestens zwei* Zeilen Text sein.

Beispiel: Numerische Gliederung im Textteil einer Facharbeit

2 Der Untersuchungsraum ①

②

2.1 Das Münsterland ③

Die untersuchten Baggerseen liegen nördlich von Haddorf bzw. westlich von Neuenkirchen im nördlichen Westmünsterland, dem sogenannten Bentheim-Ochtuper Land. Das Westmünsterland ist Teil der Westfälischen Bucht, dem mit rund 9000 km² zweitgrößten natürlichen Großraum Westfalens. Die Westfälische Bucht schließlich stellt eine Ausbuchtung der Norddeutschen Tiefebene dar (siehe Karte im Anhang).
Geologisch gesehen ist die Westfälische Bucht ein flaches Becken, das fast ausschließlich von Ablagerungen der Oberkreide ausgefüllt wird. Sie wird deshalb auch als Münsterländer Kreide-Becken bezeichnet (GEOLOGISCHES LANDESAMT NRW 1995, S. 12). An vielen Stellen überdecken jedoch eiszeitliche Ablagerungen den Kreidekern. Es handelt sich dabei um Eisablagerungen (End- und Grundmoränen), Schmelzwasserablagerungen (Sande; Kiese unter anderem) und Windablagerungen (Dünen, Löß), die während der Saale-Eiszeit vor ca. 250 000 – 200 000 Jahren entstanden, heute jedoch bereits wieder in Teilen durch Flusswasser verlagert worden sind (vergleiche SKUPIN/STAUDE 1995, S. 74 ff.).

④

2.2 Der Münsterländer Kiessandzug

Eine dieser saaleeiszeitlichen Ablagerungen ist der Münsterländer Kiessandzug. Er zieht sich aus dem Raum westlich von Rheine (Haddorf) als mehrfach unterbrochene Hügelkette über Neuenkirchen und Albersloh bis in den Raum Ennigerloh. Seine Länge beträgt rund 70 km. Sein Breite schwankt zwischen 300 m und etwa 1000 m. Die Höhe des Kiessandzuges über Gelände beträgt oft nur wenige Meter, liegt aber zum Teil auch bei Werten von 10 – 17 m. (DOLEZALEK 1978, S. 18 ff.)
Aufgebaut ist der Kiessandzug aus geschichteten groben Sanden und Kiesen. Dieser Aufbau lässt auf eine Entstehung durch die Arbeit eiszeitlicher Schmelzwässer schließen (MÜLLER-WILLE 1966; SCHNEIDER 1964).
Die Sande und Kiese des Münsterländer Kiessandzug werden bereits seit Jahrhunderten zur „Deckung des örtlichen Bedarfs an Bausanden und Baukies [...] genutzt. Neben zahlreicheren kleinen Abbaustellen haben sich Schwerpunkte des Sand- und Kiesabbaus entwickelt [...]" (SKUPIN 1995b, S. 138). Einer dieser Schwerpunkte befindet sich im Großraum Rheine-Neuenkirchen. Als Folge der Entnahme von Sand und Kies sind hier eine Reihe von Baggerseen entstanden.

Numerische Gliederung

9.3 Formale Gestaltung und Layout

Beim Rohentwurf Ihrer Facharbeit war es noch unerheblich, in welcher Form Sie diesen „zu Papier gebracht haben“ (→ Seite 76). Für die abgabefertige Endfassung gilt dies jedoch nicht mehr. Hier gibt es eine Reihe formaler Standards, die Sie beachten müssen.
Teilweise werden Ihnen diese Standards durch die Schule vorgegeben. Ist dies nicht der Fall, so können Sie sich an den nachfolgend aufgeführten Vorgaben orientieren, die an vielen Schulen und auch später an der Universität/Fachhochschule üblich sind. Diese Vorgaben wurden auch den Formatvorlagen zugrundegelegt, die Sie auf der beiliegenden CD-ROM finden. Es sind im Einzelnen:

- Die Facharbeit muss maschinengeschrieben eingereicht werden. Die Abgabe einer handschriftlichen Facharbeit ist nur bei ausdrücklicher Genehmigung durch die Schule erlaubt.
- Der Druck muss sauber und lesbar sein. Dies gilt auch für kopierte bzw. eingescannte Texte, Tabellen, Diagramme, Karten und Bilder.
- Geschrieben wird auf DIN-A4-Papier (70 g/m^2 oder schwerer).
- Jedes Blatt darf nur einseitig bedruckt sein.
- Die Facharbeit muss geheftet oder gebunden abgegeben werden. Die Abgabe einer Loseblattsammlung ist unzulässig.
- Als Einband sind Schnell- und Klemmhefter möglich. Ansprechender und praktischer sind allerdings einfache Bindungen oder Spiralheftungen, wie sie in Copyshops preisgünstig angeboten werden.
- Die Seiten der Facharbeit in Klarsichthüllen zu verpacken ist unzulässig, da so das direkte Eintragen von Korrekturanmerkungen unmöglich ist.
- Der Text der Facharbeit muss durch Überschriften sowie durch Absätze gegliedert werden (→ Seite 130 f.).
- Jedes Blatt muss so gestaltet werden, dass ausreichend Heft- und Korrekturrand frei bleibt.
- Standardvorgaben für die Seitenränder sind: links 4 cm; rechts 2 cm; oben 2 cm (falls die Seitenzahl oben auf der Seite angegeben wird 3 cm); unten 3 cm (falls die Seitenzahl oben auf der Seite angegeben wird 2 cm).
  Die Seitenränder können Sie bequem in Ihrem Schreibprogramm einstellen (bei Microsoft Word® z. B. über den Pfad → *Datei* → *Seite einrichten* → *Seitenränder*).
- Achtung: Die zuvor genannten Seitenränder müssen (abgesehen von der Seitennummer) textfrei bleiben. Das gilt auch für Tabellen, Diagramme, Karten und Bilder. Diese dürfen nicht „in den Seitenrand hineinragen“.

- Alle Seiten der Facharbeit mit Ausnahme des Deckblattes und des Titelblattes müssen fortlaufend nummeriert werden.
  - Das Deckblatt wird nicht in die Seitenzählung einbezogen.
  - Die Seitenzählung beginnt mit dem Titelblatt. Dieses wird als Seite 1 gezählt, erhält jedoch keine Seitenzahlangabe aufgedruckt.
  - In der Regel folgt dann das Inhaltsverzeichnis als Seite 2. Diese Seite erhält eine Seitenzahlangabe.
  - Nun setzt sich die Seitenzählung bis zur letzten Seite der Facharbeit fort.
  - Seitenzahlen werden in arabischen Ziffern gedruckt.
  - Sie werden in gleicher Größe wie der laufende Text der Facharbeit gesetzt.
  - Die Seitenzahl kann oben oder unten auf der Seite stehen.
  - Die Seitenzahl kann rechtsbündig oder mittig unter bzw. über den Text gesetzt werden.
- Als Schriftart sollten Sie *Times New Roman* wählen.
- Als Schriftgröße (Schriftgrad) ist 12 pt zu verwenden.
- Längere direkte Zitate können in einer um ein bis zwei Punkt kleineren Schriftgröße geschrieben werden (→ Seite 89 f.).
- Für Fußnoten und Endnoten sollten Sie *Times New Roman* 9 pt verwenden (→ Seite 93 f.).
- Überschriften werden entsprechend größer gesetzt (→ Seite 133).
- Verfassen Sie die gesamte Facharbeit in derselben Schriftart. Der Wechsel der Schriftart führt zu optischer Unruhe. Ein zu „buntes" Layout entspricht zudem nicht dem nüchternen Stil einer wissenschaftlichen Arbeit.
- Die Arbeit muss mit einem eineinhalbfachen Zeilenabstand (= 1,5-zeilig) geschrieben werden. (Pfad bei Microsoft Word® z. B.: → *Format* → *Absatz* → *Zeilenabstand* → *1,5 Zeilen)*

  Ausnahmen: Umfangreiche direkte Zitate dürfen einzeilig verfasst werden (→ Seite 89 f.), ebenso Fußnoten/Endnoten (→ Seite 93 f.) und das Literatur- und Quellenverzeichnis (→ Seite 99).
- Der Text sollte im Blocksatz geschrieben werden. Dies wirkt professionell und sorgt für ein ruhiges Gesamtbild. (Pfad bei Microsoft Word® z. B.: → *Format* → *Absatz* → *Ausrichtung* → *Blocksatz)*
- Hervorhebungen im Text sollten durch **Fett**- oder *Kursivdruck* geschehen. Sie sollten jedoch sparsam verwandt werden, da sich beim gehäuften Gebrauch ihre heraushebende Wirkung verliert. Eine Hervorhebung durch <u>Unterstreichung</u> ist heute unüblich. Eine Hervorhebung von Text durch unterschiedliche Farbgestaltung ist nicht erlaubt.
- Längere Textpassagen sollten durch Absätze optisch gegliedert werden. Dabei sollte bei einem Absatz möglichst keine zusätzliche Leerzeile eingefügt werden.

- Leerzeilen sollten als zusätzliches Gliederungselement sparsam und nur an markanten Stellen eingesetzt werden (etwa um zwei Unterkapitel voneinander abzusetzen; → Beispiel Seite 134).
- Über- bzw. Unterschriften von Tabellen, Diagrammen, Karten, Bildern usw. werden *nicht* durch eine Leerzeile vom Objekt, das sie beschriften, getrennt. Gleiches gilt für die Quellenangabe.
- Eine Häufung von Fehlern im Bereich der Rechtschreibung und Zeichensetzung kann zur Herabsetzung der Note der Facharbeit führen. Es ist daher sehr empfehlenswert, die Fehlerzahl in diesem Bereich so gering wie möglich zu halten. Hier gilt:
  - Nutzen Sie die Rechtschreibkorrekturfunktion Ihres Textverarbeitungsprogramms (→ Seite 79). Achten Sie aber darauf, dass dieses nach den neusten Rechtscheibregeln arbeitet.
  - Ziehen Sie in Zweifelsfällen ein aktuelles Rechtschreibewörterbuch zurate.
  - Lassen Sie die Facharbeit in jedem Fall auch von Freunden, Bekannten oder Verwandten auf grammatikalische Stimmigkeit, Rechtschreibung, korrekte Zeichensetzung, Schreibstil usw. hin überprüfen. Denn Sie als Autor bzw. Autorin des Textes besitzen eine gewisse „Fehlerblindheit“: Sprachliche Unschärfen, Grammatik- und Kommafehler fallen Ihnen auch bei mehrmaligem Lesen nicht mehr auf, wohingegen diese einem anderen Leser direkt „ins Auge springen“.
- Bevor Sie Ihre Facharbeit zum Binden bzw. Heften geben, sollten Sie diese einer gewissenhaften Endkontrolle unterziehen. Achten Sie darauf, dass alle Seiten der Facharbeit vorhanden sind. Überprüfen Sie die Seitennummerierung sowie die Lesbarkeit und Druckqualität gerade auch bei eingescannten Objekten.

Vielleicht erscheinen Ihnen die vielen formalen Vorgaben zu pedantisch. Sie sichern jedoch einen formale Standard und damit eine formale Vergleichbarkeit aller in Deutschland erstellten Facharbeiten.
Zudem dienen sie der Chancengleichheit: In der Regel ist nämlich für die Facharbeit eine Ober- und Untergrenze der Seitenzahl festgelegt. Gäbe es keine Vorgaben zur äußeren Form der Arbeit, so würde die Seitenzahlvorgabe je nach Bedarf dadurch ausgehebelt, dass man z. B. mit kleinerer Schrifttype schreibt oder aber die Zeilenabstände vergrößert oder verkleinert. Damit würde der eine eventuell auf gleicher Seitenzahl den doppelten Text unterbringen und sich dadurch einen unfairen Benotungsvorteil verschaffen.
Schließlich sollten Sie bedenken: Der optische Eindruck der Facharbeit ist ein nicht zu unterschätzender psychologischer Faktor bei der Gesamtbeurteilung.

Im Folgenden werden nun die einzelnen Komponenten der Facharbeit näher erläutert.

9.4 Deckblatt und Titelblatt

Jede Facharbeit *muss* ein Titelblatt und *kann* zudem ein Deckblatt enthalten.
Das **Deckblatt** (Umschlagblatt) ist die Visitenkarte der Facharbeit. Es entspricht dem Cover eines Buches. Der Leser nimmt an dieser Stelle den ersten Kontakt mit der Arbeit auf. Deshalb sollte man durchaus Überlegungen darauf verwenden, dieses Blatt attraktiv zu gestalten.
Prinzipiell sind für ein Deckblatt zwei Varianten denkbar:

- Sie verwenden den Umschlag der Facharbeit als Deckblatt. Bei einer Bindung und Heftung der Facharbeit ist dies in der Regel ein weißer oder farbiger Karton.
- Oder Sie benutzen das erste auf den Umschlag folgende Blatt als Deckblatt. Der vordere Umschlag sollte in diesem Fall aus einer durchsichtigen Folie bestehen.

In beiden Fällen besteht die Möglichkeit, das Deckblatt zu bedrucken. Der Text kann hierbei in anderer Schrift gedruckt werden als die übrige Facharbeit. Aufgedruckt werden sollte:

- das Thema der Facharbeit (eventuell in abgekürzter Form)
- das Fach und gegebenenfalls der Kurs
- der Name der Verfasserin/des Verfassers
- eventuell Ort und Jahr der Erstellung.

Neben dem Text sollte das Deckblatt einen Eyecatcher enthalten. Dies könnte z. B. eine Grafik oder Karte, ein für die Arbeit typisches Symbol, ein im Zusammenhang mit der Arbeit stehendes Bild oder eine Collage sein. Ihrer Gestaltungsphantasie sind hier keine Grenzen gesetzt. Doch bedenken Sie: Für die Facharbeitsnote ist das Deckblatt von geringer Bedeutung. Verwenden Sie also nicht zuviel Zeit auf dessen Erstellung.

Was noch wichtig ist:

- Abbildungen müssen auch hier mit einem Quellenbeleg versehen werden.
- Das Deckblatt wird in der Seitenzählung der Facharbeit nicht mitgezählt (→ Seite 136).
- Beispiele für Deckblätter finden Sie in den Facharbeiten im Kapitel 11.

Die auf das Deckblatt folgende Seite der Facharbeit wird als **Titelblatt** bezeichnet. Das Titelblatt dient dazu, die Arbeit prüfungstechnisch korrekt einzuordnen. Aus diesem Grunde muss es eine Reihe formaler Angaben enthalten. An vielen Schulen ist die Gestaltung des Titelblatts vorgegeben. Sie erhalten in diesem Fall von Ihrer Lehrerin oder Ihrem Lehrer ein entsprechendes Formblatt oder ein Mustertitelblatt. Legt die Schule den formalen Aufbau des Titelblattes nicht fest, können Sie sich am Beispiel auf der Seite 139 orientieren.

Beispiel: Titelblatt

Schule: *Otto-Kunz-Gymnasium*
Humanitätsstraße 77
21211 Neustadt

Schuljahr: *2006/2007*
Kurs: *Leistungskurs*
Fach: *Erdkunde*
Fachlehrer: *Rudolf Schlumpf*

Namibia – ein Urlaubsparadies?

von

Hermine Gringer

Ausgabetermin des Themas: *12.3.2007*

Abgabetermin der Arbeit: *30.5.2007*

Die Facharbeit wurde eingereicht am ____________

____
(Unterschrift der Schülerin/des Schülers)

____
(Unterschrift des Lehrers)

Erteilte Note: ____________________

Punkte: ____________________

____
(Unterschrift des Lehrers)

Beispiel eines Titelblattes

Ein Titelblatt muss die folgenden Angaben aufweisen:

- Name der Schule
- Schuljahr, Kurs und Fach, in dem die Facharbeit verfasst wurde
- Name der betreuenden Fachlehrerin bzw. des Fachlehrers
- Thema der Facharbeit
- Name und Vorname der Verfasserin bzw. des Verfassers

- gegebenenfalls Ausgabetermin des Themas
- gegebenenfalls letztmöglicher Abgabetermin
- Leerzeile für die vom Lehrer/Sekretariat vorzunehmende handschriftliche Eintragung des tatsächlichen Abgabetermins
- Leerzeile für die Quittierung der fristgerechten Abgabe der Facharbeit mit einer vorgegebenen Unterschriftsmöglichkeit für die Schülerinnen bzw. den Schüler sowie für die Fachlehrerin oder den Fachlehrer.
- Notenzeile
- Zeile für die Unterschrift der Lehrkraft, die die Facharbeit korrigiert und bewertet hat.

Was noch wichtig ist:

- Der Text auf dem Titelblatt wird in gleicher Schriftart und Schriftgröße gesetzt wie der laufende Text der Facharbeit.
- Eine Ausnahme bilden die Angaben zum Thema und zur Verfasserin bzw. zum Verfasser. Diese dürfen größer, fett oder in anderer Schriftart gesetzt werden.
- Das Titelblatt wird bei der Seitenzählung der Facharbeit als Seite 1 gezählt. Es erhält jedoch keine Seitenzahl aufgedruckt (→ Seite 138).

9.5 Inhaltsverzeichnis, sonstige Verzeichnisse und Vorwort

Jede Facharbeit muss ein **Inhaltsverzeichnis** enthalten. Es spiegelt den Aufbau und die Struktur der Facharbeit wieder und dient dazu, die Gliederung der Facharbeit auf einen Blick zu präsentieren und dem Leser eine rasche Orientierung zu ermöglichen. Zu diesem Zweck enthält es:

- alle Nummerierungselemente der Gliederung (→ Seite 131)
- alle Überschriften der Gliederung
- die Seitenzahlen, auf denen die einzelnen Überschriften stehen

Wichtig ist:

- Nummerierung und Überschriften müssen im Inhaltsverzeichnis und im laufenden Text der Facharbeit völlig identisch sein.
- Es wird nur die Seitenzahl angegeben, mit der das jeweilige Kapitel, Unterkapitel usw. *beginnt*, und nicht etwa Anfang *und* Ende des Kapitels
- Das Inhaltsverzeichnis steht auf einer eigenen Seite. Diese trägt die Seitenzahl 2.
- Auf das Inhaltsverzeichnis folgt in den meisten Fällen (Ausnahmen siehe rechts) direkt der laufende Text der Facharbeit. Er beginnt immer auf einer neuen Seite.
- Es müssen auch sämtliche Verzeichnisse (Abbildungs- und Tabellenverzeichnis usw.) und die einzelnen Bestandteile des Anhangs im Inhaltsverzeichnis aufgeführt werden.
- Das Inhaltsverzeichnis selbst hat keine Kapitelnummer.

Die Überschriften einer Facharbeit können nach dem *numerischen* oder dem *alpha-numerischen Gliederungsverfahren* nummeriert werden (→ Seite 131 ff.). Im Inhaltsverzeichnis bieten sich nun zwei Möglichkeiten, die Überschriften in optisch ansprechender Weise zu ordnen:

Das Linienprinzip

- Hier werden alle Gliederungspunkte linksbündig untereinandergesetzt.
- Dabei gibt es drei (gedachte) senkrechte Fluchtlinien: entlang der ersten werden alle Nummern, entlang der zweiten alle Überschriften und entlang der dritten alle Seitenzahlen gesetzt.
- Alle Gliederungspunkte können in gleichem Schriftschnitt (Standard, *kursiv* oder **fett**) und mit gleichem Zeilenabstand geschrieben werden.
- Es besteht jedoch auch die Möglichkeit, die Kapitelüberschriften durch Fettdruck hervorzuheben.
- Zudem kann jede Kapitelüberschrift durch einen zweizeiligen Abstand von der vorherigen Überschrift abgesetzt werden. Die Unterkapitelüberschriften werden dann 1,5-zeilig gesetzt, die Unter-Unterkapitel-Überschriften einzeilig.

(→ Beispiel Seite 142)

Das Stufenprinzip

Hierbei werden die Ziffern bzw. Buchstaben einer Gliederungsebene so gesetzt, dass sie unter dem Textanfang der jeweils nächsthöheren Gliederungsebene stehen. Auf diese Weise entsteht ein Stufensystem, das eine rasche Erfassung der einzelnen Gliederungsebenen erlaubt. Ein Beispiel für ein nach dem Stufenprinzip gestaltetes Inhaltsverzeichnis finden Sie auf → Seite 143.

Beide Gestaltungsvarianten sind sowohl für numerische als auch für alpha-numerische Gliederungen anwendbar. Welche Variante Sie wählen, hängt von Ihrem persönlichen Geschmack ab. In vielen Fällen ist das Linienprinzip günstiger, da seine Erstellung einfacher ist und zudem mehr Platz für gegebenenfalls längere Überschriften bleibt.

Beispiel: Numerisches Inhaltsverzeichnis nach dem Linienprinzip

Inhaltsverzeichnis

2

Beispiel für ein entsprechend dem Linienprinzip angeordnetes Inhaltsverzeichnis einer numerisch gegliederten, fächerübergreifenden (Biologie, Chemie, Erdkunde), von zwei Autoren gemeinsam erstellten Facharbeit

Beispiel: Alpha-numerisches Inhaltsverzeichnis nach dem Stufenprinzip

2

INHALTSVERZEICHNIS

Beispiel für ein entsprechend dem Stufenprinzip angeordnetes Inhaltsverzeichnis einer alpha-numerisch gegliederten Facharbeit im Fach Deutsch mit dem Thema Gotthold Ephraim Lessing: Minna von Barnhelm – Emanzipationskomödie oder Tellheim-Drama?

Weitere Verzeichnisse

In umfangreichen Facharbeiten können zwischen dem Inhaltsverzeichnis und dem laufenden Text der Arbeit weitere Verzeichnisse eingeschoben sein:

- Abbildungsverzeichnis
- Tabellenverzeichnis
- Abkürzungsverzeichnis

All diese Verzeichnisse sollten jedoch nur angelegt werden, wenn Tabellen, Abbildungen oder Abkürzungen in der Arbeit in größerer Zahl enthalten sind. Als Richtgröße kann hier gelten: Ein Tabellenverzeichnis wird erst ab sechs bis acht Tabellen, ein Abbildungsverzeichnis ab sechs bis acht Abbildungen angelegt usw.

Im **Tabellenverzeichnis** werden angegeben: die Tabellennummer, die Tabellenüberschrift und die Seitenzahl der Seite, auf der die Tabelle steht. Beispiel:

Tab. 1 Größe der Wüsten der Erde 3
Tab. 2 Niederschlag in Assuan 1950 – 90 5

Im **Abbildungsverzeichnis** werden alle Diagramme, Karten, Skizzen, Bilder usw. aufgelistet. In der Arbeit werden diese unterschiedslos als *Abbildungen* bezeichnet und fortlaufend nummeriert (→ Seite 125 f.). Die Angaben im Abbildungsverzeichnis erfolgen in gleicher Weise wie im Tabellenverzeichnis. Beispiel:

Abb. 1 Goethe-Haus in Frankfurt a. M. 6
Abb. 2 Dichterzimmer im Goethe-Haus 7

Im **Abkürzungsverzeichnis** werden nur die wenig bekannten, eher unüblichen oder von Ihnen selbst entwickelten Abkürzungen aufgeführt. Haben Sie davon in Ihrer Arbeit eine größere Anzahl verwandt, können Sie diese im Abkürzungsverzeichnis in zwei nebeneinanderstehenden Spalten erläutern. Beispiel:

idg. = indogermanisch	*Seew. = Seewesen*
Kč = *tschech. Krone*	*TV = Turnverein*

Im **Glossar** werden alle in der Arbeit benutzten *ausgefallen* Fachbegriffe und Fremdwörter erklärt. Ein Glossar ist nur dann sinnvoll, wenn Sie in Ihrer Arbeit eine große Zahl *unüblicher* Begriffe benutzt haben. Kommen in Ihrer Arbeit nur wenige solcher Begriffe vor, sollten Sie diese direkt beim ersten Gebrauch mit einer in runde Klammern gesetzten kurzen Texterläuterung versehen.
Für den Fall, dass in Ihrer Facharbeit ein Glossar notwendig wird, sollten Sie dieses nahe dem Ende der Arbeit zwischen Textteil und Literaturverzeichnis platzieren.

In einer Facharbeit entfällt in der Regel das sogenannte **Vorwort**. Dieses gehört eigentlich nur in eine Bachelor-, Master-, Examens- bzw. Diplomarbeit oder ein veröffentlichtes Werk.

In längeren Facharbeiten, etwa bei der sogenannten *Besonderen Lernleistung*, mag jedoch ein Vorwort sinnvoll erscheinen. Daher sei es an dieser Stelle kurz skizziert.
Das Vorwort stellt eine persönlich gehaltene Einführung des Autors in die Entstehungsgeschichte seines Werkes dar. Es kann enthalten:

- Angaben zu den persönliche Gründen für die Themenwahl
- eine Darstellung der Anregungen, die den Autor zur Themenformulierung bewogen haben
- eine Erläuterung der Stellung und Bedeutung des Werkes in der wissenschaftlichen Welt
- die persönlichen Erwartungen, die der Autor mit der Veröffentlichung seines Werkes verknüpft
- eine Danksagung an Personen und Institutionen, die zum Erscheinen des Werkes beigetragen haben.

Einzelne Elemente des Vorwortes können Sie in die Einleitung Ihrer Facharbeit übernehmen (siehe unten). Auf jeden Fall sollten Sie aber auf eine Danksagung an die Schule oder die Sie betreuende Lehrkraft verzichten. Ein Loblied auf denjenigen zu singen, der Ihre Arbeit beurteilen muss, klingt nach Anbiederung und könnte als Versuch (miss)verstanden werden, die Beurteilungsobjektivität der Lehrerin oder des Lehrers in subjektives Wohlwollen zu verwandeln.

9.6 Einleitung

Jede Facharbeit beginnt mit einer Einleitung. Einleitung meint hierbei **nicht** einige unverbindliche, allgemein gehalten Sätze, die den Leser auf die Facharbeit einstimmen. Unter Einleitung ist vielmehr eine konkrete inhaltliche Einführung in die Arbeit zu verstehen. Die Einleitung wird in der Regel erst dann geschrieben, wenn die Facharbeit ansonsten bereits fertiggestellt ist.

Die Einleitung hat vier zentrale Funktionen (→ Beispiel Seite 147):

Interesse des Lesers wecken ② ⑦

Dieses kann z. B. dadurch erreicht werden, dass man die Einleitung mit einem provokanten Zitat oder Ausspruch beginnt. Doch auch die Darstellung eines Alltagsproblems oder einer Alltagserfahrung, die man zum Ausgangspunkt seiner Themenfindung gemacht hat, bietet sich an. Weitere Möglichkeiten sind: ein markanter Ausspruch des behandelten Autors, ein Auszug aus einem aktuellen Zeitungsbericht, eine zum Thema passende Anekdote …

Einführung in die Entstehungsgeschichte des Themas und der Arbeit ① – ③

Hierzu gehören:

- persönlich gehaltene Ausführungen zur Entstehung des Themas und der Arbeit

- Erläuterung und Abgrenzung des Themas (hier kann auch dargelegt werden, warum bestimmte Aspekte des Themas nicht behandelt werden)

Dieses Element gehört nur dann in die Einleitung, wenn die Arbeit kein Vorwort enthält (→ Seite 144 f.).

Vorstellen des Problemrahmens und Einordnung des Themas ④ ⑥

Hier könnten eingebracht werden:

- Formulierung der Ausgangsfragestellung
- Erläuterung der Zielsetzung der Arbeit
- Formulierung von Arbeitshypothesen
- Dokumentation des historischen Rahmens und der aktuellen Bedeutung des Themas
- Einordnung des Themas in den derzeitigen Forschungsstand
- bei praktischen Arbeiten die Ausgangssituation bzw. Ausgangsfrage der Arbeit
- Anmerkungen zur Materiallage, Materialauswahl und zu Problemen bei der Materialbeschaffung

Erläuterung des Aufbaus der Arbeit und Einführung in deren Inhalte ⑤

- Angaben zum methodischen Vorgehen
- Erläuterung der Gliederung
- als Überleitung zum Hauptteil z. B. kurze Vorschau auf die Inhalte der Arbeit/die bedeutsamsten Aspekte des Hauptteils

Wichtig ist:

- Je nach Thematik der Facharbeit wird die Einleitung nur eine bestimmte Auswahl der zuvor aufgezählten Elemente enthalten.
- Es müssen aber alle vier Funktionen abgedeckt sein.
- Eine zu starke Fokussierung auf einen Bereich (z. B. die sehr ausführliche Darlegung der Umstände der Themenfindung) sollte vermieden werden.
- Die Einleitung sollte in Facharbeiten einen Umfang von einer bis eineinhalb Seiten möglichst nicht überschreiten.
- Die gewählte Überschrift kann informativ sein und den inhaltlichen Schwerpunkt der Einleitung kennzeichnen. Beispiele: *Zielsetzung und Untersuchungsrahmen der Arbeit* oder *Der historische Hintergrund des Themas* oder *Zielsetzung der Arbeit und Begründung der Themenwahl.*
- Es reicht an dieser Stelle aber auch das Wort *Einleitung* als Kapitelüberschrift aus.
- Entsprechend den vier Funktionen der Einleitung kann der Einleitungstext in vier Absätze untergliedert werden. In umfangreicheren Facharbeiten ist auch die Untergliederung der Einleitung in drei bzw. vier Unterkapitel möglich (→ Beispiel Seite 132, unten).
- Zum Schluss der Einleitung sollte zum anschließenden Hauptteil übergeleitet werden. ⑦

Beispiel: Einleitung

1 Einführung in die Inhalte und den Aufbau der Facharbeit

Den historischen Mittelalterkrimi „Tod und Teufel" las ich zunächst privat, als ich noch gar nicht daran dachte, darüber meine Facharbeit zu schreiben. Das Werk von Frank Schätzing begeisterte mich sofort, da in ihm sonst eher trockene historische Ereignisse in eine spannende Geschichte integriert werden. Damit lässt sich wahrscheinlich auch der große Erfolg des Krimis erklären. Nachdem ich das Buch gelesen hatte, wollte ich mich ① über den Autor Frank Schätzing und über das Buch informieren, um Hintergrundinformationen zu erhalten. Auf der Internetseite von Frank Schätzing stieß ich dabei auf ein sehr interessantes Statement des Autors zu „Tod und Teufel":

> [...] Das Leben dieser Menschen wollte ich zeigen, in einer Stadt wie Köln. Dass ich dabei ein ② bisschen in die Geschichte eingegriffen habe, mögen mir die Historiker nachsehen. Sie müssten keine Zeile in ihren Büchern umschreiben, hätte es sich so zugetragen, wie ich es schildere. Und wer weiß – vielleicht habe ich ja sogar die Wahrheit geschrieben! Rein zufällig, versteht sich![1]

Durch diese hochinteressante Anspielung auf die historische Wirklichkeit des Krimis wurde meine Neugier geweckt und ich wollte herausfinden, was der Autor an historischen ③ Tatsachen in seinem Krimi aufgegriffen, und welche er dazuerfunden hat. Somit stand das Thema für meine Facharbeit fest: Die historische Wirklichkeit ausgewählter Aspekte der Haupthandlung des Buches. Ich konzentriere mich in meiner Facharbeit nur auf die für ④ das Buch und die Handlung bedeutsamsten Aspekte, da es zu umfassend wäre, alle im Buch genannten historischen Fakten zu überprüfen.

Den Hauptteil habe ich so gegliedert, dass ich die historischen Aspekte in der Abfolge, wie sie sich im Buch abspielen, mit der historischen Wirklichkeit vergleiche. Zuerst habe ich den Tod des Dombaumeisters bearbeitet, da auf diesem Ereignis die folgenden ⑤ Geschehnisse basieren. Dann folgt der Aspekt der Patrizierentmachtung, da dieser den Grund für das Mordkomplott der Overstolzen gegen Konrad von Hochstaden und indirekt auch den Grund für den Tod des Dombaumeisters darstellt. Im letzten Punkt wird die Existenz der im Buch agierenden Personen überprüft. Zentrale Personen werden in einer Kurzbiographie vorgestellt.

Da die Geschichte im mittelalterlichen Köln spielt, fuhr ich in die Domstadt, um dort im Stadtarchiv und der Stadtbibliothek zu recherchieren. Außerdem besuchte ich das Haus der Overstolzen in der Rheingasse, um es mir von außen anzusehen.

Auf meine E-Mail vom 9.1.2005 (siehe Kapitel 7.1), in der ich dem Autor Fragen, die ich ⑥ in meiner Recherchearbeit nicht beantworten konnte, stellte, bekam ich leider bis heute keine Antwort. Das Problem bei meinen Nachforschungen war, dass ich mir die Bücher nicht, wie ich es in einer nähergelegenen Stadt hätte machen können, ausleihen konnte. Auch die Zeit, alle Dokumente direkt im Archiv oder der Bibliothek in Köln sorgfältig durchzulesen, blieb mir nicht. So musste ich alle Quellen, die wichtige Informationen beinhalten, kopieren. Dadurch hatte ich zunächst einmal eine Fülle von Informationen, die ich zu Hause durcharbeiten musste. Als ich einem Mitarbeiter des Stadtarchivs von meiner Arbeit erzählte, sagte er mir, dass Frank Schätzing fast alle Ereignisse seines Krimis erfunden habe. Inwieweit dieser Mitarbeiter mit seiner Aussage Recht hat und inwieweit Frank Schätzing mit seinem Krimi „in die Geschichte eingegriffen hat", das werde ich ⑦ nun im folgenden Hauptteil meiner Facharbeit überprüfen.

[1] http://www.frank-schaetzing.com (6.2.2005). SCHÄTZING, Frank: Homepage.

Einleitung aus der Facharbeit „Der historische Wahrheitsgehalt ausgewählter Aspekte der Haupthandlung des Buches „Tod und Teufel" von Frank Schätzing verfasst von Antje Uhlenbrock (den vollständigen Text dieser Facharbeit finden Sie in Kapitel 11)

9.7 Hauptteil

Der Hauptteil ist das Herzstück Ihrer Facharbeit. Hier werden alle Sachinformationen dargelegt, die Sie zur Beantwortung der Ausgangsfrage, zur Lösung des Ausgangsproblems oder generell zur Bearbeitung der Aufgabenstellung Ihrer Facharbeit ermittelt und zusammengetragen haben. Die Ausführungen im Hauptteil müssen damit konkret auf die in der Einleitung skizzierte Zielsetzung/Themenstellung der Arbeit bezogen sein.

Die genaue inhaltliche Ausfüllung und Gliederung des Hauptteils hängt in starkem Maße vom Thema der Facharbeit ab. Es lassen sich somit lediglich allgemeine Hinweise für die Gestaltung geben.

Für den Hauptteil gilt:

- Die Niederschrift muss in Form eines zusammenhängenden Textes erfolgen.
- Tabellen und Abbildungen dürfen nicht ohne Textanbindung bleiben. Sie müssen beschrieben, erläutert oder im Text aufgegriffen werden.
- Tabellen erhalten immer eine Überschrift, Abbildungen eine Unterschrift (→ Seite 123 ff.).
- Tabellen und Abbildungen müssen mit einem Quellenbeleg versehen werden (→ Seite 123 ff.).
- Tabellen und Abbildungen werden fortlaufend nummeriert (Abb. 1, Abb. 2, Abb. 3 …).
- Der Hauptteil ist in mehrere Kapitel und gegebenenfalls Unterkapitel untergliedert, die jeweils eigenständige Überschriften erhalten.
- „Hauptteil" ist keine zulässige Überschrift.
- Der Text wird durch Überschriften und Absätze in Abschnitte untergliedert (→ Seite 130 f.). Diese dürfen nicht beziehungslos nebeneinanderstehen, sondern müssen inhaltlich aufeinander bezogen sein.
- Die Untergliederung des Textes durch Überschriften und Absätze darf nicht zu kleinschrittig vorgenommen werden.
- Bezüge zwischen den Textabschnitten können durch Querverweise angedeutet werden, etwa in der Form „(… siehe Seite 2)".
- Die Darstellung sollte geordnet erfolgen.
- Argumentationslinien sollten deutlich herausgearbeitet werden.
- Die wertfreie Darstellung der ermittelten Daten und Fakten und deren kritische Reflexion und Bewertung müssen klar voneinander getrennt werden.
- Die Inhalte im Hauptteil müssen
  - sachlich richtig sein
  - mit den Angaben in den benutzten Quellen übereinstimmen
  - widerspruchsfrei und verständlich dargestellt werden

- überprüfbar sein; dies wird dadurch gewährleistet, dass alle übernommenen Informationen mit einem Quellennachweis versehen werden (⟶ Kapitel 7)
- klar auf das Thema der Arbeit bezogen sein; Abschweifungen von der Themenlinie sind zu vermeiden
- Fakten darstellen und keine Vermutungen/persönliche Meinungen

9.8 Schlussteil

Obwohl dieser Teil den Abschluss des Textteils der Facharbeit bildet, steht das Wort *Schluss* hier weniger für *Ende*, als vielmehr für *Schlussfolgerung*. Inhaltlich sollte der Schlussteil damit zum einen eine Abrundung der Argumentation des Hauptteils bieten und zum anderen die aus den Ergebnissen des Hauptteils zu ziehenden Schlussfolgerungen aufzeigen. Er enthält keine neuen Sachinformationen (diese gehören in den Hauptteil) und in der Regel auch keine Quellenbelege. Elemente des Schlussteils sind (⟶ Beispiel Seite 150):

Zusammenfassung ①

Der Schlussteil sollte eine kurze, prägnante Zusammenfassung der Kerninhalte des Hauptteils oder der ermittelten Forschungsergebnisse enthalten (Resümee).

Bezug zum Ausgangspunkt der Arbeit ②

Im Schlussteil sollte der Bogen zum Ausgangspunkt der Arbeit geschlagen werden:

- Es sollte dargelegt werden, inwieweit das gesteckte Arbeitsziel erreicht wurde.
- Die Ausgangsfrage sollte soweit möglich beantwortet werden.
- Man sollte erläutern, inwieweit die Ausgangshypothese(n) durch die Arbeit bestätigt oder widerlegt wurde(n).

Wertung/persönliche Stellungnahme ②

- Die im Hauptteil dokumentierten Fakten können bewertet und kritisch kommentiert werden. Dabei sollte die Bewertung argumentativ gestaltet und auf die zuvor dokumentierten Fakten bezogen werden. ③
- Im Schlussteil können die Ergebnisse der Arbeit in den Gesamtrahmen der derzeitigen Forschungslage eingeordnet werden.

Ausblick/Forderungen/offene Fragen

- Schlussfolgerungen/Forderungen, die sich aus den Ergebnissen des Hauptteils für die weitere Arbeit, für neue Handlungskonzepte usw. ergeben, werden dokumentiert. ④
- Noch offen gebliebene oder neu aufgetauchte Fragen werden aufgeführt.
- Schlussappelle sind möglich. ⑤

Beispiel: Schlussteil

9 Sinn oder Unsinn der Tanztherapie

Zusammenfassend ist zu sagen, dass sich die Tanztherapie als eine erfolgreiche Form der Therapie bei erstaunlich vielen Krankheiten erweist. Dies lässt sich vor allem mit Hilfe der Theorie der „Körper-Geist-Seelen-Einheit" erklären. ①

Auf der Basis meiner Recherchen zum Thema Tanztherapie in der Fachliteratur und nach Auswertung der von mir geführten Interviews mit Spezialisten komme ich zu dem Schluss, dass der Tanz als Therapieform ein gut durchdachtes und sinnvolles Heilungskonzept ist. Denn auch ich bin der Meinung, dass man den Köper eines Menschen und seine Seele nicht separat betrachten kann, sondern als „Köper-Geist-Seelen-Einheit" sehen muss. ②

So gibt es bei allen körperlichen Krankheiten immer auch einen seelischen Aspekt. Eine physische Krankheit wie z. B. Krebs kann sich durch eine angespannte bzw. entspannte private Situation subjektiv wie auch objektiv verschlechtern bzw. verbessern. Auch gibt es körperliche Beschwerden, die (vorwiegend) seelische Ursachen haben, z. B. wenn ein Kind vor einer Mathematikklausur Bauchschmerzen bekommt. ③

Seele und Körper arbeiten somit zusammen und man kann nicht den einen Teil ohne Beachtung des andern heilen. Und genau dort setzt die Tanztherapie an. Sie verbindet beide Aspekte auf natürliche Weise, indem sie die körperliche Bewegung als Ausdruckselement der seelischen Befindung nutzt.

Bedauerlich finde ich jedoch, dass die Tanztherapie bisher eine so geringe Aufmerksamkeit und somit Verbreitung erlangt hat, was zum Teil auch durch das nicht Übernehmen von Kosten durch die Krankenkasse bedingt ist, zum Teil aber sicherlich auch durch die zwar erkennbaren, jedoch schwer messbaren bzw. in Prozentzahlen anzugebenden Erfolge. Hier wäre eine verstärkte Öffentlichkeitsarbeit der Therapeutenverbände hilfreich, um die durch Tanztherapie erzielten Behandlungserfolge publik zu machen. Auch sollten die Krankenkassen meiner Meinung nach erneut prüfen, ob die Tanztherapie nicht bei bestimmten Krankheiten als Therapieform zugelassen werden kann. ④

Ich denke, wenn man neuen Dingen offen gegenüber steht oder sich einfach einmal auf Unbekanntes einzulassen versucht, ist diese Form von kreativer Therapie sehr erfolgreich. Die mir bekannten Fallbeispiele und ihre Erfolge zeigen, dass man durch die Tanztherapie alleine oder im Zusammenwirken mit anderen Therapien sehr gute Ergebnisse erzielen kann. Da es sich um eine Therapie handelt, die auch die psychische Ebene einbezieht, ist es allerdings oft so, dass sich hierbei keine sofortige und zeitnahe, jedoch dafür eine wahre Heilung einstellt. Denn es wird nicht nur „an der Oberfläche der Probleme gekratzt", sondern durch die tiefenpsychologischen Ansätze wird auch am Kern des Problems gearbeitet. Es wird versucht, die Probleme durch Bewegung bewusst zu machen und aufzuarbeiten, […]

Somit macht es meiner Meinung nach durchaus Sinn, den Versuch einer kreativen Therapie in der Form des Tanzes zu wagen. ⑤

Schlussteil aus der Facharbeit Tanz als Therapie? verfasst von Christina Uhlenbrock (den vollständigen Text dieser Facharbeit finden Sie im Kapitel 11)

9.9 Anhang

Mit dem Schlussteil ist der Textteil der Facharbeit abgeschlossen. Es folgt in jedem Fall das Literatur- und Quellenverzeichnis (→ Seite 99 ff.). Hieran schließt sich eventuell ein Anhang an.

Formale Gestaltung des Anhangs

- Auch der Anhang wird in einzelne Unterkapitel eingeteilt. Dabei bildet jedes Anhangdokument ein eigenes Unterkapitel.
- Anhang-Unterkapitel werden nummeriert und im Inhaltsverzeichnis aufgeführt (→ Seite 142). So kann im Text leicht auf Dokumente aus dem Anhang verwiesen werden.
- Ebenso wie das Literatur- und Quellenverzeichnis wird der Anhang in die fortlaufende Seitenzählung einbezogen.
- Ist eine Höchstzahl an Seiten für die Facharbeit vorgegeben, wird der Anhang hierauf aber nicht angerechnet.

Letzteres verleitet dazu, bei Überschreitung der Seitenhöchstzahl soviel als möglich in den Anhang zu verlagern. Das ist allerdings nicht erlaubt und zudem nicht sinnvoll: Alle themenrelevanten Sachinformationen, Daten und Fakten gehören in den Hauptteil und haben im Anhang nichts zu suchen. Folglich fließen im Anhang aufgeführte Sachinformationen auch nicht in die Note der Facharbeit ein.

Was gehört in den Anhang?

Generell sind dies Dokumente und Informationen, die mit dem Textteil der Arbeit in engem Zusammenhang stehen und diesen ergänzen, dort den Argumentationsgang aber optisch oder inhaltlich stören würden. Zudem Originalquellen, die für den Leser nur schwer oder gar nicht zu beschaffen sind. Dies wären z. B.:

- wichtige Originaldokumente
- Kopien historischer Quellen
- Gesetzestexte
- Versuchsanleitungen/-vorschriften
- Interview-/Fragebögen
- Interviewmitschriften
- Beobachtungsprotokolle
- Bestimmungstabellen
- Schaltskizzen
- Programmierungsprotokolle
- umfangreiches statistische Material (z. B. aus Experimenten gewonnene Rohdaten)
- große Karten (z. B. Faltkarten)

- Zeitungsartikel
- E-Mails, die im Zusammenhang mit der Arbeit versandt oder empfangen wurden
- Fotos, die im Zusammenhang mit der Arbeit entstanden sind.

All diese Elemente *können* der Facharbeit im Anhang beigefügt werden, sie *müssen* es jedoch nicht. Überladen Sie den Anhang Ihrer Facharbeit nicht. Viele Facharbeiten kommen gänzlich ohne einen solchen aus.

Infolge zunehmender Plagiate (→ Seite 85) fordern aber immer mehr Schulen, *alle benutzten Internetquellen im Original in den Anhang einzufügen*. Wie bei allen Anhangelementen kann dies in gedruckter Form oder auf einem Datenträger (CD-ROM, DVD) geschehen.

9.10 Erklärung zur selbstständigen Abfassung der Facharbeit

Das letzte Blatt der Facharbeit muss die sogenannte *Schlusserklärung* sein (→ Seite 153; in einigen Bundesländern ist es vorgeschrieben, dieses Blatt zwischen dem Literatur- und Quellenverzeichnis und einem eventuellen Anhang einzuschieben).

Für dieses Blatt gilt:

- Auf dem Blatt befindet sich außer der Schlusserklärung kein weiterer Text.
- Das Blatt muss eigenhändig mit einer Datums- und Ortsangabe versehen und unterschrieben werden.
- Es hat rechtsverbindlichen Charakter.
- Der Wortlaut der Erklärung ist in den meisten Bundesländern sehr ähnlich (→ Muster Seite 153).
- Bildet die Schlusserklärung die letzte Seite der Arbeit, bleibt sie ohne Seitenzahl und wird nicht im Inhaltsverzeichnis aufgeführt.
- Wird sie vor dem Anhang eingeschoben, erhält sie eine Kapitelnummer und Seitenzahl und taucht im Inhaltsverzeichnis auf.

Bei einer Gruppenarbeit muss jedes Gruppenmitglied eine eigene Schlusserklärung abgeben. In ihr müssen die Teile der Arbeit konkret benannt werden, die vom unterzeichnenden Gruppenmitglied verfertigt wurden.

Beispiel: Schlusserklärung

Erklärung

Hiermit erkläre ich, dass ich die vorliegende Arbeit selbstständig und ohne fremde Hilfe verfasst und keine anderen als die im Literatur- und Quellenverzeichnis angegebenen Hilfsmittel verwendet habe.

Insbesondere versichere ich, dass ich alle wörtlichen und sinngemäßen Übernahmen aus anderen Werken als solche kenntlich gemacht habe.

....

Ort, Datum Unterschrift

9.11 Einverständniserklärung

An einer Reihe von Schulen wird von der Verfasserin bzw. dem Verfasser einer Facharbeit zusätzlich zur Schlusserklärung noch eine weitere Erklärung gefordert, nämlich die Einverständniserklärung für die schulinterne Veröffentlichung der Facharbeit z. B. im Rahmen von Ausstellungen oder im Unterricht nachfolgender Jahrgänge.

Diese Erklärung hat etwa folgenden Wortlaut:

Beispiel: Einverständniserklärung

Einverständniserklärung

Hiermit erkläre ich, dass ich damit einverstanden bin, die von mir verfasste Facharbeit der schulinternen Öffentlichkeit zugänglich zu machen.

....

Ort, Datum, Unterschrift

9.12 Kolloquium und Ergebnispräsentation

Nach Abgabe und Korrektur Ihrer Facharbeit durch den Lehrer müssen Sie in vielen Bundesländern einem Gremium von Lehrkräften in einem „wissenschaftlichen Gespräch" (= Kolloquium) Rede und Antwort zur Arbeit stehen. Wie dieses Gremium zusammengesetzt ist, wie lange das Kolloquium dauert und welchen Anteil das Kolloquium an der Gesamtnote der Facharbeit einnimmt, all dies ist je nach Bundesland sehr unterschiedlich. Sie werden jedoch von Ihrer Schule rechtzeitig über die Modalitäten des Kolloquiums informiert.

Das Kolloquium wird auch als „Verteidigung der Facharbeit" bezeichnet. Diese Benennung macht bereits deutlich, worum es im Kolloquium geht: Hier soll nachgeprüft werden, ob Sie die eingereichte Facharbeit selber recherchiert und erstellt haben, ob Sie die dort niedergeschriebenen Schlussfolgerungen und Wertungen selbst gezogen und durchdacht haben. Gegenstand des Kolloquiums ist also die Facharbeit selbst und ihr Entstehungsprozess. Zur Vorbereitung auf das Kolloquium sollten Sie daher Ihre Facharbeit nochmals intensiv lesen und reflektieren.

Nachfolgende Fragen können dabei eine Hilfe sein:

- Wie kann ich meinen Lösungsweg sowie die Ergebnisse meiner Facharbeit prägnant zusammenfassen?
- Welches waren die zentralen Schritte bei der Erstellung meiner Arbeit (z. B. bei der Quellenrecherche, im Vorgehen)?
- Wie kann ich meine Schwerpunktsetzung in der Arbeit begründen?
- Wie kann ich meine Entscheidungen an markanten Punkten der Facharbeit erläutern (z. B. bezüglich der Reihenfolge der Kapitel, der eingebundenen Abbildungen)?
- Wie kann ich die zentralen Schlussfolgerungen und Wertungsaussagen begründen und im Streitgespräch verteidigen?
- Welche Probleme sind bei der Erstellung aufgetreten und wie habe ich diese gelöst?
- Welches ist mein persönliches Resümee des Entstehungsprozesses der Arbeit? Würde ich nochmals so vorgehen? Gab es verbesserungswürdige Punkte in der Betreuung und Begleitung durch die Schule?

In einigen Bundesländern kann das Kolloquium durch eine Präsentation der Facharbeit vor dem Kurs bzw. vor der (Schul)Öffentlichkeit ersetzt oder ergänzt werden. Für diese Präsentation gelten dann ähnliche Vorgaben wie für ein Referat (→ Kapitel 10).

9.13 Kriterien zur Bewertung

Bevor Sie Ihre Facharbeit abgeben, sollten Sie diese kritisch durchsehen. Versuchen Sie dabei die Position desjenigen einzunehmen, der Ihre Arbeit korrigieren und bewerten wird. Suchen Sie also nach möglichen Schwachstellen – denn noch ist Zeit, diese zu beseitigen.

Welche Aspekte sind für die Bewertung einer Facharbeit relevant?

Prinzipiell sind dies *formale, methodische* und *inhaltliche Aspekte*. Deren Gewichtung ist nicht generell festgelegt. Sie kann je nach Fach, Thema und Art der Arbeit, wie auch Schule unterschiedlich aussehen. Allerdings werden die formalen Bewertungsaspekte in der Regel geringer gewichtet als die methodischen und diese wiederum geringer als die inhaltlichen (z. B. Wertungsverhältnis 25 : 35 : 40). Zwei Beispiele sollen die Bewertungskriterien für Facharbeiten veranschaulichen:

- Im Beispiel unten finden Sie einen Auszug aus der Begründung einer Facharbeitsnote (vollständiger Text in Kapitel 11).
- Auf den Folgeseiten finden Sie eine Checkliste, die unter Berücksichtigung aller wichtigen Bewertungskriterien erstellt wurde.

Beispiel: Notengutachten

[...]

Gesamturteil

Die Facharbeit weist eine Reihe von Stärken auf. So wurde sie formal in weiten Teilen überzeugend ausgeführt. Die Layout- und Gestaltungsvorgaben wurden berücksichtigt und sicher umgesetzt. Materialrecherche und Materialauswertung erfolgten in sehr zufriedenstellender Weise. Sie haben sich differenziert und sachlich nachvollziehbar mit der Rassenlehre des Nationalsozialismus auseinandergesetzt. Ihre abschließende Stellungnahme erfolgte engagiert und wissenschaftlich korrekt. Die Quellenbelege sowie die Strukturierung des Textes können als gelungen bezeichnet werden.

Neben diesen Stärken weist die Facharbeit aber auch Schwächen auf: So wurde das Facharbeitsthema nicht klar erfasst. Dessen Bearbeitung bleibt unscharf. Der Darstellungsschwerpunkt wurde nicht themenbezogen gewählt. Auch wurden fragwürdige Quelleninhalte sprachlich nicht deutlich genug als solche gekennzeichnet und nicht direkt im Anschluss kommentiert und diskutiert. Schließlich muss die hohe Zahl an sprachlichen Schwächen und Fehlern negativ angemerkt werden.

Note: befriedigend (minus)

16. Januar 2007, ______________________
(Datum / Fachlehrer)

Auszug aus dem Notengutachten zur Facharbeit „Der Biologieunterricht im Dritten Reich – Aufgezeigt am Beispiel der Themen Rassenkunde und Humangenetik" (vollständiger Text in Kapitel 11)

9.14 Checkliste: Bewertungskriterien

Prüfkriterium	o.k
Formale Aspekte	
Ist die Arbeit vollständig? (→ Seite 128)	
Ist die Arbeit geheftet bzw. gebunden?	
Stimmt die äußere Form (nur einseitige Beschriftung der Seiten, Einband und Seiten sauber und knitterfrei)? (→ Seite 135)	
Ist die Druckqualität ausreichend?	
Wurden die Vorgaben für Seitenaufbau und Layout eingehalten? (→ Seite 135)	
Stimmt der Aufbau von Deckblatt und Titelblatt? (→ Seite 138)	
Ist das verwandte Gliederungssystem stimmig und konsequent umgesetzt worden? (→ Seite 128 ff.)	
Sind die Kapitelüberschriften prägnant und in der Gestaltung einheitlich (z. B. alle im Nominalstil)?(→ Seite 130)	
Sind alle Kapitel und Unterkapitel korrekt nummeriert worden? (→ Seite 131)	
Enthält das Inhaltsverzeichnis zu jedem (Unter)Kapitel die Nummerierung, Überschrift und Angabe der Seite, auf der das (Unter)Kapitel beginnt? (→ Seite 140)	
Stimmen die Überschriften im Inhaltsverzeichnis und im Text überein? (→ Seite 133)	
Wurden direkte Zitate richtig gekennzeichnet und wiedergegeben? (→ Seite 87)	
Wurden direkte und indirekte Zitate mit korrekten Quellenbelegen versehen? (→ Seite 89 ff.)	
Wurden Tabellen fortlaufend nummeriert und mit Überschrift sowie Quellenangabe versehen? (→ Seite 123 f.)	
Wurden Abbildungen fortlaufend nummeriert und mit Unterschrift sowie Quellenangabe versehen? (→ Seite 125 f.)	
Sind Tabellen und Abbildungen formal korrekt aufgebaut (Angabe der Einheiten, gegebenenfalls Legende usw.)? (→ Seite 123 – 127)	
Sind Tabellen und Abbildungen in der Größe ausreichend und gut lesbar?	
Sind die Quellenangaben im Quellenverzeichnis vollständig und formal korrekt? (→ Seite 99 ff.)	

Prüfkriterium	o.k
Enthält das Quellenverzeichnis alle zitierten Quellen?	
Wurde im Textteil der Facharbeit die Schriftsprache benutzt? (→ Seite 80 ff.)	
Stimmen Rechtschreibung, Zeichensetzung und Grammatik? (Grenze: etwa fünf Fehler/Seite)	
Ist die Schlusserklärung beigefügt? (→ Seite 152 f.)	
Methodische Aspekte	
Ist die Gliederung nachvollziehbar, logisch und dem Thema der Facharbeit angemessen?	
Ist die Darstellung stringent, ohne gedankliche Sprünge, Lücken und Wiederholungen?	
Wurde die Einleitung in Bezug auf Umfang und Strukturierung stimmig gestaltet? (→ Seite 145 f.)	
Ist der Schlussteil, in dem die Ergebnisse der Arbeit zusammengefasst, kommentiert, bewertet werden, im Umfang angemessen? (→ Seite 149 f.)	
Sind Bezüge zwischen Einleitung, Hauptteil und Schlussteil hergestellt worden?	
Sind Schlussfolgerungen, Wertungen und Thesen nachvollziehbar begründet worden?	
Ist die Fachsprache in ausreichendem Umfang und in stimmiger Weise angewandt worden?	
Wurden ungewöhnliche Fachbegriffe und Abkürzungen erläutert (in Klammern hinter dem Begriff oder in separaten Verzeichnissen)? (→ Seite 144)	
Wurden die nötigen fachlichen Methoden sachgemäß angewandt (z. B. Quellenauswertung, Textanalyse, Aufbau eines Experimentes, Auswertung von Karten, Diagrammen, Tabellen)?	
In Forschungsarbeiten: Ist der methodische Ansatz nachvollziehbar dargestellt und sind die Ergebnisse exakt dokumentiert und ausgewertet worden? (→ Kapitel 8)	
Ist die Literatur- und Quellenrecherche in Umfang und Tiefe stimmig, also nicht zu schmal?	
Wurde auf Aktualität und wissenschaftliche Relevanz der Quellen geachtet? (→ Seite 60)	
Sind Quellen sachgerecht ausgewertet und in Form direkter wie indirekter Zitate sinnvoll in den Text eingebracht worden? (→ Kapitel 7)	
Nehmen direkte Zitate maximal 5 % des Textteils der Arbeit ein? (→ Seite 86)	

Prüfkriterium	o.k
Wurden Textinhalte ausreichend durch Quellenbelege abgesichert? (→ Seite 89 und 96)	
Wurde auf strittige oder widersprüchliche Quelleninhalte hingewiesen?	
Ist klar zwischen der Darstellung von Fakten, der Wiedergabe der Meinung anderer und der eigenen Wertung/Position unterschieden worden?	
In Forschungsarbeiten: Wurden die Ergebnisse durch Abbildungen veranschaulicht? (→ Seite 125 ff.)	
Ist die Darstellung verständlich, sprachlich präzise und im Ausdruck differenziert?	
Inhaltliche Aspekte	
Wurde die Themenstellung der Facharbeit korrekt erfasst?	
Konnte das Thema – soweit notwendig – sinnvoll eingegrenzt werden?	
Ist aus dem Thema eine eindeutige Fragestellung/Problemstellung abgeleitet worden?	
Gelang die Auseinandersetzung mit dem Thema differenziert und strukturiert?	
Weisen alle Teile der Facharbeit einen klaren Themenbezug auf?	
Wurden alle Gliederungspunkte inhaltlich angemessen gefüllt?	
Gelang die Darstellung der Sachinhalte vollständig, richtig, widerspruchsfrei und überprüfbar (→ ausreichende Quellenbelege; Seite 89 und 96)?	
Ist die inhaltliche Auswahl der direkten wie auch indirekten Zitate überzeugend? (→ Seite 86 f. und 96 f.)	
Ist die Argumentationsbreite stimmig?	
Erfolgte die Auswertung und Interpretation der Quellen sowie gegebenenfalls der Ergebnisse eigener Forschung differenziert und schlüssig? (→ Seite 69 ff. und 122)	
Sind die formulierten Schlussfolgerungen inhaltlich stimmig?	
Wurden Tabellen und Abbildungen in den Text eingebunden und ist deren Beschreibung, Auswertung und Interpretation sachlich richtig?	
Weist die Arbeit neben der Darstellung von Sachinformationen auch selbstständige und kritische Wertungen auf?	
Sind diese mit fundierten Argumenten begründet worden?	
Wurden stimmige, abstrahierende Zusammenfassungen formuliert?	

Prüfkriterium	o.k
In Forschungsarbeiten (⟶ Kapitel 8): Wurden die praktischen Arbeitsteile eigenständig geplant und durchgeführt? Ist in der Arbeitsplanung Engagement, Kreativität und die Beherrschung fachspezifischer Arbeitsmethoden erkennbar? Hat man aufgetretene Probleme richtig erfasst und kreativ zu lösen versucht?	
In fremdsprachlichen Fächern: Wurden die fremdsprachlichen Abschnitte der Arbeit korrekt und stimmig gestaltet?	

10 Das Referat

10.1 Das Besondere

Das Referat weist in der Vorbereitung eine Reihe von Gemeinsamkeiten zur Facharbeit auf. Dies gilt für die Arbeitsorganisation und Themenwahl, wie auch für die Informationsbeschaffung und Auswertung von Textquellen (⟶ Kapitel 3 bis 5).

Daneben gibt es aber auch markante Unterschiede zur Facharbeit:

- Das Referat ist eine „Live-Veranstaltung". Zwar kann man es zu Hause vorbereiten, sein genauer Verlauf ergibt sich aber erst in dem Moment, in dem es gehalten wird.
- Es kann zudem durch die Zuhörer mitgestaltet werden, etwa durch Nachfragen oder den bewussten Einbezug der Zuhörer durch den Referenten.
- Ein Referat wird mündlich vorgetragen und kann allenfalls durch ein schriftliches Handout (Thesenpapier) ergänzt werden.
- Das Referat ist stark zuhörerorientiert. Es ist von erheblicher Bedeutung für die Gestaltung des Referats, ob es vor den Mitschülern des Leistungskurses Mathematik, der gesamten Jahrgangsstufe oder einem Prüfungsgremium im Rahmen der mündlichen Abiturprüfung gehalten wird.
- Beim Referat spielt auch der Raum, in dem es gehalten wird, eine wichtige Rolle. Seine Akustik, die Möglichkeiten zum Einsatz von Medien, die Sitzordnung der Zuhörer – all das bestimmt die Präsentation der Referatinhalte wesentlich mit.
- Ein Referat lebt nicht vom Text allein, sondern in gleichem Maße auch von der Visualisierung (Veranschaulichung) und Präsentation der Inhalte.
- Das Referat kann in den Unterricht eingebettet oder auch Teil einer Prüfung sein.
- Die Vorbereitungszeit ist meist deutlich kürzer als bei einer Facharbeit.

All diesen Besonderheiten muss bei der Planung, Vorbereitung und Durchführung eines Referats Rechnung getragen werden.

10.2 Die Vorbereitung

Zeit

Bei einem Referat steht meist deutlich weniger Zeit für die Erstellung zur Verfügung als bei einer Facharbeit. Deshalb

- sollten Sie möglichst direkt nach der Themenstellung mit der Vorbereitung beginnen,
- ihre Vorbereitung genau und effektiv planen (⟶ Seite 11 ff.),
- diese Planung möglichst auch einhalten.

Nur so vermeiden Sie zeitliche Engpässe, inhaltliche Lücken und überhastete Entscheidungen bei Visualisierung und Präsentation.

Thema

Bei Referaten wird das Thema in vielen Fällen von der Schule vorgegeben. Falls dies nicht der Fall ist, gelten hier die gleichen Grundregeln für die Themenfindung wie bei einer Facharbeit (→ Seite 32 ff.).
In jedem Fall ist es wichtig, das Thema zusammen mit der Fachlehrerin oder dem Fachlehrer klar und eindeutig zu formulieren und bei allen im Verlauf der Themenbearbeitung auftauchenden Unklarheiten und notwendig werdenden Änderungen des Themas mit der Lehrerin oder dem Lehrer Rücksprache zu nehmen.

Vorüberlegungen

Haben Sie das Thema Ihres Referats vorliegen, so klären Sie zunächst folgende Fragen:

- Welches sind die zentralen *inhaltlichen Aspekte des Themas*? Was soll im Referat dargestellt, beschrieben, erläutert, widerlegt, bewiesen oder erörtert werden?
- Was gibt die Themenstellung als *methodisches Ziel* vor? Soll hier etwas objektiv beschrieben werden? Geht es um die Erklärung eines Sachverhaltes/Zusammenhanges? Ist die Diskussion einer bestimmten Situation/Position gefordert? Oder soll der kritische Umgang mit bestimmten Medien nachgewiesen werden?
- Welches ist die *Zielgruppe* des Referats? Wie sieht das Zuhörerprofil aus (Ihnen bekannte/unbekannte Gruppe, großer/kleiner Zuhörerkreis, Fachkompetenz der Zuhörer, Prüfungskommission usw.)? Was kann man bei den Zuhörern an Vorwissen zum Thema voraussetzen? In welcher Form kann man die Zuhörer eventuell in das Referat einbinden?
- Welche *Funktion* hat das Referat? Ist es in den Unterricht eingebunden? Welchen Beitrag zum Fortgang des Unterrichts soll es leisten? Kann man im Referat auf vorausgegangene Unterrichtsinhalte zurückgreifen? Soll man eventuelle im Referat nachfolgende Unterrichtsinhalte vorbereiten? Oder handelt es sich um ein Referat im Zusammenhang mit einer Abiturprüfung?
- Wie sehen die *Rahmenbedingungen für die Erstellung* des Referats aus:
  - Wie viel Zeit steht für die Erstellung zur Verfügung?
  - Wie lang muss/darf das Referat sein?
  - Welches sind meine Stärken und Schwächen als Referent/in? Welche Präsentationstypen liegen mir? Was ist meine bevorzugte Vortragsweise?
- Wie sehen die *Rahmenbedingungen für die Präsentation* des Referats aus?
  - In welchem Raum wird das Referat gehalten? Wie groß ist dieser und wie ist seine Akustik?

- Wie wird die Sitzordnung der Zuhörer sein? Können diese vorgesehene Projektionsflächen, die Tafel usw. gut einsehen? Kann man die Bestuhlung gegebenenfalls so anordnen, dass alle einen guten Blick auf den Referenten bzw. die Projektionsfläche haben?
- Wie sieht die zur Verfügung stehende technische Ausstattung aus? Ist der Vortragsraum gegebenenfalls abdunkelbar? Steht ein Overheadprojektor, ein Computer mit Beamer, eine weiße Projektionsfläche, eine Tafel zur Verfügung? Kann ich gegebenenfalls meinen eigenen Laptop problemlos an den bereitgestellten Beamer anschließen?
- Gibt es jemanden, der mich in die gegebenenfalls unbekannte Technik des Vortragsraumes einführt?
- Gibt es gegebenenfalls jemanden, der während der Präsentation des Referats die Technik bedient?

Sie sollten, falls der Vortragsraum Ihnen unbekannt ist, sich diesen unbedingt vor Beginn Ihrer Arbeit am Referat ansehen und gegebenenfalls dessen technische Möglichkeiten erkunden und praktisch ausprobieren!

Anhand der Antworten auf diese Fragen wird zu entscheiden sein,

- wie groß die inhaltliche Breite und Tiefe des Referats sein kann;
- wie die sprachliche Darstellung aussehen muss (z. B. die Fachsprache betreffend);
- welche Medien und Visualisierungsmöglichkeiten verwendet werden können;
- welche Präsentationstechniken zur Anwendung gelangen.

Sie sollten daher die Antworten auf die obigen Fragen notieren und im Weiteren als Basis der Referatvorbereitung benutzen.

Information beschaffen

Haben Sie Ihre Vorüberlegungen abgeschlossen, kann die Beschaffung der Informationsgrundlage für das Referat beginnen. Tipps und Hinweise dazu finden Sie im → Kapitel 4.

Information auswählen und komprimieren

Deutlich stärker als bei einer schriftlichen Arbeit ist die Verarbeitung der Textquellen und der Ergebnisse eigner Forschung bei einem Referat durch das enge Zeitkorsett der Präsentation und das konkrete Adressatenprofil (Erwartungen und Vorkenntnisse der Zuhörer usw.) gekennzeichnet. Daher gilt:

Teilen Sie die zur Verfügung stehenden Informationen in vier Prioritätenklassen ein:

1.) Informationen, die zur Abarbeitung des gestellten Themas zentral sind und im Referat auftauchen müssen
2.) Informationen, die bei ausreichender Zeit zudem noch vorgestellt werden sollten
3.) Informationen, die mit dem Referatthema in Verbindung stehen (doch eher am Rande)
4.) Informationen ohne klaren Bezug zum Thema des Referats

Informationen der beiden obersten Prioritätenklassen gehören in das Referat. Sie müssen nun auf das Wesentliche komprimiert werden, wobei insbesondere zentrale Abläufe, Strukturen und Zusammenhänge herauszufiltern sind.
Informationen der dritten Klasse sollten Sie im Hinterkopf haben, um z. B. auf eventuelle Fragen der Zuhörer antworten zu können.
Informationen der letzten Klasse können Sie aussortieren.

Neben der fachlichen Bedeutung sollten Sie bei der Auswahl der Informationen aber auch die Zuhörer im Blick haben:

- Welche Details müssen unbedingt eingebracht werden, um den Zuhörern die Zusammenhänge oder Ihre Schlussfolgerungen nachvollziehbar zu machen? So muss unter Umständen ein im Unterricht besprochenes Phänomen wiederholt oder ein Seitenpfad erläutert werden.
- Welche Details sind zwar eventuell nicht relevant, doch für die Zuhörer besonders interessant. Diese können dazu dienen, das Interesse der Zuhörer wachzuhalten.

Sind Sie in Ihrer Referatvorbereitung an dieser Stelle angelangt, kommen zwei weitere referatspezifische Aspekte ins Spiel: Die Erstellung des Redemanuskriptes und die Visualisierung der vorgetragenen Informationen.

10.3 Das Redemanuskript

Ein Referat muss **prinzipiell frei vorgetragen** werden. Doch dürfen Sie dabei durchaus schriftliche Gedächtnisstützen nutzen. Diese werden als Redemanuskript bezeichnet. Sie dürfen diese Gedächtnisstützen während des Referats einsehen, nicht aber den dort vermerkten Referattext zu Gänze ablesen (Ausnahmen: wörtliche Zitate, Datenangaben oder Ähnliches). Es sind zwei Manuskripttypen möglich:

Manuskript mit ausformuliertem Text

Sie können – so wie viele Politiker – Ihren Vortragstext ausformulieren und Wort für Wort im Redemanuskript niederschreiben.
Diese Form der Gedächtnisstütze hat *Vorteile*:

- Der Text ist ausgefeilt.
- Er kann den Zuhörern gegebenenfalls zur Verfügung gestellt werden.
- Ein ausformuliertes Manuskript schafft Sicherheit für den Vortragenden: Nichts Wichtiges kann vergessen werden, Aussetzer sind nicht zu erwarten, die Zahl der *Ähs* und *Öhmms* wird minimiert.
- Zeitvorgaben können exakt eingehalten werden.

Gerade wenn Sie wenig vortragsgeübt sind, sprechen diese Punkte auf den ersten Blick für eine schriftliche Ausformulierung des Textes.

Doch die Vorteile eines solchen Manuskripts können trügerisch sein. Ein ausgeschriebener Referattext birgt nämlich *Gefahren* in sich:

- Er ist häufig zu kompliziert formuliert. In schriftlichen Texten neigt man dazu, lange, verschachtelte Satzkonstruktionen zu verwenden. Diese wirken brillant, sind aber für die Zuhörer nur schwer zu erfassen.
- Ein solcher Text wird leicht mit Informationen überfrachtet. Für den Zuhörer geht so das Wesentliche in der vorgetragenen Faktenfülle verloren.
- Ein vorformulierter Text verführt dazu, ihn weitgehend abzulesen. Doch: Ein Referat ist eben keine Lesung!
- Liest man Referatpassagen vom Blatt ab, so spricht man erfahrungsgemäß schneller als beim freien Formulieren. Dies kann es den Zuhörern unmöglich machen, dem formulierten Gedankengang zu folgen.
- Zudem wird meist recht monoton vorgelesen. Gestik und Mimik bleiben starr. Für die Zuhörer wirkt dies wenig motivierend.
- Beim Ablesen verliert man den Blickkontakt mit den Zuhörern. Deren Reaktionen (z. B. offenes Unverständnis bei bestimmten Passagen) kann man so nicht feststellen und angemessen reagieren, z. B. in der Form, dass man den gerade gesprochenen Text mit anderen Worten wiederholt (→ Seite 177).
- Muss der Raum beim Einsatz eines Beamers, Overheadprojektors usw. abgedunkelt werden, fehlt plötzlich die Textgrundlage.

Angesichts dieser Nachteile ist davon abzuraten, den Text des Referats vollständig niederzuschreiben. Sollten Sie dies dennoch ins Auge fassen, beachten Sie:

- Alle Blätter nur einseitig beschreiben.
- Schwereres, steifes Papier wählen, sofern man das Manuskript während des Vortrags in der Hand halten will.
- Alle Blätter fortlaufend nummerieren.
- Große Schrift und großen Zeilenabstand verwenden.
- Text übersichtlich gliedern.
- Wichtige Passagen hervorheben.
- Folien, Dias usw. nummerieren und die Nummern an den entsprechenden Stellen am Rand des Manuskriptes vermerken.
- Eventuell auch Zeitmarken auf dem Manuskriptrand notieren (→ Seite 167).
- Den Text sollte man genau kennen, aber nicht unbedingt auswendig lernen, da dies zu einem hölzernen Vortragsstil führt.
- Während des Vortrags:
  - Auf natürlichen, lebhaften Vortrag achten, auch bei abgelesenen Passagen.
  - „Abgearbeitete“ Seiten separat legen; nur noch vorzutragende Seiten verbleiben in der Hand/auf dem Rednerpult.

- Nur einzelne Textpassagen ablesen (maximal etwa 1/3 des Textes).
- Immer wieder Augenkontakt mit den Zuhörern aufnehmen.
- Man darf auch einmal vom ausformulierten Text abweichen!

Stichwortmanuskript

Prominente Showmaster machen es vor: Sie notieren nur Stichworte, Daten, Zitate und „Regieanweisungen" auf Karteikarten. Auch für ein Referat ist ein solches Stichwortmanuskript empfehlenswert. Ausgehend von den notierten Stichworten formuliert man dann den Text des Referats während des Vortrags „spontan".

Diese Form des Manuskripts hat *Vorteile*:

- Der Vortragende hat beständig Augenkontakt mit den Zuhörern und kann so auf deren Verhalten angemessen reagieren (siehe oben).
- Beim freien Formulieren ist die Sprache in der Regel einfacher und verständlicher.
- Kleine Pausen, die hierbei immer auftreten, erleichtern es den Zuhörern, dem Gehörten gedanklich zu folgen.
- Der Vortrag ist somit näher am Zuhörer.

Allerdings dürfen auch die *Nachteile* dieses Manuskripttyps nicht verschwiegen werden:

- Es besteht die Gefahr, von der vorgesehenen Vortragslinie abzuschweifen.
- Dies erschwert das Einhalten des vorgegeben Zeitrahmens.
- Ungeübte Referenten müssen akzeptieren, dass Redepannen und ungewollt lange Pausen auftreten können und die sprachliche Formulierung nicht dem Standard vorformulierter Referattexte entspricht.

Doch diese Nachteile können durch optimale Manuskriptgestaltung und intensive Vortragsvorbereitung ausgeglichen werden.

Entscheiden Sie sich für ein Stichwortmanuskript, so gehen Sie sinnvollerweise folgendermaßen vor:

- Notieren Sie Ihre Stichwort auf Karteikarten. Diese sind leicht zu handhaben und rascheln nicht.
- Als günstig hat sich die Verwendung von Karteikarten (oder Blättern) der Größe DIN A5 (halbe Briefpapiergröße) erwiesen.
- Beschreiben Sie diese nur einseitig. Ansonsten besteht die Gefahr, dass man sich beim Umblättern vertut.
- Ihre Schrift sollte groß und gut lesbar sein. Sie müssen die Stichworte auch im Halbdunkel noch gut lesen können.
- Versehen Sie nach Fertigstellung des Manuskripts alle Karteikarten in der oberen rechten Ecke mit fortlaufenden Nummern. Dies erlaubt ein rasches Sortieren.
- Gestalten Sie die Karteikarten wie folgt:
  - Teilen Sie jede Karte durch einen senkrechten Strich im Verhältnis von 2/3 zu 1/3.

- Im links liegenden größeren Teil notieren Sie oben die Nummer und Überschrift des jeweiligen (Unter)Kapitels.
- Darunter dann alle wichtigen Stichworte in der Reihenfolge, in der Sie diese im Vortrag erwähnen wollen. Notieren Sie auch Daten, zentrale Definitionen, wörtliche Zitate sowie schwierige Passagen, die Sie wörtlich ablesen möchten.

- Im rechten Kartendrittel werden „Regieanweisungen“ festgehalten, welche den Medieneinsatz oder die Anwendung von Vortragstechniken betreffen, sowie gegebenenfalls Zeitmarken (→ Seite 167).
- Tragen Sie die Stichworte übersichtlich ein. Überladen Sie Ihre Karteikarte nicht.
- Arbeiten Sie mit verschiedenen Farben, um wichtige Informationen hervorzuheben.

Beispiel: Stichwortkarte zu einem Referat

2.1 Der Jangtse (Jangtsekiang)

- offizieller Name Chang Jiang
  Jangtse gebräuchliche Kurzform
- 6380 km lang
- längster und wasserreichster Fluss Chinas
- drittlängster Fluss der Erde; fast 5 x so lang wie Rhein
- entspringt in fast 6000 m Höhe im Tanggula-Gebirge im östlichen Tibet
- mündet bei Shanghai in das Ostchinesische Meer
- bricht durch drei Schluchten (Qutang, Wuxia, Xiling) aus dem Gebirge in die zentralchinesische Tiefebene
- drei Schluchten:
  – steile Gebirgsklippen
  – Jangtse hier Tiefe von 150 bis180 m (größte Tiefe aller Flüsse der Erde)
  – Schwankungen Wasserstand bis zu 80 m (Weltrekord)

Tafel:
Chang = lang
Jiang = Fluss

Tafel:
Länge 6380 km

Folie 1 mit China-Karte:
Verlauf Jangtse zeigen + erläutern

Lage der drei Schluchten zeigen

Dauer: 6 min

Beispiel einer Stichwortkarte zum Referat „Der Drei-Schluchten-Staudamm“ im Fach Erdkunde

Gründliche Vorbereitung

Unabhängig von der Wahl des Manuskripttyps müssen Sie den Vortrag gründlich vorbereiten:

- Stellen Sie durch intensive Quellenrecherche sicher, dass Sie mehr an Wissen zum Thema parat haben, als Sie tatsächlich im Vortrag darstellen können.
- Unterziehen Sie das fertige Referat einem Testlauf, indem Sie es vor Bekannten/Verwandten (und gegebenenfalls vor einer Videokamera) „probehalten“. Und dieses mehr als ein Mal. Sie gewinnen so Sicherheit im Vortrag und können zudem Unklarheiten und

Vortragsschwächen herausfinden. Tragen Sie das Referat nach Korrektur der festgestellten Schwächen den gleichen Zuhörern erneut vor. Bitten Sie diese, das Referat anhand der Checkliste auf → Seite 182 f. zu überprüfen. Ermuntern Sie sie zu konstruktiver Kritik. Zuhörer, die „alles super“ finden, helfen Ihnen wenig.
- Proben Sie auch den Einsatz von Beamer und Overheadprojektor. Machen Sie sich mit der Handhabung des technischen Equipments im Vortragsraum vertraut.

Timing

In der Regel ist die für ein Referat zur Verfügung stehende Zeit konkret vorgegeben.
- Halten Sie diesen Zeitrahmen ein.
- Stoppen Sie bei Ihren „Probevorträgen“ die benötigte Zeit.
- Schlagen Sie zu dieser Vortragszeit ca. 10 bis 15 % als Puffer hinzu – denn beim „richtigen“ Vortrag dauert manches etwas länger (z. B. das Handling der technischen Geräte, der Tafelanschrieb).
- Kürzen bzw. ergänzen Sie Ihr Referat gegebenenfalls, um die Zeitvorgabe einzuhalten.
- Notieren Sie eventuell wichtige Zeitmarken im Manuskript (z. B. „Wann muss ich mit Kapitel 2 fertig sein?“). Geben Sie dabei immer die seit Referatbeginn insgesamt vergangene Zeit an – so ist die verbleibende Restzeit offensichtlich.
- Doch: Werden Sie nicht zum Sklaven der Uhr. Eine Minute Zeitüberschreitung darf sein.
- Sollten Sie während Ihres Referats Zuhörerfragen zulassen, müssen Sie auch hierfür Zeit einplanen. Besser: Erlauben Sie Zuhörerfragen erst am Referatende (→ Seite 179).

10.4 Der Aufbau

Ein Referat besteht in der Regel aus drei Teilen: Einleitung, Hauptteil und Schlussteil. Die Einleitung sollte ca. 10 – 15 % der Referatzeit einnehmen, der Hauptteil ca. 75 – 80 % und der Schlussteil ca. 10 – 15 %.

10.4.1 Einleitung

Diese erfüllt drei wichtige Aufgaben:

Heranführen der Zuhörer an das Referatthema

Dieses kann erreicht werden, indem man z. B.
- das Thema, die Fragestellung, das Ziel des Referats vorstellt.
- die Abgrenzung des Themas erläutert (z. B.: Welche Themenaspekte werden im Referat behandelt? Welche werden ausgespart? Aus welchen Gründen?).
- auf die Bedeutung des Themas hinweist.
- einen Kurzüberblick über das Thema gibt und die Gliederung des Referats vorstellt.

Aufbau des Kontaktes zwischen Vortragendem und Publikum / Wecken des Interesses der Zuhörer für das Referat

Dieses kann erreicht werden, indem man z. B.

- zwei gegenteilige Meinungen zur Problemfrage des Referats vorstellt.
- eine interessante Karikatur vorstellt und daran die Fragestellung/das Ziel des Referats von den Zuhörern erarbeiten lässt.
- eine provozierende These aufstellt.
- ein Experiment oder eine szenische Darstellung vorführt.
- ein Meinungsbild zur zentralen Fragestellung des Referats unter den Zuhörern erstellt (das man an der Tafel festhält und am Ende des Referats erneut diskutiert).
- eine Anekdote erzählt, die zum Referatthema hinführt usw.

Information der Zuhörer über den organisatorischen Rahmen des Referats

Dazu gehören z. B.:

- Zeitrahmen und evtenuell Pausenregelung
- das Handling von Zuhörerfragen
- geplanter Handouteinsatz

Eine Einleitung kann folgenden Aufbau haben:

- „Es geht los"-Signal geben
- Begrüßung der Zuhörer
- gegebenenfalls Vorstellung der Referentin/des Referenten (falls den Zuhörern unbekannt)
- Einstieg, der das Zuhörerinteresse weckt und zum Referatthema hinführt (z. B. Karikatur, überraschender Befund, Widersprüchliches, Anekdote, Meinungsbild oder Ähnliches)
- Thema des Referats nennen
- gegebenenfalls Thema ein- bzw. abgrenzen
- Bedeutung des Themas andeuten
- Ziel/Fragestellung des Vortrags nennen
- Gliederung des Referats vorstellen
- gegebenenfalls „technische Hinweise":
  - Zeitrahmen des Referats
  - Pausenregelung
  - Handling der Zuhörerfragen (→ Seite 179)
  - geplanter Handout-Einsatz usw.

10.4.2 Hauptteil

Hier werden alle themenrelevanten Sachinformationen vorgestellt, soweit diese in den Rahmen der zuvor vorgestellten Gliederung passen. Ziel ist es hier,

- die Fragestellung des Referats fundiert abzuhandeln,
- die Zuhörer optimal zu informieren bzw. mit Argumenten zu überzeugen.

Folgende Punkte sind bei der Gestaltung des Hauptteiles zu beachten:

- schlüssige Gliederung (→ Seite 128 ff.)
- Hervorheben der zentralen Aspekte
- durchdachte Dramaturgie: logische Abfolge der Fakten, aufeinander aufbauende Argumente
- Überleitungen formulieren
- zum Schluss eines „Kapitels" knappe Zusammenfassung geben
- nicht zu lange auf einem Themenpunkt „herumreiten", sich nicht im Kreis drehen
- aber auch nicht zu oberflächlich bleiben und nur nichtssagende Pauschalitäten aneinanderreihen

Besonders wichtig ist: Die Darstellung muss klar und logisch strukturiert sein. Sie darf keine Sprünge und Lücken enthalten. Für die Zuhörer sind (fast) alle Informationen des Referats neu und unbekannt; sie erhalten diese zudem nur einmal vorgestellt und haben keine Möglichkeit sich schwierige Passagen wiederholen zu lassen. Versetzen Sie sich in die Zuhörersituation. Strukturieren Sie den Hauptteil Ihres Referats so, dass man den roten Faden direkt erkennt. Nutzen Sie dazu eventuell auch überleitende rhetorische Fragen. Zudem: Viele Referate zeichnen sich durch eine hohe Informationsdichte aus. Den Zuhörern wird eine Fülle von Fakten, Daten und Zahlen präsentiert, die sie kaum alle aufnehmen können. Also: Überrollen Sie Ihre Zuhörer nicht mit einer Informationslawine. Die Kunst der Referatvorbereitung liegt nicht nur darin, auszuwählen, was man vorstellt, sondern ebenso darin, auszuwählen, was man weglässt!
Zum richtigen Zitieren und Handling von Quellenbelegen in Referaten lesen Sie die → Seite 98.

10.4.3 Schlussteil

Der Schlussteil fasst die Ergebnisse zusammen und schlägt den Bogen zur eingangs formulierten Fragestellung des Referats. Auch stellt er das Referat gegebenenfalls in den Gesamtzusammenhang des Unterrichts und bietet Raum für Schlussfolgerungen und für über das Referat hinausgehende Überlegungen.

Der Schlussteil *muss* in jedem Fall enthalten:

- die Angabe der benutzten Quellen, z. B. in Form einer Literaturliste (Tafel/Folie) oder auch als Quellenverzeichnis im Handout (→ Seite 179). Man kann die benutzte Literatur auch mitbringen, zur Ansicht herumreichen und mit einem wertenden Kommentar hinsichtlich ihrer Eignung versehen.

Der Schlussteil *sollte* enthalten:

- eine Zusammenfassung der Inhalte/Ergebnisse des Hauptteiles
- soweit möglich eine Antwort auf die Ausgangsfrage
- Hinweise auf offene/ungeklärte Fragen
- Hinweise auf festgestellte Widersprüche
- einen Ausblick auf die zukünftige Entwicklung
- Schlussfolgerungen, die aus dem Referat gezogen werden können
- Ihre persönliche Meinung zu den im Referat vorgestellten strittigen Aspekten

Er *kann* zudem enthalten:

- einen Rückgriff auf die Einleitung (z. B. auf das erstellte Meinungsbild, die Anekdote)
- Anmerkungen zur Bedeutung des Referats für das aktuelle Unterrichtsthema
- Anmerkungen zu Problemen bei der Referaterstellung/Quellenrecherche
- Elemente, die die Zuhörer/innen zum Weiterdenken animieren
- einen markanten Schlusspunkt: einen Appell an die Zuhörer, ein zum Nachdenken anregendes Zitat oder Ähnliches.

Der Aufbau des Referats schlägt sich in der Gliederung nieder. Diese ist prinzipiell genauso zu gestalten wie die Gliederung einer Facharbeit (→ Seite 128 ff.). So gilt:

- das Referat wird in verschiedene Kapitel und gegebenenfalls Unterkapitel unterteilt
- jedes (Unter)Kapitel erhält eine Überschrift (möglichst im Nominalstil → Seite 130)
- alle Kapitel werden fortlaufend nummeriert (→ Seite 131)

10.5 Die Visualisierung

10.5.1 Möglichkeiten und Standards

„Ein Bild sagt mehr als 1000 Worte." Diese bekannte Weisheit gilt auch und in besonderem Maße für Referate. Der Zuhörer muss in kurzer Zeit viele Informationen aufnehmen. Deren zusätzliche Visualisierung (Veranschaulichung) kann hierbei eine große Hilfe sein. Als Mittel zur Veranschaulichung bieten sich an: kurze Filmsequenzen, Dias, Folien, Karten, Diagramme, Schaubilder, Ablaufskizzen, originale Anschauungsstücke, Modelle usw. Alle Veranschaulichungsmittel bedürfen eines Präsentationsmediums. Hier stehen neben Tafel, Pinnwand und Flip-Chart auch technische Geräte wie Overheadprojektor, Computer mit Beamer, Videorecorder/DVD-Player mit Fernseher, Dia- und Filmprojektor zur Verfügung. Schließlich bietet sich auch das Handout als Träger für Ablaufskizzen, Diagramme oder Karten an.

Welches Veranschaulichungsmittel Sie wählen und mit welchen Medium Sie dieses in Ihrem Referat präsentieren, hängt vom Thema des Referats ebenso ab wie von Ihren persönlichen Vorlieben und technischen Fähigkeiten. Für Ihre Wahl sollte gelten:

- Das Veranschaulichungsmittel muss zum Referat passen und die vorgestellten Informationen tatsächlich auch veranschaulichen. Also keine Folie einsetzen, „weil so etwas einfach dazugehört"!
- Sie müssen das Veranschaulichungsmittel mit akzeptablem Aufwand und in akzeptabler Zeit beschaffen können. Der Kauf einer DVD, aus der man eine 20-Sekunden-Sequenz vorführt, ist wenig sinnvoll.
- Sie müssen das Präsentationsmedium beherrschen. Einen Filmprojektor das erste Mal im Leben während eines Referats zu bedienen trägt nicht zu einer entspannten Vortragsatmosphäre bei.
- Die Präsentationsmedien müssen verfügbar und in akzeptablem technischen Zustand sein. Computerabstürze oder ein lichtschwacher Diaprojektor in einem nicht abdunkelbaren Vortragsraum nerven Vortragenden und Zuhörer.

Im Folgenden werden drei gängige Visualisierungsmittel näher vorgestellt: Die Overheadprojektor-Folie, die Folie in einem Präsentationsprogramm („digitale Folie") und die Kartencollage.

10.5.2 Overheadprojektor-Folien

Diese sind geeignet für die Präsentation

- der Gliederung
- zentraler Definitionen/direkter Zitate
- von Merksätzen/Stichwortaufzählungen
- von Tabellen
- von Abbildungen (Grafiken, Karten usw.).

Für den **Text auf Folien** gilt:

- Er sollte ein Destillat des Wesentlichen sein. Prägnanz und Kürze sind Trumpf.
- Er sollte eine klare Struktur aufweisen und übersichtlich angeordnet sein – so kann der Leser den Inhalt rasch erfassen.
- Komplexe Abläufe sollten vereinfacht und z. B. als Ablaufskizzen dargestellt werden.
- Überschriften fett und größer drucken, nicht aber unterstreichen.

- Zentrale Aspekte sollte man hervorheben (Fettdruck, Farbe usw.) – so wird der Blick des Lesers gezielt auf Wichtiges gelenkt.
- Außer bei Definitionen, Zitaten und Merksätzen gilt: keinen vollständigen Text, sondern nur Stichworte aufschreiben.

Regeln für das **Layout von Folientexten** sind:
- Lesbarkeit ist oberstes Gebot
- möglichst keine handschriftlichen Texte
- Schriftgröße mindestens Arial 20 pt/Times New Roman 26 pt
- ausreichend Rand lassen (mindestens allseitig 3 cm)
- Groß- und Kleinschreibung verwenden
- vorrangig mit waagerechten Elementen arbeiten (also keine schräg verlaufenden Schriftbilder, keine kreisförmig angeordneten Texte usw.)
- möglichst wenig verschiedene Schriftarten verwenden (maximal zwei pro Folie)
- Möglichst wenig verschiedene Farben verwenden (maximal drei pro Folie)
- keine blassen Farben verwenden (diese sind bei der Projektion kaum erkennbar)
- Folie klar aufbauen/strukturieren
- pro Folie maximal sieben Zeilen Text
- pro Zeile maximal sieben Wörter (eher weniger)

Für **Tabellen und Abbildungen** gilt:
- Lesbarkeit ist auch hier oberstes Gebot
- Darstellung und Schrift müssen eine ausreichende Größe besitzen (im Vortragsraum ausprobieren)
- pro Folie maximal zwei Abbildungen
- eine einzelne Abbildung zentriert setzen
- für Tabellen und Abbildungen gelten die gleichen Gestaltungsvorschriften wie für Tabellen/Abbildungen in Facharbeiten (zu jeder Tabelle/Abbildung Über- bzw. Unterschrift, Quellenangabe usw. → Seite 122 ff.)
- in komplexen Tabellen/Abbildungen können wichtige Inhalte durch Markierungen hervorgehoben werden (Umkreisen, Pfeil usw.), um dem Zuhörer die rasche Erfassung der Kernpunkte zu ermöglichen
- beim Kopieren farbiger Abbildungen ist auf Farbtreue zu achten (z. B. sind Rottöne auf Kopien oft kaum noch unterscheidbar)

Generell sollte man:
- jede Folie oben mit der Nummerierung und Überschrift des Gliederungspunktes versehen, dem sie zugeordnet ist
- nur ein Thema pro Folie darstellen
- möglichst keine reinen Textfolien erstellen (außer zur Präsentation der Gliederung)

Für den **praktischen Einsatz** der Folien gilt:

- Nicht zu viele Folien verwenden (Aufnahmekapazität der Zuschauer beachten).
- Keine Textfolien verwenden, die lediglich den gerade gesprochen Referattext enthalten. Solche Folien könnte der Zuhörer auch alleine lesen!
- Der gesprochene Text muss zum Inhalt der Folie passen.
- Komplexe Tabellen und Abbildungen müssen ausführlich erläutert werden. Bedenken Sie: Die Zuhörer sehen diese zum ersten Mal.
- Bei komplexen Folien können die Inhalte dem Zuhörer/Zuschauer auch erst nach und nach zugänglich gemacht werden. Mögliche Methoden sind hier:
  - Teile der Folie mit Papier abdecken; Abdeckungen nach und nach entfernen
  - mehrere Folien übereinanderlegen; so wird die Gesamtfolie zunehmend komplexer (Achtung: Verrutschungsgefahr)
  - Folieninformationen durch handschriftliche Eintragungen (Folienstifte) ergänzen
- Folien müssen ausreichend lange gezeigt werden; kein hektisches Auf- und Ablegen.
- Den Zuhörern sollte „Einlesezeit" zur Verfügung gestellt werden. Dies kann eine kurze Pause beim Auflegen der Folie oder nach jedem Erläuterungsabschnitt sein.
- Auf gerade angesprochene Informationen kann in der Folie gezeigt werden (spitzer Bleistift, Zeiger). Aber bitte exakt auf die gemeinte Information zeigen. Vage Andeutungen („Irgendwo hier …") helfen wenig.
- Die eingesetzten Folien sollte man selbst genau kennen.
- Der Referent darf nicht im Strahlengang des Overheadprojektors stehen.
- Der Referent sollte dem Publikum zugewandt am Overheadprojektors arbeiten.
- Den Overheadprojektor nicht zu häufig an- und abschalten.

10.5.3 „Digitale Folien"

Für Aufbau, Gestaltung und Einsatz „digitaler Folien" in Präsentationsprogrammen wie z. B. PowerPoint® gelten die gleichen Regeln wie bei den Overheadprojektor-Folien. An Besonderheiten kommen hinzu:

Layout digitaler Folien

- Der Folientitel (= Kapitelnummer und Kapitelüberschrift) gehört oben auf jede Folie.
- In der Präsentation enthält (in der Regel)
  - die erste Folie das Thema, den Namen des Referenten und einen Eyecatcher
  - die vorletzte Folien ein Resümee und
  - die letzte Folie das Literatur- und verzeichnis.
- Für den Hintergrund der Folien gilt:
  - er sollte bei alle Folien gleich sein
  - er sollte nicht zu auffällig sein (da er sonst vom Inhalt ablenkt)

- Für die Schrift gilt:
  - sie muss gut lesbar sein (groß genug!)
  - ihre Farbe muss sich deutlich vom Folienhintergrund abheben.
- Bei den Animationen sollten Sie beachten:
  - keine Animationen beim Folientitel; er muss beim Aufblenden der Folie stehenbleiben
  - Animationen sparsam, inhaltsbezogen und zweckdienlich verwenden
- Folien sollten:
  - übersichtlich und klar strukturiert sein
  - nicht zu bunt gestaltet werden

Beispiel: Aufbau und Präsentation „digitaler Folien“

① Erstes Aufblenden der Folie: nur der Folientitel erscheint

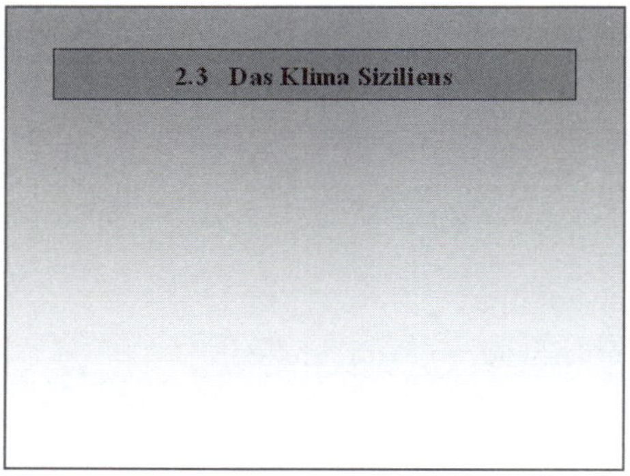

② Zweiter Schritt: Klimadiagramm und Luftbild zur Lageeinordnung der Klimastation erscheinen

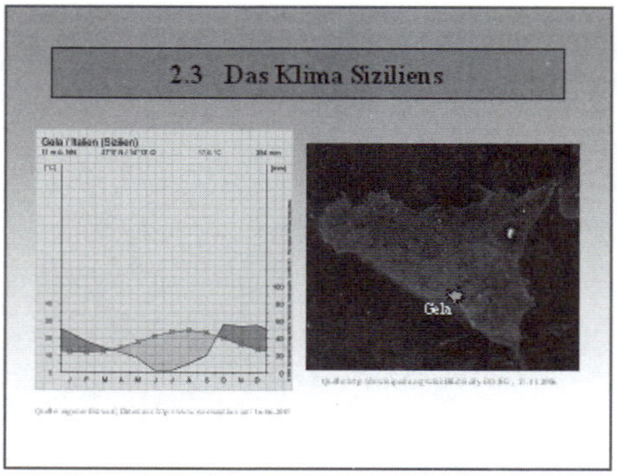

③ Dritter Schritt: Kasten zu den Kennzeichen des Klimas erscheint und überdeckt Luftbild

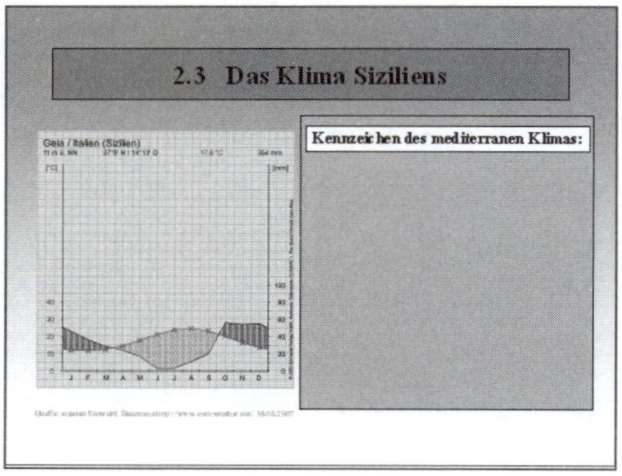

④ Vierter bis neunter Schritt: Im Kasten erscheinen passend zum gesprochenen Text nach und nach die Kennzeichen des Klimas Siziliens

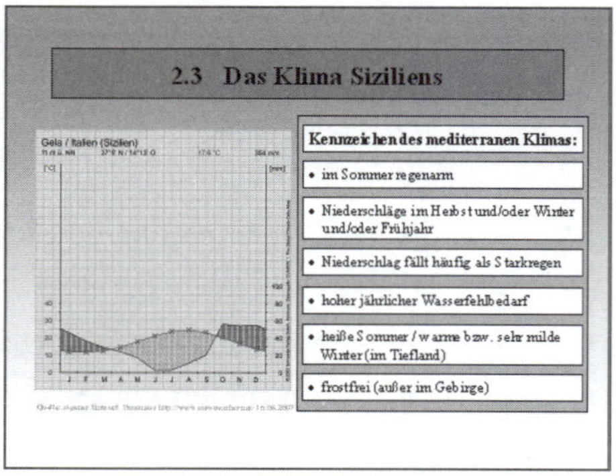

Einsatz digitaler Folien

- Nutzen Sie die technischen Möglichkeiten des Präsentationsprogramms:
  - nicht nur Text, sondern auch Abbildungen und Tabellen in die Folien einbinden
  - Folien bzw. einzelne Folienelemente kann man per Mausklick aufblenden
  - Schrift, Abbildungen und Tabellen können über- oder eingeblendet werden
  - Animation und Einblendung von Markierungen kann man dazu nutzen, den Zuhörern die rasche Erfassung zentraler Inhalte zu ermöglichen
- Vermeiden Sie eine Reizüberflutung der Zuhörer: Begrenzen Sie die Folienzahl, verwenden Sie Animationen mit Fingerspitzengefühl, lassen Sie nach dem Aufblenden ausreichend Zeit zum Einlesen.

10.5.4 Kartencollage

Zum Vorstellen der Gliederung, zur Präsentation von Ergebnissen, zur Darstellung von Pro- und Kontra-Argumenten, zum Sammeln von Ideen und zu vielem mehr eignet sich die Kartencollage. Eine Kartencollage besteht aus einzelnen mit Stichworttexten beschrifteten Karten, die man zur Visualisierung des Referattextes nach und nach an einer Pinnwand (mit Pins), Flip-Chart, Wand (mit Tesafilm) oder Tafel (mit Magneten) befestigt (→ Beispiel auf Seite 176).

Übrigens: Nach den Kompositionsvorgaben für die Kartencollage lässt sich leicht auch ein Tafelbild mit ähnlichem Visualisierungseffekt entwickeln – und dies kostenfrei (denn Tafel und Kreide sind im Klassenraum vorhanden).

Vorteile der Kartencollage sind:

- Sie ist einfach in Herstellung und Handling
- Sie ist flexibel. Man kann während des Referats „Ergänzungskarten" beschriften und einfügen oder Karten umgruppieren.
- Sie ist in jedem Vortragsraum einsetzbar.
- Eine Abdunklung des Raumes ist unnötig.

Nachteile der Kartencollage sind:

- In großen Räumen sind die Karten hinten kaum erkennbar.
- Das Befestigen der Karten kostet Zeit.
- Die Collage wirkt weniger perfekt als eine Folie und hat den Ruf, „antiquiert" zu sein.

Hinweise zu Kartengestaltung und -einsatz

- Die Regeln für die Kartengestaltung sind in untenstehender Collage aufgeführt.
- Es sollte für die Karten fester Karton verwendet werden.

- Die Verwendung verschieden gefärbter Karten z. B. für die Dokumentation unterschiedliche Positionen ist möglich.
- Auch Bilder, Icons, Diagramme usw. können in die Collage integriert werden. Doch ist hier auf ausreichende Größe zu achten.
- Es kann mit verschiedenfarbigen und unterschiedlich dicken Filzstiften geschrieben werden.
- Doch gilt: Maximal zwei verschiedene Schriftdicken und maximal drei Farben!
- Neben Karten können z. B. auch Pfeile zum Einsatz gelangen.
- Karten müssen gegebenenfalls mit zwei Pins befestigt werden, um ein Verrutschen zu vermeiden.
- Die Karten müssen in der vorgesehenen Abfolge und gegebenenfalls nach Gruppen sortiert bereitliegen. Ebenso die Befestigungshilfen (Pins, zurechtgeschnittene Klebestreifen usw.).
- Karten können in Reihen, in Gruppen, als Kreis usw. angeordnet werden.
- Erstellen Sie im Rahmen Ihrer Vorbereitung eine Skizze, wie die Karten passend zum Referatinhalt angeordnet werden können.
- Auch eine Kartencollage sollten Sie vor Ihrem Vortrag vor Freunden ausprobieren.

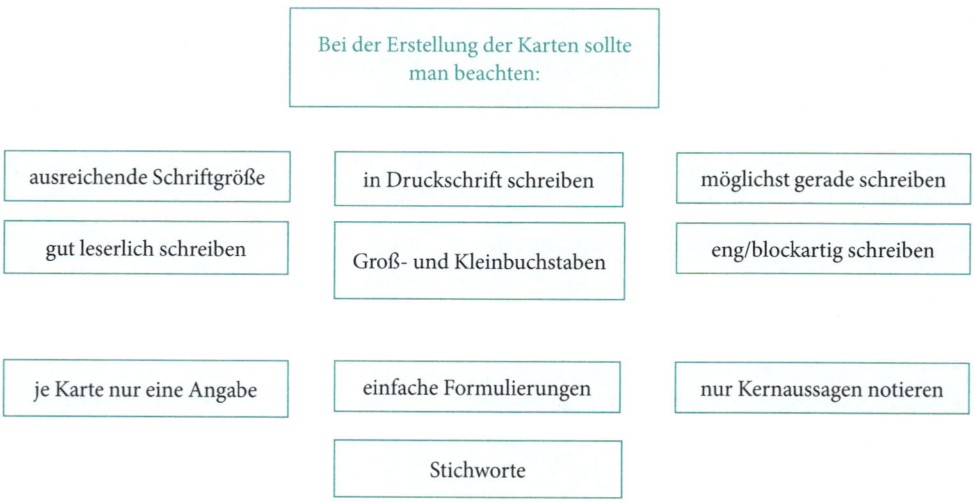

Die Kennzeichen der Karten einer Kartencollage

10.6 Der Vortrag

Generalprobe

Auch wenn Sie das Referat bereits einmal vor Bekannten gehalten haben, sollten Sie am Tag vor dem Vortrag einen letzten Probedurchlauf fahren.

Tragen Sie dabei das gesamte Referat vor. Setzen Sie alle Visualisierungsmittel so ein, wie für das Referat geplant.

- Fragen Sie anschließend die Zuhörer nach Lücken in der Darstellung und sonstigen zu verbessernden Schwachstellen.
- Überprüfen Sie Ihr Zeitmanagement.
- Testen Sie das benötigte technische Equipment und dessen Handhabung.
- Nutzen sie die Checklisten auf Seite 182 f.
- Beseitigen Sie erkannte Schwachstellen.

Vor Referatbeginn

Ein Spaziergang, Entspannungsübungen, Musikhören oder eine Tasse Kaffee – all das hilft ein wenig, das Lampenfieber vor einem Referat in den Griff zu bekommen.

Begeben Sie sich dann frühzeitig in den Vortragsraum und bereiten Sie diesen vor:

- Lüften Sie den Raum falls notwendig.
- Ordnen Sie gegebenenfalls die Bestuhlung vortragsgerecht an.
- Überprüfen Sie die benötigte Technik.
- Legen Sie Manuskript, Visualisierungsmittel (z. B. Folien, Modelle) und Zeigegeräte bereit.
- Stellen Sie gegebenenfalls ein Glas Wasser an Ihr Rednerpult.

Sprache und Stil

- Das Referat muss in der Regel frei vorgetragen werden. Ausnahmen sind z. B. wörtliche Zitate und Definitionen.
- Machen Sie direkte (wörtliche) Zitate kenntlich (→ Seite 98).
- Stützen Sie sich beim Formulieren des Textes auf Ihr Redemanuskript (→ Seite 163 f.).
- Halten Sie das Manuskript so, dass es Ihr Gesicht nicht verdeckt.
- Müssen Sie das Manuskript zum Lesen augennah halten, ist die Schrift zu klein!
- Kurze Redepausen beim Blick ins Manuskript sind durchaus erlaubt. Sie bieten Referent wie Zuhörer eine Chance zum Luftholen.
- Sprechen Sie nicht zu schnell.
- Sprechen Sie laut und deutlich.
- Bilden Sie kurze, prägnante Sätze. Formulieren Sie nicht zu kompliziert.
- Behalten Sie das Sprachniveau der Zuhörer im Auge. Außer bei Definitionen und direkten Zitaten sollten Sie keine abgehobene, gestelzte Sprache verwenden.

- Erläutern Sie neue, den Zuhörern unbekannte Fachbegriffe. Schreiben Sie diese an die Tafel oder auf eine Folie.
- Sprechen Sie nicht monoton. Setzen Sie Betonung und (sparsam) auch Mimik und Gestik ein. Ihr Vortrag wirkt so lebendiger.
- Stellen Sie – sofern möglich – Bezüge zu bekannten Unterrichtsinhalten her.
- Vergleichen Sie genannte Daten falls möglich mit Größen, die den Zuhörern vertraut sind (Beispiel: „[…] *Die VR China ist 9,6 Millionen Quadratkilometer groß und damit rund 27-mal so groß wie Deutschland.* […]")
- Sprechen Sie die Zuhörer direkt an („*Wie ihr bereits aus dem Unterricht wisst …*").
- Wecken Sie das Interesse der Zuhörer immer wieder neu: Erzählen Sie kurze Anekdoten, zeigen Sie eine Karikatur, spielen Sie ein Tondokument vor, beziehen Sie die Zuhörer aktiv in das Referat ein …
- Fassen Sie am Ende eines Abschnitts wesentliche Inhalte knapp zusammen.
- Erklären Sie schwierige Sachverhalte eventuell zweimal mit unterschiedlichen Worten. Oder veranschaulichen Sie diese durch eine Strukturskizze oder Ähnliches.

Körperhaltung und Verhalten

- Stellen Sie möglichst häufig Blickkontakt mit dem Publikum her.
- Sprechen Sie nicht mit dem Rücken zum Publikum, auch nicht bei der Präsentation von Dias oder Folien.
- Behalten Sie das Publikum im Auge, beobachten Sie dessen Reaktionen. Zeigt sich Unverständnis, sollten Sie die Passage wiederholen, neu formulieren oder nachfragen, worin die Unklarheit besteht.
- Auch bei der Arbeit am Overheadprojektor sollte sich Ihr Blick nicht an der Folie festsaugen, sondern zwischen Folie und Zuhören pendeln.
- Beim Aufblenden einer „digitalen Folie" sollten Sie den zugehörigen Text vortragen, ohne sich zur Folie hinzuwenden.
- In der Regel ist es günstig, in zentraler Position vor den Zuhörern zu stehen. Doch es gibt Ausnahmen:
  - Stehen Sie bei der Arbeit mit dem Overheadprojektor neben dem Gerät und nicht im Lichtkegel des Projektors.
  - Stehen Sie bei der Präsentation „digitaler Folien" seitlich von der Projektionsfläche und nicht mitten davor.
- Ihre Körperhaltung sollte entspannt, doch nicht betont lässig sein. Stehen Sie mit beiden Füßen auf dem Boden.
- Hände gehören nicht in die Hosentaschen. Nutzen Sie diese zum Halten des Manuskriptes, zum Zeigen in Folien, für den Vortrag unterstützende Gestik – oder lassen Sie sie zumindest locker hängen.

- Vermeiden Sie „Ticks“ wie z. B. beständiges Spielen mit einem Stift, wiederholtes Klicken eines Kugelschreibers.
- Achten Sie auch auf angemessene Kleidung. Bei Referaten im Unterricht sollte diese „normal“ sein, bei einer Präsentation im Abitur aber durchaus gediegen. Anzug oder schwarzes Kleid sind in der Regel jedoch ebenso fehl am Platz wie ein Minirock. Setzen Sie Baseballkappen oder Ähnliches ab!

Zuhörerfragen

Sie können Zuhörerfragen
- während des laufenden Referats,
- jeweils zum Ende eines Kapitels oder
- erst am Ende des Referats zulassen.

Informieren Sie die Zuhörer zu Referatbeginn, an welcher Stelle Sie Fragen erlauben. Meist ist es sinnvoll, diese erst am Ende des Referats zuzulassen. Denn auftretende Fragen werden oft im Verlauf des Referats geklärt. Bitten Sie die Zuhörer, sich ihre Fragen zu notieren. Prinzipiell sollten Sie in der Lage sein, Fragen zum Thema Ihres Referats zu beantworten. Doch: Nobody is perfect! Auch ein gut vorbereiteter Referent kann nicht auf alle Zuhörerfragen eine Antwort wissen. Verweisen Sie gegebenenfalls auf entsprechende Literatur zum Thema oder bieten Sie an, die Frage bis zur nächsten Unterrichtsstunde abzuklären.

Steckenbleiben

Dies kann auch geübten Rednern passieren. Bleiben Sie ruhig. Atmen Sie tief durch. Sehen Sie im Manuskript nach. Überspringen Sie falls nötig einen Punkt. Eventuell hilft es auch, das gerade Gesagte kurz zusammenzufassen oder zu wiederholen, um in das „Fahrwasser“ des Manuskripttextes zurückzugelangen. Bei technischen Problemen erbitten Sie eine Auszeit für die Problembeseitigung.

10.7 Das Handout

Als „Serviceleistung“ für die Zuhörer sollten Sie ein Handout vorbereiten. Dieses kann bereits während des Referats Orientierungshilfen bieten, kann Ausgangspunkt einer anschließenden Diskussion sein oder als Gedächtnisstütze für zentrale Referatinhalte dienen. Ein Handout *muss* vier Komponenten enthalten:
- Einen Kopf. Hier werden vermerkt: Name des Referenten, Schule, Jahrgangstufe, Kursbezeichnung, Datum und Thema.
- Die Gliederung des Referates. Sie erlaubt ein Nachverfolgen des Referatganges.
- Hilfreiche Informationen. So z. B. neue Fachbegriffe, Vokabeln, zentrale Definitionen.
- Das Literatur- und Quellenverzeichnis (→ Seite 99 ff.).

Beispiel: Handout

Hoppenstedtgymnasium Köln 28.11.2006
Jahrgangsstufe 11
Leistungskurs Erdkunde

Referat mit dem Thema

Der Naturraum Sizilien

gehalten von Eva Castrup

Gliederung des Referats

1 Sizilien – die Insel des Lichtes
2 Die Geographische Lage und naturräumliche Gliederung
3 Der Etna
4 Das Klima
5 Die Böden
6 Die Vegetation
7 Die Bodenschätze
8 Sizilien – keine Einheit, sondern faszinierende Vielfalt

Glossar

Lava (ital. „Regenbach“) – Magma, das an die Erdoberfläche ausgetreten ist

Magma (griech. „geknetete Masse“) – Masse aus Gesteinsschmelze in Teilen des oberen Erdmantels und der tieferen Erdkruste; die Fließfähigkeit des Magmas ist Ursache des Vulkanismus

Macchie (ital. *macchia*, franz. *maquis* „Dickicht, Gebüsch“) – 2 bis 3 m hoher, dichter, immergrüner Buschwald ohne Baumbestand; Degradationsstufe des Waldes im Mittelmeerraum

Degradation oder Degradierung (lat. *degrado* = herabsetzen) – bezeichnet in der Regel die Veränderung bestimmter Eigenschaften im Sinne einer Verschlechterung

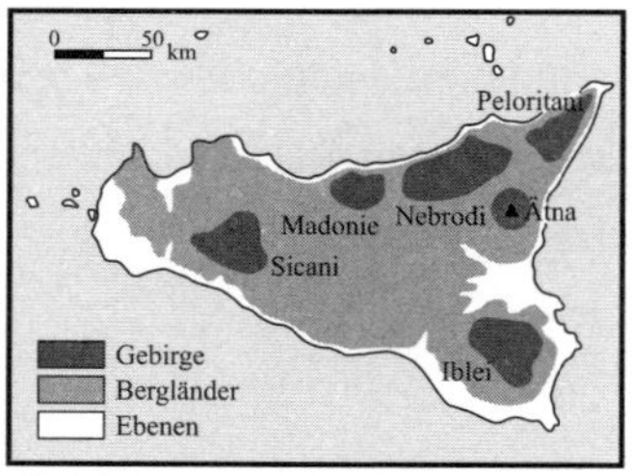

Abb. 1: Die naturräumliche Gliederung Siziliens
Quelle: Skizze nach Uhlenbrock 2004, S. 17

These

Zentrale Ursache für die wirtschaftliche Misere Siziliens sind die naturräumlichen Gegebenheiten.

Benutzte Quellen

BÄRTELS, A. (1997): Farbatlas Mediterrane Pflanzen. Stuttgart: Ulmer.

CARNABUCI, B. (2003): Sizilien. Köln: DuMont.

PFEIFFER, T. (2002): Wird der Ätna zum Pulverfaß? In: Spektrum der Wissenschaft, 5, S. 54–63.

UHLENBROCK, K. (2004): Studienfahrtführer Sizilien. Rheine: o.V.

Beispielseite für ein Handout zu einem Referat in einem Leistungskurs Erdkunde

Es *kann* weitere Komponenten aufweisen:

- Zusammenfassungen; die Ergebnisse können in Form einer Strukturskizze oder einiger Merksätze dokumentiert sein.
- wichtige Abbildungen/Tabellen mit Über-/Unterschrift, Quellenangabe (→ Seite 122 ff.)
- Thesen und offene Fragen, insbesondere solche, die Ausgangspunkt für eine anschließende Diskussion sein sollen.

Ein Handout (→ Beispiel Seite 180) sollte

- ein bis zwei Seiten umfassen (also nur ein evtl. beidseitig bedrucktes Blatt sein);
- übersichtlich gestaltet sein;
- prägnante, knappe Informationen enthalten (gegebenenfalls Stichworte);
- Platz für individuelle Notizen bieten;
- links einen Lochrand aufweisen.

Der Zeitpunkt für die Ausgabe des Handouts richtet sich nach dessen Inhalt: Enthält es Ergebnisse und Thesen sollte es eher am Ende, enthält es nur Gliederung und Arbeitsmittel sollte es zu Beginn ausgegeben werden.

10.8 Kriterien zur Bewertung – Checkliste

Thema: ....

Referent/in: ....

Datum: .... Dauer des Referats: ....

1 Vorbereitung und organisatorischer Rahmen

	ja	z. T.	nein
Der Vortragsraum ist sorgfältig vorbereitet worden.			
Die benötigten Präsentationsmedien waren zu Referatbeginn funktionsbereit.			
Der vorgegebene Startzeitpunkt für das Referat wurde eingehalten.			
Der vorgegebene Zeitrahmen für das Referat wurde eingehalten.			

2 Aufbau und Präsentation des Vortrags

	ja	z. T.	nein
Thema und Gliederung wurden zu Beginn vorgestellt.			
Das Handling der Zuhörerfragen wurde zu Beginn geklärt.			
Der Vortrag wurde frei gehalten.			
Die Lautstärke des Vortrags war angemessen.			
Er war akustisch gut zu verstehen (deutliche Sprache, kein Nuscheln usw.).			
Der Vortrag wurde fließend, doch nicht zu schnell/monoton vorgetragen.			
Der Text wurde verständlich formuliert (kein zu komplizierter Satzbau usw.).			
Direkte Zitate wurden kenntlich gemacht und formal korrekt vorgestellt.			
Am Ende des Referates wurden alle benutzten Quellen korrekt angegeben.			
Augenkontakt zum Publikum wurde gesucht.			
Es wurde nicht mit dem Rücken zum Publikum gesprochen.			
Die Körperhaltung der/des Vortragenden war angemessen.			

3 Inhalt des Vortrags

Allgemein	ja	z. T.	nein
Die Referentin bzw. der Referent war in der Sache sicher.			
Die Gliederung des Referats ist dem Thema angemessen.			

Allgemein	ja	z. T.	nein
Das Referat wurde klar und logisch strukturiert. Ein roter Faden war erkennbar.			
Die zeitliche Strukturierung des Referats (das Timing) war stimmig.			
Einleitung	**ja**	**z. T.**	**nein**
Die Heranführung an das Thema ist gelungen.			
Das Interesse/die Neugier der Zuhörer wurde geweckt.			
Der organisatorische Rahmen des Referats wurde vorgestellt.			
Hauptteil	**ja**	**z. T.**	**nein**
Die Darstellung war sachlich richtig.			
Die Darstellung war verständlich und nachvollziehbar.			
Die Darstellung deckte das Thema umfassend ab.			
Wichtiges wurde ausführlich und Unwichtiges nur am Rande behandelt.			
Sachinhalte und eigene Deutung/Meinung wurden klar getrennt.			
Unbekannte, neue Fachbegriffe wurden erklärt und aufgeschrieben.			
Schlussteil	**ja**	**z. T.**	**nein**
Wesentliche Inhalte/Ergebnisse des Referats wurden zusammengefasst.			
Die vorgetragenen Wertungen/persönlichen Meinungen/Schlussfolgerungen sind stimmig und wurden nachvollziehbar begründet.			
Die Ausgangsfrage des Referats wurde (soweit möglich) beantwortet.			
(Vorhersehbare) Fragen der Zuhörer konnten korrekt beantwortet werden.			

4 Medien und Hilfsmittel

Präsentation allgemein	ja	z. T.	nein
Der Umgang mit der eingesetzten Technik war souverän und sicher.			
Die Zahl der eingesetzten Medien war angemessen (nicht zu viele/nicht zu wenige).			
Die/der Referent/in war mit den Inhalten der eingesetzten Medien vertraut.			
Die eingesetzten Folien usw. waren klar an den Referattext angebunden.			
Den Zuhörern wurde ausreichend Zeit zum Einlesen in z. B. Folien gegeben.			
Folien (Overheadprojektor und PowerPoint®)	**ja**	**z. T.**	**nein**
Die Folien sind überzeugend aufgebaut/strukturiert.			
Textinformationen wurden stichwortartig vermerkt.			
Es gibt maximal 7 Textzeilen je 7 Worte pro Folie.			

Präsentation allgemein	ja	z. T.	nein
Die Folien unterstützen den Referattext; sie wurden nicht einfach nur vorgelesen.			
Die Schrift ist so gestaltet, dass der Folientext für die Zuhörer gut lesbar ist.			
Abbildungen/Diagramme wurden mit Unter-/Überschrift versehen.			
Abbildungen/Diagramme wurden mit Quellenangabe versehen.			
Abbildungen/Diagramme waren gut erfassbar/nicht zu komplex.			
Die technische Qualität der Abbildungen/Diagramme ist zufriedenstellend.			
Folienhintergrund ist angemessen (nicht zu unruhig/zum Thema passend).			
Soundeffekte wurden dosiert und stimmig zu den Inhalten eingesetzt.			
Optische Animationen wurden dosiert und stimmig zu den Inhalten eingesetzt.			
Filmausschnitte (in weiten Teilen auch auf Dias/Bilder zutreffend)	ja	z. T.	nein
Die Bild- und Tonqualität war zufriedenstellend.			
Die Länge der präsentierten Ausschnitte war angemessen.			
Der Filminhalt wurde deutlich in den Referattext eingebunden.			
Die präsentierten Filmausschnitte veranschaulichen Referatinhalte.			
Die Quelle des Bildmaterials wurde genannt (z. B. Regisseur, Filmtitel).			
Tafelbild	ja	z. T.	nein
Die Tafel war sauber und trocken.			
Das Tafelbild ist klar strukturiert.			
Die Schrift ist ausreichend groß und gut lesbar.			
Das Tafelbild veranschaulicht gesprochene Informationen.			

5 Handout

	ja	z. T.	nein
Der Kopf enthält alle notwendigen Angaben (Referent, Schule usw.).			
Die Gliederung des Referats (inkl. Nummerierung) wird aufgelistet.			
Die benutzten Quellen werden formal korrekt angegeben.			
Das Handout enthält weitere hilfreiche Informationen wie Zusammenfassungen, zentrale Abbildungen/Tabellen, ein Glossar neuer Fachbegriffe.			
Die auf dem Handout vermerkten Informationen sind sachlich richtig.			
Das Handout wurde übersichtlich gestaltet.			

11 Musterfacharbeiten

11.1 Deutsch

Schule: *Gymnasium Dionysianum*
Anton-Führer-Straße 2
48 431 Rheine

Schuljahr: *2004/2005*
Kurs: *Leistungskurs*
Fach: *Deutsch*
Fachlehrer: *Johannes Juling*

Der historische Wahrheitsgehalt ausgewählter Aspekte der Haupthandlung des Buches „Tod und Teufel“ von Frank Schätzing

von

Antje Uhlenbrock

Abgabetermin der Arbeit: *28.2.2005*

Die Facharbeit wurde eingereicht am ____________________

(Unterschrift der Schülerin)

(Unterschrift des Lehrers)

Erteilte Note: ________________________ Punkte: ________________

(Unterschrift des Lehrers)

Inhaltsverzeichnis

2

1 Einführung in die Inhalte und den Aufbau der Facharbeit

Den historischen Mittelalterkrimi „Tod und Teufel" las ich zunächst privat, als ich noch gar nicht daran dachte, darüber meine Facharbeit zu schreiben. Das Werk von Frank Schätzing begeisterte mich sofort, da in ihm sonst eher trockene historische Ereignisse in eine spannende Geschichte integriert werden. Damit lässt sich wahrscheinlich auch der große Erfolg des Krimis erklären.

Nachdem ich das Buch gelesen hatte, wollte ich mich über den Autor Frank Schätzing und über das Buch informieren, um Hintergrundinformationen zu erhalten. Auf der Internetseite von Frank Schätzing stieß ich dabei auf ein sehr interessantes Statement des Autors zu „Tod und Teufel":

> „ [...] Das Leben dieser Menschen wollte ich zeigen, in einer Stadt wie Köln. Dass ich dabei ein bisschen in die Geschichte eingegriffen habe, mögen mir die Historiker nachsehen. Sie müssten keine Zeile in ihren Büchern umschreiben, hätte es sich so zugetragen, wie ich es schildere.
> Und wer weiß - vielleicht habe ich ja sogar die Wahrheit geschrieben! Rein zufällig, versteht sich!"[1]

Durch diese hochinteressante Anspielung auf die historische Wirklichkeit des Krimis wurde meine Neugier geweckt und ich wollte herausfinden, was der Autor an historischen Tatsachen in seinem Krimi aufgegriffen, und welche er dazuerfunden hat. Somit stand das Thema für meine Facharbeit fest: Die historische Wirklichkeit ausgewählter Aspekte der Haupthandlung des Buches.

Ich konzentriere mich in meiner Facharbeit nur auf die für das Buch und die Handlung bedeutsamsten Aspekte, da es zu umfassend wäre, alle im Buch genannten historischen Fakten zu überprüfen.

Den Hauptteil habe ich so gegliedert, dass ich die historischen Aspekte in der Abfolge, wie sie sich im Buch abspielen, mit der historischen Wirklichkeit vergleiche. Zuerst habe ich den Tod des Dombaumeisters bearbeitet, da auf diesem Ereignis die folgenden Geschehnisse basieren. Dann folgt der Aspekt der Patrizierentmachtung, da dieser den Grund für das Mordkomplott der Overstolzen gegen Konrad von Hochstaden und indirekt auch den Grund für den Tod des Dombaumeisters darstellt.

---

[1] http://www.frank-schaetzing.com (6.2.2005). SCHÄTZING, Frank: Homepage.

Im letzten Punkt wird die Existenz der im Buch agierenden Personen überprüft. Zentrale Personen werden in einer Kurzbiographie vorgestellt.

Da die Geschichte im mittelalterlichen Köln spielt, fuhr ich in die Domstadt, um dort im Stadtarchiv und der Stadtbibliothek zu recherchieren. Außerdem besuchte ich das Haus der Overstolzen in der Rheingasse, um es mir von außen anzusehen.

Auf meine E-Mail vom 9.1.2005 (siehe Kapitel 7.1), in der ich dem Autor Fragen, die ich in meiner Recherchearbeit nicht beantworten konnte, stellte, bekam ich leider bis heute keine Antwort.

Das Problem bei meinen Nachforschungen war, dass ich mir die Bücher nicht, wie ich es in einer nähergelegenen Stadt hätte machen können, ausleihen konnte. Auch die Zeit, alle Dokumente direkt im Archiv oder der Bibliothek in Köln sorgfältig durchzulesen, blieb mir nicht. So musste ich alle Quellen, die wichtige Informationen beinhalten, kopieren. Dadurch hatte ich zunächst einmal eine Fülle von Informationen, die ich zu Hause durcharbeiten musste.

Als ich einem Mitarbeiter des Stadtarchivs von meiner Arbeit erzählte, sagte er mir, dass Frank Schätzing fast alle Ereignisse seines Krimis erfunden habe. Inwieweit dieser Mitarbeiter mit seiner Aussage Recht hat und inwieweit Frank Schätzing mit seinem Krimi „in die Geschichte eingegriffen hat", das werde ich nun im folgenden Hauptteil meiner Facharbeit überprüfen.

2 Kurzbiographie des Autors Frank Schätzing

Frank Schätzing wurde im Jahre 1957 in Köln geboren und studierte Kommunikationswissenschaften an der Westdeutschen Akademie für Kommunikation e.V. in Köln. Er ist Mitbegründer und Geschäftsführer der Kölner Werbeagentur INTEVI. Seit Anfang der neunziger Jahre schreibt er Satiren und Novellen.[2] Im Jahre 1996 beauftragte ihn der Lions Club, ein Einführungsseminar in die Chaostheorie zu entwickeln. Danach hielt er Vorträge über zukünftige Unternehmensstrategien und Chaosmanagement.

Frank Schätzing begründete die Musikproduktion Sounds Fiction mit und komponierte die Musik zu dem Hörbuch des Krimis „Tod und Teufel".

Zurzeit arbeitet und lebt Frank Schätzing mit seiner Frau in Köln. Neben „Tod und Teufel" veröffentlichte er die Werke „Mordshunger", „Lautlos", „Die dunkle Seite" und als aktuellster Roman „Der Schwarm". „Tod und Teufel" ist sein erster veröffentlichter Roman.[3]

Abb 1: Frank Schätzing[4]

---

[2] www.frank-schaetzing.com

[3] SCHÄTZING, S. 2.

[4] http://www.zdf.de (26.2.2005). NETTERSHEIM, Christoph: Der Schwarm, Roman von Frank Schätzing. Meldung vom 1.10.2004. http://www.zdf.de/ZDFde/inhalt/0/0,1872,2187680,00.htm

3 Inhaltsangabe des Buches „Tod und Teufel“

Das Buch „Tod und Teufel“ von Frank Schätzing ist ein Mittelalterkrimi und spielt im Jahr 1260, zur Zeit des Kölner Dombaus.

Der Obdachlose Jacop, auch genannt „der Fuchs“, wird der einzige Zeuge des Mordes am Kölner Dombaumeister Gerhard Morat, der von einer schattenhaften Gestalt bei seinem nächtlichen Spaziergang vom Baugerüst gestoßen wird. Jacop, der sich im Baum des Erzbischofs befindet, um ein paar Äpfel zu stehlen, fällt vor Schreck vom Baum, direkt auf die Dombaustelle, wo ihm der im Sterben liegende Gerhard Morat seine letzten Worte ins Ohr flüstert: „ Es darf nicht sein.“

Bei dem Sturz fällt Jacop der Hut vom Kopf und sein roter Haarschopf kommt zum Vorschein. Nun kann ihn Gerhards Mörder, der geheimnisvolle Urquhart, immer wiedererkennen.

Der aufgeregte Jacop und sein Obdachloser Freund Tilmann machen sich auf den Weg zur Prostituierten Maria. Auf dem Weg zum Hurenhaus werden sie von Urquhart verfolgt, der Jacop aus dem Weg schaffen will.

Maria ist schon über den Tod des Dombaumeisters informiert. Sie hat gerüchteweise gehört, dass einige Zeugen angeblich sahen, wie Gerhard Morat auf dem Baugerüst einen Fehltritt tat und somit in den Tod stürzte. Jacop ist über diese Darstellung entsetzt, da sie nicht dem entspricht, was er mit eigenen Augen gesehen hat. Er kommt zu der Erkenntnis, dass der Mord am Dombaumeister geplant war und sein Mörder schon im Voraus zwei falsche Zeugen engagiert hat, um den Mord zu vertuschen.

Maria glaubt Jacops Darstellung nicht und lacht ihn sogar aus. Da es zu einem Streit zwischen ihr und Tilmann kommt, wirft sie diesen aus dem Haus. Als Tilmann mit Jacops Hut und Mantel das Haus verlässt, erschießt ihn Gerhards Mörder mit seiner kleinen Armbrust, da er ihn aufgrund der Kleidung für Jacop hält. Kurz darauf verlässt auch Jacop nach einem Streit mit Maria das Haus und der Mörder betritt es, um Maria zu töten. Bevor er sie tötet, erfährt er noch, dass Jacop gerade erst das Haus verlassen hat und er somit den Falschen umgebracht hat.

Jacop findet kurz darauf den toten Tilmann und die tote Maria. Danach wird er selber von Urquhart verfolgt, entkommt ihm jedoch knapp.

Anschließend sucht er die Färbertochter Richmodis auf, die er als Fleischdieb auf der Flucht vor den Marktleuten kennenlernte. Bei ihr trifft er den Physikus Jaspar von

Rodenkirchen, ihren Onkel. Als er ihnen seine Mordbeobachtung schildert, beschließt Jaspar ihm zu helfen, und gemeinsam nehmen sie die Spur des Mörders Urquhart auf.
Langsam schält sich nun das ganze Ausmaß des Komplotts heraus: Urquhart wurde von den Patrizierfamilien der Overstolzen, der Kones und der Mainz engagiert, den Dombaumeister Gerhard Morat zu töten, da dieser von ihrem Plan, den Erzbischof Konrad von Hochstaden zu ermorden, erfahren hatte, sich aber weigerte dabei mitzumachen. Nach dem Willen der Patrizier soll der Erzbischof sterben, wenn er die Messe liest und den Kreuzzug gegen die Tataren predigt. Der Mord soll die Rache dafür sein, dass er die Patrizier aus ihrem Amt als Schöffen entmachtet hat. Auch diese Bluttat soll Urquhart übernehmen.
Doch dabei kommen ihm Jacop und Jaspar in die Quere. Sie stoßen ihn vom Baugerüst, von wo aus Urquhart Konrad von Hochstaden mit seiner Armbrust erschießen wollte.
Das Mordkomplott gegen Konrad von Hochstaden ist gescheitert. Jaspar von Rodenkirchen und der Patrizier Johann Overstolz treffen sich und verabreden, dass die Patrizier keine weiteren Anschläge gegen den Erzbischof mehr unternehmen. Dafür wird ihnen Stillschweigen über das Geschehene versprochen. Und der Tod von Meister Gerhard – war ein bedauerlicher Unfall. [5]

[5] SCHÄTZING, Frank (1999): Tod und Teufel. Köln Krimi Classic. Köln: Emons Verlag.

4 Der historische Wahrheitsgehalt ausgewählter Aspekte der Haupthandlung des Buches „Tod und Teufel“

4.1 Der Tod des Dombaumeisters

Frank Schätzing erzählt die Geschichte um den Tod des Dombaumeisters wie folgt:
Jacop der Fuchs befindet sich am 11.9.1260 in den Apfelbäumen des Erzbischofs, neben der Dombaustelle. Von dort aus sieht er den Dombaumeister Gerhard Morat, der sich auf einem der Baugerüste befindet. Diesem geht der Ruf voraus, dass er den Teufel für den Dombau herbeibemüht habe. Gerhard Morat ist Steinmetz und seit seiner Ernennung zum Dombaumeister zu einem der angesehensten und einflussreichsten Bürger Kölns geworden. Das Domkapitel hat ihm ein Grundstück gestellt, auf dem er ein prachtvolles Haus aus Stein errichtet hat.
Plötzlich taucht neben Gerhard eine dunkle Gestalt auf, die den Meister vom Gerüst stößt. Vor Schreck fällt Jacop aus dem Apfelbaum und landet auf der Dombaustelle. Dort flüstert ihm Gerhard seine letzten Worte ins Ohr, bevor er stirbt.[6]

Die historischen Fakten decken sich mit dieser Darstellung nur in Teilen. Gerhard war tatsächlich der erste Dombaumeister des Kölner Doms[7], jedoch ist sein Nachname nicht eindeutig bekannt, genauso wie auch sein Todesjahr, das jedoch frühestens 1258 gewesen sein kann, da er 1257 noch einen Pachtvertrag mit dem Metropolitankapitel schließen konnte.[8] Das am spätesten in Frage kommende Todesjahr ist 1271, weil in diesem Jahr sein Nachfolger Arnold das Amt des Dombaumeisters antrat.[9]
Der Todestag Gerhards ist jedoch eindeutig bekannt. Der 24. April wurde als Todestag in das Memorienbuch des Kölner Benediktinerklosters St. Pantaleon eingetragen. Dies tat man meistens bei Wohltätern, um ihnen an diesem Tag zu gedenken. Gerhard schenkte dem Eintrag im Memorienbuch zufolge die Hälfte der drei Häuser, die er auf dem ihm vom Domstift zur Verfügung gestellten Grundstück gebaut hatte, dem Kloster. Außerdem war sein Sohn Petrus dort Mönch.[10]

---

[6] SCHÄTZING, S. 44-47.
[7] DEETERS, Joachim et al. (1998): Ad Sumum 1248. Der gotische Dom im Mittelalter. Stadt Köln: Historisches Archiv, S. 69.
[8] WOLFF, Arnold (1968): Kölner Domblatt. Jahrbuch des Zentral-Dombauvereins.
Köln: Verlag Kölner Dombau, S. 221.
[9] DEETERS et al., S. 76 f.
[10] DEETERS et al., S. 76 f.

Der Todestag des Dombaumeisters nach Schätzing, der 11. September, stimmt also nicht mit dem historisch belegten Todestag überein. Das von Schätzing angegebene Todesjahr 1260 liegt jedoch in dem von Historikern vermuteten Zeitraum.
Mit der Geschichte um den Tod des Dombaumeisters greift Schätzing eine Sage auf.
In dieser Sage wettet der Teufel mit Gerhard, dass er eine Wasserleitung von Trier nach Köln schneller fertig stellen könne als der Meister den Dom. Gerhard schlägt ein, ohne sich über den Wetteinsatz bewusst zu sein. Dieser ist nämlich im Falle eines Sieges des Teufels die Seele des Dombaumeisters. Als Gerhard das erfährt, vertraut er alles seiner Frau an.
Die Wasserleitung des Teufels wird zwar fertig, funktioniert aber nicht. Deswegen erschleicht sich der verkleidete Teufel das Vertrauen von Gerhards Frau, die ihm verrät, dass eine Wasserleitung in bestimmten Abständen Löcher haben muss, um zu funktionieren.
Eines Tages steht Gerhard auf einem Baugerüst, als er Wasser rauschen hört. Nun weiß der Dombaumeister, dass er die Wette verloren hat, und stürzt sich vom Baugerüst. Der Teufel springt ihm in Gestalt eines Hundes hinterher, um seine Seele zu fangen.[11]

> „Wie jede Sage ihren historischen Kern hat, so wohl auch hier. Die Frage nach dem Kanal ist leicht lösbar. Wahrscheinlich handelt es sich um die römische Wasserleitung aus der Eifel. Auch die Nichtvollendung des Kölner Domes war eine jahrhundertelange [!] Realität. Warum sollte nicht auch der Tod des Dombaumeisters durch einen Sturz vom Gerüst einen wirklichen Tatbestand wiedergeben?"[12]

Der Tod des Dombaumeisters ist mysteriös und die Todesursache nicht eindeutig bestimmt. Deswegen kann man nicht sagen, ob Schätzing die historische Wirklichkeit beschreibt.
Nach Schätzing stößt Urquhart, der den Mordauftrag von den Overstolzen bekam, den Dombaumeister vom Gerüst. Die Overstolzen wollten Gerhard aus dem Weg schaffen, da dieser von ihrem Plan, den Erzbischof zu töten, wusste. Schätzing nimmt die Dombaumeistersage auf, indem er Urquhart als Teufel personifiziert. Der Teufel in der Sage treibt den Dombaumeister mit seiner Wette zum tödlichen Sprung vom Baugerüst. Auf ähnliche Weise tötet im Buch Urquhart Meister Gerhard mit dem Stoß vom Gerüst.

[11] http://www.ingisworld.de (1.2.2005). Die Dombausage oder Meister Gerhards Wette mit dem Teufel. http://www.ingisworld.de/koeln/koelsch/sagen/dombau.htm
[12] WOLFF, Arnold (1968): Chronologie der ersten Bauzeit des Kölner Doms 1248-1277. Köln: Verlag J.P. Bachem, S.227.

In zahlreichen Textstellen wird Urquhart, obgleich eine reale Person, als nichtmenschliches Wesen, als Teufel beschrieben:
Als Heinrich Overstolz den finsteren Urquhart zum ersten Mal sieht, sagt dieser, dass er Augen wie von einem Toten habe und dass er ihm Angst mache. [13]
Das fällt auch Maria auf, als sie sich mit Urquhart unterhält. „ [...] gefangen im Bernstein seiner Augen. Ein Abgrund lag dahinter, erschreckend, unergründlich.“ [14]
Dass Urquhart in den Augen der Beteiligten kein Mensch sein kann, wird deutlich, als Mathias Overstolz sich mit ihm trifft und sich auf einer hohen Mauer befindet. „Kein Mensch sprang zwölf Fuß hoch.“[15] Am Ende des Buches wird Urquhart von Kuno Kones eindeutig als Teufel benannt. „Schließlich holten wir Urquhart. [...] Wir legten Geld zusammen und holten uns den Teufel in die Stadt.“[16] Auch der Titel des Buches, „Tod und Teufel“, legt nahe, dass mit dem Teufel Urquhart gemeint sein könnte.
Der Autor selbst sagt zur Umsetzung der Dombaumeistersage:

> „[...] Ich hatte davon gelesen. Mir gefiel die Vorstellung, einen Mordfall daraus zu machen. Es gab nur ein Problem – warum hätte jemand den Dombaumeister umbringen sollen? Wochenlang dachte ich ergebnislos darüber nach, und eines Nachts träumte ich die Auflösung.“[17]

Dass die Overstolzen den Dombaumeister umbringen ließen, entspricht demnach nicht der historischen Wirklichkeit, sondern ist eine freie Erfindung des Autors.

4.2 Der große und der kleine Schied / Die Entmachtung der Patrizier durch den Erzbischof Konrad von Hochstaden und der daraus resultierende Mordplan gegen den Erzbischof

Im Buch wird die Entmachtung der Patrizier, und damit der Grund für den im Buch beschriebenen Mordanschlag der Overstolzen auf den Erzbischof, wie folgt geschildert: Richmodis, Goddert, Jaspar, Jacop und der Patrizier Kuno Kones suchen in Godderts Haus Schutz vor Urquhart. Gemeinsam überlegen sie, warum der Bund der Overstolzen und Kones einen Aufstand planen könnte. Jaspar erläutert die Ereignisse, welche sich in der Stadt Köln in den letzten Jahren zutrugen:[18]

---

[13] SCHÄTZING, S. 15.
[14] SCHÄTZING, S. 69.
[15] SCHÄTZING, S. 39.
[16] SCHÄTZING, S. 312.
[17] http://www.frank-schaetzing.com
[18] SCHÄTZING, S. 298.

Als Konrad Erzbischof wird, haben die reichen Patrizier dank ihres Geldes die Macht und das Sagen in der Stadt Köln. Konrad setzt jedoch alles daran, die Vormachtsstellung der Erzbischöfe wiederherzustellen. Er nimmt sich das Recht, selber Geld zu prägen, und bringt eine Münze in Umlauf. Außerdem errichtet er neue Zollgrenzen und schädigt damit den vorher florierenden Kölner Handel. Die Stadt verbietet ihm die Ausgabe seiner Münze. Daraufhin belagert er seine eigene Stadt, allerdings vergebens.

Schließlich kommt es zum so genannten „kleinen Schied", auf den sich Konrad mit der Stadt einigt. Das Schiedsgericht, das urteilt, Konrad müsse seine „strittigen Maßnahmen" zurücknehmen, steht unter der Leitung von Albertus Magnus, der Konrad in allen Punkten Unrecht gibt.[19]

Einige Jahre später streiten die Kölner Bürger und der Erzbischof erneut über die Verteilung der Rechte und Privilegien. Um diesen Streit zu schlichten, bedarf es eines weiteren Schiedsgerichtes, das nochmals von Albert Magnus geleitet wird. So kommt es zu dem so genannten „großen Schied". Abermals werden alle Forderungen des Erzbischofs abgewiesen.

Im darauf folgenden Frühling entmachtet Konrad zunächst die Münzer und enthebt danach die erbosten Patrizier ihrer Schöffenämter, da die Zünfte gegen die Schöffen und den Bürgermeister geklagt haben. Zunächst setzt Konrad unter den neuen Schöffen neben Handwerkern und Zunftmeistern auch Patrizier ein.[20]

Dann kommt es jedoch zu einem handgreiflichen Streit zwischen dem Patrizier Bruno Hardefust und einem Fleischer. Letzterer verhöhnt den Patrizier in der Kirche zu den Weißen Frauen aufgrund des Verlustes seines Schöffenamtes. Der erzürnte Patrizier sticht den Zunftmeister nieder, woraufhin dessen Zunftgenossen das Haus des Patriziers abbrennen. Nun schlagen die Patrizier zurück und es kommt zu Kämpfen mit vielen Toten. Zunächst fordert Konrad von beiden Seiten eine Geldbuße. Die Patrizier jedoch sollen ihn zusätzlich kniend vor der ganzen Stadt um Verzeihung bitten. Drei von ihnen weigern sich jedoch und werden enthauptet.[21]

---

[19] SCHÄTZING, S. 298.
[20] SCHÄTZING, S. 305.
[21] SCHÄTZING, S. 307 f.

Die Patrizier klagen gegen die neuen Schöffen und Konrad verspricht ihnen Gerechtigkeit. Sie sollen zu einer waffenlosen Zusammenkunft nach St. Kolumba kommen. Dort ergreift das Gefolge des Erzbischofs jedoch die Patrizier. Vierundzwanzig von ihnen werden auf den Burgen Altenahr, Godesberg und Lechenich eingekerkert.[22]

Soweit die Darstellung im Roman „Tod und Teufel" – nun zu den historischen Fakten. Konrad von Hochstaden will im März 1252 tatsächlich eine neue Münze schlagen lassen. Schon 1251 hatte er eigene Denare, halbe Denare, Vierlinge und Obole prägen und in Umlauf bringen lassen. Dagegen protestiert die Stadt Köln heftigst.

Es stimmt auch, dass Konrad neue Zollgrenzen erhebt. Er ist zornig, da die Stadt Köln sich gegen die Ausgabe seiner Münze auflehnt. Deswegen tauchen Konrads Truppen im März 1252 mit 14 Kriegsschiffen vor Köln auf. Ihr Versuch die Stadt zu beschießen bleibt ergebnislos.

Um den Streit zwischen der Stadt Köln und dem Erzbischof zu schlichten folgt im April 1252 der „kleine Schied" unter der Leitung von Albertus Magnus, der urteilt, dass Konrad seine Maßnahmen zurücknehmen muss.[23]

Im Juni 1258 kommt es dann zum „großen Schied", weil sich die Kölner Bürgerschaft mit dem Erzbischof über städtische Rechte streitet. Konrad beschwert sich darüber, dass die Mitglieder der Handwerksburschenschaften ohne sein Einverständnis mächtige, nicht zu ihrer Bruderschaft gehörende Bürger zu Meistern wählen.

Das Schiedsgericht, abermals unter der Leitung von Albertus Magnus, stellt fest, dass es den Bruderschaften freisteht, wen sie als Meister wählen. Diese sowie andere Forderungen des Erzbischofs werden zurückgewiesen.[24]

Im März 1259 entlässt Konrad von Hochstaden die Kölner Münzhausgenossen, die Münzmeister und den Münzprüfer aus ihren Ämtern. Als Begründung gibt er die Überschreitungen der Befugnisse ihrer Ämter, Privilegien und Lehen an.

Im darauffolgenden Monat enthebt der Erzbischof den Bürgermeister Theoderich von der Mühlengasse und die Schöffen ihrer Ämter, weil es Klagen von der Bürgerschaft wegen Gewinnsucht, Missbrauch und Bestechlichkeit gegen diese gibt.[25]

[22] SCHÄTZING, S. 308.
[23] FUCHS, Peter (1990): Chronik zur Geschichte der Stadt Köln. Band 1. Von den Anfängen bis 1400. Köln: Greven Verlag, S. 205.
[24] FUCHS, S. 210.
[25] FUCHS, S. 211.

Anfang des Jahres 1260, bei einem Kirchenfest in der Kirche zu den Weißen Frauen, kommt es zwischen einem Fleischer und dem Patrizier Bruno Hardefust zu einem Streit über die Vor- und Nachteile der alten und neuen Schöffen. Der Patrizier ersticht den Schöffen und im Gegenzug zündet die Zunft Hardefusts Haus an. In dem daraus resultierenden Kampf von Hardefusts Freunden und der Zunft werden sechzehn Menschen getötet. Beide Parteien müssen eine Strafe zahlen. Die Patrizier müssen eine Geldbuße von 600 Mark hinnehmen und vor zwanzigtausend Zuschauern um Verzeihung für das Blutbad bitten. Korrekt ist auch, dass drei Geflohene sofort enthauptet werden.

Dann folgt das Ereignis bei St. Kolumba, bei dem 24 Patrizier gefangengenommen und auf Konrads Schlösser Lechenich, Godesberg und Altenahr gebracht werden.[26]

Vergleicht man all diese historischen Fakten mit der Darstellung im Buch, so wird deutlich, dass der Romanautor sich relativ eng an der historischen Wirklichkeit orientiert hat.

Ob es aber einen Plan der Overstolzen für einen Anschlag auf Konrad von Hochstaden gegeben hat, konnte ich nicht ausfindig machen.

Jedoch hätten die Overstolzen meiner Meinung nach das perfekte Motiv für solch einen Mordplan gehabt, da sie nach den Demütigungen durch den Erzbischof sicherlich daran interessiert waren, ihn aus dem Weg zu schaffen.

Der Streit zwischen Overstolzen und Erzbischof könnte für den Autor also nur ein willkommener Anlass gewesen sein, den Overstolzen diesen Mordplan anzuhängen, weil sie eine gutes Motiv für ein solches Komplott gehabt hätten. Das widerspräche jedoch einer Aussage des Autors auf seiner Homepage: „Ich schreibe nichts Despektierliches über eine Person oder unterstelle ihr Handlungen und Reden, die sie in ein schlechtes Licht rücken könnten."[27]

Mir stellt sich hier die Frage: Ist der Autor diesem Grundsatz aus literarischen Gründen untreu geworden? Oder hegt er tatsächlich die Vermutung, dass ein solches Mordkomplott existiert haben könnte?

---

[26] FUCHS, S. 212.
[27] http://www.frank-schaetzing.com

4.3 Die im Buch agierenden Personen

Im Folgenden soll nun der Frage nachgegangen werden, welche der im Buch auftretenden Personen real und welche Fiktion sind. Dazu zunächst der Autor Frank Schätzing selbst: „Keineswegs zufällig sind [hingegen] die Ähnlichkeiten mit bekannten und weniger bekannten Zeitgenossen des 13. Jahrhunderts. Mehr als die Hälfte der Agierenden spielt sich selbst.“[28]

Meine Recherchen zu den Hauptakteuren haben folgendes ergeben:

Dombaumeister Gerhard (unbekannt; + unbekannt)*
Gerhard war der erste Kölner Dombaumeister; seine Abstammung und Herkunft sind nicht bekannt. Vermutlich arbeitete er in mehreren französischen Bauhütten, bevor er in die Stadt Köln kam. Fast alle späteren Kölner Dombaumeister folgten im Wesentlichen dem Bauplan Gerhards, bis auf Meister Johann, der die Westfassade umgestaltete. Gerhard war mit seiner Frau Guda verheiratet. Mit ihr hatte er vier Kinder, die alle ein geistliches Amt annahmen. Sein Tod ist mysteriös und ungelöst.[29]

Konrad von Hochstaden (um 1205; + 18.September.1261)*
Konrad von Hochstaden war der Sohn von Mathilde von Vianden und dessen Ehemann Lothar V. von Are-Hochstaden. Er hatte sechs Geschwister, zwei Brüder und vier Schwestern. Bis zu seiner Wahl zum Erzbischof von Köln am 30. April 1238 war Konrad hier Domprobst. Am 28. Oktober 1239 wurde er von Ludolph von Holte, dem Bischof von Münster, zum Bischof geweiht. 1259 entmachtete Konrad die Patrizier aus ihren Schöffenämtern und setzte stattdessen Schöffen aus den Zünften ein. So konnte er die Stadtherrschaft erringen.[30]

Der Stadtstreicher Jacop der Fuchs, die Färbertochter Richmodis und ihr Vater Goddert von Weiden und der Physikus, Doktor und Dechant Jaspar von Rodenkirchen
Ob es diese Personen wirklich gab, konnte ich leider nicht ausfindig machen. Eine Textstelle im Buch könnte jedoch ein Hinweis des Autors an den Leser sein, dass sie nur fiktive Personen sind:

---

[28] SCHÄTZING, S.2.
[29] DEETERS, S. 69
[30] http://de.wikipedia.org (26.2.2005). Konrad von Hochstaden. Meldung vom: 18.2.2005 http://de.wikipedia.org/wiki/Konrad_von_Hochstaden

Jacop und Jaspar fliehen vor Theoderich Overstolz, der Jaspar in den Turm werfen will, weil dieser seinen Diener Rolof umgebracht haben soll. Als sie in einem Schuppen Schutz suchen und ihnen der Mordplan der Overstolzen klar wird, schlägt Jaspar Jacop vor, einfach aus Köln zu verschwinden.

> „[...] Tut doch einfach so, als sei alles nur ein Traum gewesen. Die ersten Tage wird es euch vielleicht ein bisschen schwer fallen, aber wenn ihr nur ausreichend daran glaubt, entschwinden Goddert, Richmodis und ich ohne ein böses Wort ins Reich der Fiktion, so, als existieren wir nur in einem Buch. Belügt euch! Vielleicht sind wir ja tatsächlich nur Possenreißer in einem Buch, nichts weiter. Sogar Ihr! Seid einfach einer Figur, eine Phantasie. Das ist gut Füchschen. Phantasien müssen sich nicht verantworten.“[31]

Overstolz (Kölner Patriziergeschlecht)

Nachweisbar ist die Familie der Overstolzen erstmals im 12. Jahrhundert mit dem Tuchhändler Gottschalk Overstolz. Den Aufstieg ins Patriziat und den Einstieg in die städtische Politik schaffte die zweite Generation durch den Einsatz ihrer wirtschaftlichen Kraft und über Eheschließungen mit in der Politik führenden Familien, wie denen von der Lintgasse, Vogt Waldever und Greve Hermann von der Kornpforte.
Um 1232 gelang es ihnen zwei Schöffenämter zu erringen. Ihr Hauptsitz war in der Rheingasse im Marktkirchspiel Klein St. Martin. 1259 wurden die Patrizier durch den Erzbischof Konrad von Hochstaden entmachtet. 1262 stellten sie die Geschlechterherrschaft wieder her und die Overstolzen erhielten durch ihre Vertretung im Stadtrat sehr viel Macht. Im 14. Jahrhundert stellten die Overstolzen mehrere Bürgermeister und gehörten dem Schöffenkolleg an. 1396 wurden sie durch den Sturz der Geschlechterherrschaft aus der politischen Führungsschicht ausgeschlossen. Mit dem Deutschordensritter Werner starben die Overstolzen 1493 aus.[32]
Über einzelne Familienmitglieder, wie zum Beispiel Mathias Overstolz, konnte ich, außer der Tatsache, dass er wirklich existiert hat, keine weiteren Informationen ausfindig machen.

[31] SCHÄTZING, S. 333
[32] GROTEN, Manfred: Overstolz. in: FREIHERR VON ARETIN, Karl Otmar (1998): Neue Deutsche Biographie. 19. Band. Berlin: Duncker und Humboldt, S. 753.

Albertus Magnus (1193 in Lauingen; + 1280 in Köln)*

1229 trat Albertus in Padua in den Dominikanerorden ein. Bevor er 1248 nach Köln geschickt wurde, um das Generalstudium des Ordens ins Leben zu rufen, war er als Dozent an der Pariser Hochschule tätig.

Bis 1254 war Albertus Leiter der Kölner Hochschule. Danach wurde er Provinzial der deutschen Provinz des Dominikanerordens. Im Jahre 1260 geschah es, dass er gegen seinen Willen zum Bischof von Regensburg ernannt wurde. 1262 verzichtete er auf sein Amt und kehrte nach Köln zurück. Dort nahm er kirchliche Weihehandlungen vor. Man zählt ihn zu den ältesten Kölner Weihbischöfen. Neben dieser Tätigkeit forschte er im wissenschaftlichen Bereich und veröffentlichte theologische, philosophische und naturwissenschaftliche Schriften. 1252 und 1258 fällte der Dominikaner die beiden Schiedssprüche gegen Konrad von Hochstaden. Am 15. November 1280 starb Albertus im Kölner Dominikanerkloster.[33]

Urquhart

Jaspar von Rodenkirchen erklärt, dass Urquhart der Fürst von Monadhliath in Schottland gewesen sei und dass seine Burg sich über dem Gewässer von Loch Ness erhebe.[34]

Mit dieser Burg ist Urquhart Castle, direkt am Ufer des Loch Ness in Schottland gelegen, heute eine Ruine, gemeint.[35]

Damit würde sich Urquharts Vorname erklären. Jedoch wird in keiner mir zugänglichen Quelle ein Fürst von Monadhliath erwähnt. Möglicherweise hat Frank Schätzing diesen Namen auf Grund der in Schottland gelegenen Monadhliath Mountains gewählt. Höchst wahrscheinlich ist Urquhart eine fiktionale Person. Eine endgültige Klärung war mir leider nicht möglich, da meine diesbezügliche Anfrage an den Autor bisher unbeantwortet blieb.

---

[33] FROHN, Robert / STELZEMANN, Arnold (1990): Illustrierte Geschichte der Stadt Köln. Köln: Bachem Verlag, S. 117 f.

[34] SCHÄTZING, S. 365.

[35] http://de.wikipedia.org (16.1.2005). Urquhart Castle. Meldung vom 16.1.2005. http://de.wikipedia.org/wiki/Urquhart_Castle

4.4 Der Epilog

Im Nachwort, dem Epilog, des Buches „Tod und Teufel“ werden die historischen Entwicklungen der im Roman behandelten Aspekte nach Beendigung der Hauptgeschichte beschrieben. Der Epilog dient als Abrundung des gesamten Plots. Außerdem bewirkt der Autor durch den Epilog, dass dem Leser alle Ereignisse im Buch als historisch korrekt erscheinen. So sagt Schätzing hier, dass es nicht bekannt sei, ob es *weitere* Pläne gegeben habe, Konrad von Hochstaden umzubringen.[36] Damit unterstützt er die Glaubwürdigkeit des im Buch beschriebenen Mordplans. Meiner Meinung nach gab es diesen Mordplan jedoch nicht, da solch ein bedeutsames Vorhaben in einer meiner Quellen erwähnt worden wäre.

Der Fürst von Monadhliath, Urquhart, wird im Epilog ebenfalls erwähnt. Er sei nach den Kreuzzügen nicht zurückgekehrt und sein Land sei seitdem führerlos.[37] Diese Aussage untermauert, dass Urquhart tatsächlich existiert hat. In den mir zugänglichen Quellen wird jedoch kein Fürst von Monadhliath vermerkt.

Der Epilog lässt somit die gesamte Handlung des Buches als seriös und historisch korrekt erscheinen. Aufgrund meiner Recherchen ist es jedoch anzuzweifeln, dass Schätzing alle im Buch aufgeführten Personen und Handlungen bis ins Detail historisch korrekt beschrieben hat.

---

[36] SCHÄTZING, S. 367
[37] SCHÄTZING, S. 368

5 Der Krimi „Tod und Teufel - ein Puzzle aus Fiktion und Wirklichkeit

Die Aussage des Stadtarchivmitarbeiters, dass Schätzing fast alle Ereignisse seines Krimis erfunden habe, kann ich nach dem Vergleich der Begebenheiten im Krimi mit der historischen Wirklichkeit nicht uneingeschränkt verifizieren, aber auch nicht vollständig falsifizieren. Frank Schätzing greift zwar an vielen Stellen in die Geschichte ein, aber greift auch historische Tatsachen auf.

Die Handlung des Buches von Frank Schätzing kann man als ein Puzzle aus historischen Realitäten und Fiktion sehen.

Meiner Meinung nach könnte Frank Schätzing beim Schreiben des Romans folgendermaßen vorgegangen sein: Bevor er begann den Krimi zu verfassen, hatte er nur einige Puzzleteile. Das waren die Ereignisse und die Personen aus dem Jahr 1260, die auf historischen Tatsachen beruhen oder der historischen Wirklichkeit entsprechen. Dazu zählt zum Beispiel die Sage um den Tod des Dombaumeisters und der Streit zwischen der Stadt Köln, inklusive der Overstolzen und dem Erzbischof.

Da diese Puzzleteile noch nicht zusammenpassten, mussten noch Teile gefunden werden, damit sich ein zusammenhängendes Ganzes ohne Sprünge und Brüche in der Handlung ergab.

Das gelang Schätzing, indem er fiktionale Personen wie Jaspar von Rodenkirchen, Richmodis und Jacop und fiktionale Ereignisse zu dem bis dahin unvollständigen Puzzle hinzufügte. Ein Bund der Overstolzen, Kones und Mainz sowie ein Mordplan gegen Konrad von Hochstaden ist nach meinen Recherchen nicht zu vermuten. Auch ist in keiner meiner Quellen erwähnt worden, dass die Overstolzen etwas mit dem Tod des Dombaumeisters zu tun gehabt haben könnten. Da meine Quellenrecherche aus Gründen der engen Zeitvorgabe begrenzt bleiben muss, kann ich dieses aber nicht gänzlich ausschließen. Es erscheint mir aber unwahrscheinlich, da ein solch brisanter Fakt im Zusammenhang mit dem Streit zwischen Overstolzen und Erzbischof erwähnt worden wäre, hätte es ihn denn gegeben.

Insgesamt verhelfen diese konstruierten „Puzzleteile“ dem Autor dazu, einen perfekten Krimi zu konstruieren.

Frank Schätzing löst die mysteriöse Frage um den Tod des Dombaumeisters, indem er ihn den Overstolzen anlastet, da Gerhard von ihrem Mordplan auf Konrad von

Hochstaden wusste. Es ist ein historisches Faktum, dass die Overstolzen im Streit mit dem Erzbischof standen, da er sie demütigte und einige von ihnen auf seine Burgen einsperren ließ. Schätzing sieht darin einen guten Grund für die Overstolzen, Konrad von Hochstaden umzubringen. Diese von ihm höchstwahrscheinlich hinzugefügten Elemente komplettieren das Puzzle, also den Plot.

Vor allem mit den (wahrscheinlich) fiktionalen Personen kann sich der Leser gut identifizieren und fiebert mit ihnen mit.

So wird aus historischen Fakten ein spannender Krimi, der dem Leser die Geschichte Kölns und das Leben im Mittelalter näher bringt, ohne ihn zu langweilen.

Meiner Meinung nach ist der Roman „Tod und Teufel" ein sehr interessantes, reizvolles Buch, gerade weil Frank Schätzing an einigen Stellen in die Geschichte eingreift. Die Historiker werden es ihm nachsehen.

6 Literatur- und Quellenverzeichnis

Primärliteratur

SCHÄTZING, Frank (1999): Tod und Teufel. Köln Krimi Classic. Köln: Emons Verlag.

Sekundärliteratur

DEETERS, Joachim et al. (1998): Ad Sumum 1248. Der gotische Dom im Mittelalter. Stadt Köln: Historisches Archiv.

FREIHERR VON ARETIN, Karl Otmar (1998): Neue Deutsche Biographie. 19.Band. Berlin: Duncker und Humboldt.

FROHN, Robert / STELZEMANN, Arnold (1990): Illustrierte Geschichte der Stadt Köln. Köln: Bachem Verlag.

FUCHS, Peter (1990): Chronik zur Geschichte der Stadt Köln. Band 1. Von den Anfängen bis 1400. Köln: Greven Verlag.

WOLFF, Arnold (1968): Kölner Domblatt. Jahrbuch des Zentral- Dombauvereins. Köln: Verlag Kölner Dombau.

WOLFF, Arnold (1968): Chronologie der ersten Bauzeit des Kölner Doms 1248-1277. Köln: Verlag J.P. Bachem.

Internetquellen

http://www.frank-schaetzing.com (6.2.2005). SCHÄTZING, Frank: Homepage.

http://www.zdf.de (26.2.2005). NETTERSHEIM, Christoph: Der Schwarm. Roman von Frank Schätzing. Meldung vom 1.10.2004.
http://www.zdf.de/ZDFde/inhalt/0/0,1872,2187680,00.htm

http://www.ingisworld.de (1.2.2005). Die Dombausage oder Meister Gerhards Wette mit dem Teufel.
http://www.ingisworld.de/koeln/koelsch/sagen/dombau.htm

http://de.wikipedia.org (26.2.2005). Konrad von Hochstaden. Meldung vom: 18.2.2005.
http://de.wikipedia.org/wiki/Konrad_von_Hochstaden

http://de.wikipedia.org/wiki/Hauptseite (16.1.2005). Urquhart Castle. Meldung vom 16.1.2005.
http://de.wikipedia.org/wiki/Urquhart_Castle

http://www.koeln3.de (27.2.2005) Overstolzenhaus.
http://www.koeln3.de/11sight/sight59d.htm

7 Anhang

7.1 E-Mail an den Autor Frank Schätzing

Die folgende E-Mail habe ich am 9.1.2005 an den Autor versandt, um Antworten auf mir bis zu dem Zeitpunkt ungeklärte Fragen zu erhalten. Sie blieb bisher unbeantwortet.

Sehr geehrter Herr Schätzing,
ich habe Ihren Mittelalterkrimi „Tod und Teufel“ gelesen und das Hörbuch gehört und war von beidem begeistert.
Ich besuche zurzeit die 12. Klasse des Gymnasium Dionysianum in Rheine und schreibe nun meine Facharbeit im Fach Deutsch. Ich habe mich entschieden, diese über Ihr Buch zu schreiben.
Mein Hauptthema ist der historische Wahrheitsgehalt der Hauptgeschichte von „Tod und Teufel“. In der letzten Woche war ich in Köln, um in der Stadtbücherei und der Stadtbibliothek zu recherchieren.
Einige Aspekte konnte ich leider noch nicht ausfindig machen. Deswegen möchte ich Sie fragen, da Sie es ja wissen müssen.
Ungeklärt ist für mich, ob es wirklich einen Mordplan der Overstolzen für Konrad von Hochstaden gab und ob sie wirklich etwas mit dem Tod des Dombaumeisters Gerhard zu tun gehabt haben könnten.
Da ich keinerlei Hinweise für solch einen Mordplan finden konnte und der Tod des Dombaumeisters mysteriös und ungeklärt ist, gehe ich nicht davon aus, dass dies der Wahrheit entspricht. Jedoch würde mich interessieren, ob dies nicht doch mit der Realität übereinstimmt.
Nun würde mich noch interessieren, ob es Jaspar von Rodenkirchen, Richmodis, Goddert und Jacop den Fuchs wirklich gab oder ob Ähnlichkeiten mit historischen Personen bestehen.
Ich würde mich wirklich sehr freuen, wenn Sie sich die Zeit nähmen, mir diese Fragen zu beantworten!
Dankeschön schon mal im Voraus!
Mit freundlichen Grüßen

Antje Uhlenbrock

7.2 Das Overstolzenhaus

Abb. 2: Das Overstolzenhaus in der Rheingasse in Köln[38]

„Das Overstolzenhaus (1220) ist das einzige erhaltene Patrizierhaus Kölns aus der Zeit der Romanik. [...] Heute ist das Overstolzenhaus Sitz der neuen Medienakademie.“[39]

[38] eigene Aufnahme vom 5.1.2005
[39] http://www.koeln3.de (27.2.2005) Overstolzenhaus. http://www.koeln3.de/11sight/sight59d.htm

Erklärung

Hiermit erkläre ich, dass ich die vorliegende Arbeit selbstständig und ohne fremde Hilfe verfasst und keine anderen als die im Literatur- und Quellenverzeichnis angegebenen Hilfsmittel verwendet habe.

Insbesondere versichere ich, dass ich alle wörtlichen und sinngemäßen Übernahmen aus anderen Werken als solche kenntlich gemacht habe.

________________________ ________________________

Ort, Datum Unterschrift

23

11.2 Musik

**Analyse der Stücke ‚Habanera' und ‚Seguidilla'
aus der Oper ‚Carmen' von Georges Bizet
im gleichnamigen Film ‚Carmen' von Carlos Saura
in Bezug auf die tänzerische Umsetzung
und die Funktion der jeweiligen Szenen.**

Facharbeit von

Lena Anna Castrup

im Fach Musik
Stufe 12

Schuljahr 2005 – 2006

Gymnasium der Mariannhiller
Missionare Maria-Veen
Am Kloster 9
48734 Reken

Betreuende Lehrerin:
Frau Hesselmann

Inhaltsverzeichnis

3

1 Einleitung

Meine Facharbeit im Fach Musik zu schreiben war vielmehr ein schlagartiger Einfall als eine lang durchdachte Idee. Dieser Einfall allerdings faszinierte mich sofort und ließ mich nicht mehr los, so dass ich mich auf die Suche nach einem passenden Thema machte. Hierfür musste ich mir aber zuerst darüber klar werden, worin genau meine Begeisterung eigentlich besteht und was ich daraus machen will.
Die Bedeutung der Musik für den Menschen hat sich im Laufe der Zeit stets verändert und weiterentwickelt. Heute ist Musik ständiger Begleiter des Menschen, sie ist in allen Situationen und Lebenslagen dabei und macht es uns möglich, Begriffe wie „Wut", „Angst", „Leidenschaft" oder „Lebensfreude" wirklich mit Leben und Inhalt zu füllen. Außerdem wird Musik genutzt, um ein bestimmtes Ambiente, eine bestimmte Stimmung zu erzeugen. Was wären ein Fernseh-Krimi oder ein Fest ohne Musik?
Auch aus meinem Alltag und meiner Freizeitgestaltung ist Musik nicht mehr wegzudenken. Selbst zu musizieren, zum Beispiel mit der Querflöte, oder zu singen, weil mir danach ist, macht für mich einfach Lebensqualität aus. Genial finde ich auch, diese Geschichten und Emotionen, von denen die Musik erzählt, in Bewegungen umzusetzen und somit noch stärker auszudrücken – also zu tanzen; es ist mein größtes Hobby.
Meiner Meinung nach gehören Musik und Tanz fest zusammen und sich dadurch auszudrücken liegt in der Natur des Menschen – der beste Beweis dafür sind Naturvölker in Südamerika, Afrika oder Australien.
Im Hinblick auf meine Facharbeit hatte ich also den Wunsch, die Verbindung von Musik und Bewegung – und die dadurch entstehende Wirkung – zu thematisieren. Ich hörte, dass es einen Tanzfilm zu Georges Bizets Oper „Carmen" gibt und überlegte mir, ob und wie es dem Choreographen Antonio Gades wohl gelungen ist, die Musik Bizets tänzerisch umzusetzen. Dies möchte ich an den Beispielen der ‚Habanera' und der ‚Seguidilla' analysieren. Hierbei wird die ‚Habanera' einen Schwerpunkt bilden, da sie sehr ausführlich dargestellt wird.
Ein weiterer Aspekt sind die Funktionen, die der Regisseur Carlos Saura diesen beiden Szenen in der Handlung des Filmes zugeordnet hat und mithilfe der Kombination von Musik und Bewegung ausdrückt.
Um einen guten Einblick in die Oper zu erhalten, habe ich mir nicht nur zusätzlich die Verfilmung von Francesco Rosi, sondern auch eine Inszenierung im Aalto-Theater in Essen angesehen, die dort im Dezember 2005 aufgeführt wurde.

4

2 Carmen – Die Oper

2.1 Inhalt

Die vieraktige Oper ‚Carmen' wurde 1873-1875 von Georges Bizet komponiert. Der Text stammt aus der gleichnamigen Novelle von Prosper Mérimée, geschrieben von Henri Meilhac und Ludovic Halévy. Die Oper spielt in Spanien um 1820. Sie wurde am 03. März 1875 in der Pariser ‚Opéra-Comique' uraufgeführt.[1]

Der 1. Akt spielt auf einem Platz in Sevilla. Nahe einer Zigarettenfabrik hat gerade die Ablösung der Wache stattgefunden, als die Arbeiterinnen der Fabrik zur Pause lachend und plaudernd hinausströmen. Die schöne Zigeunerin Carmen zieht alle Blicke auf sich, zeigt ihren Verehrern jedoch die kalte Schulter. Nur der Sergeant Don José scheint kein Interesse an ihr zu haben. Carmen wirft ihm eine Blume ins Gesicht, bevor sie verschwindet. Don José ist verwirrt, wird aber von dem Bauernmädchen Micaela, das ihm Grüße von seiner Mutter ausrichtet, abgelenkt. Plötzlich entsteht ein Tumult, da Carmen eine Messerstecherei angezettelt hat. Es ist Josés Aufgabe sie zu verhaften. Stattdessen lässt er sie – betört von ihrem verführerischen Charme – fliehen und wird selbst abgeführt.

Der 2. Akt zeigt die Schmugglerschenke der Zigeuner. Die Stimmung ist ausgelassen, da in dieser Nacht ein großes, gemeinsames Geschäft ansteht. Carmen will allerdings nicht mitkommen, denn sie wartet sehnsüchtig auf Don José, der am Abend aus der Haft entlassen wird. Zuvor macht sie allerdings die Bekanntschaft des Stierkämpfers Escamillo und ist auch von ihm sehr beeindruckt. Als José endlich kommt, versucht Carmen ihn zu überreden, sich der Schmugglerbande anzuschließen. Dass der ehrliche und pflichtbewusste Sergeant stattdessen pünktlich zum Appell in die Kaserne zurück möchte, empört Carmen zutiefst. Sie ist trotz seiner Liebeserklärungen wütend und enttäuscht. Als dann Josés Offizier kommt, der zu Carmen will, vertreibt der Sergeant ihn voll Eifersucht und willigt doch ein, sich den Schmugglern anzuschließen, um seine Angebetete nicht zu verlieren.

Im 3. Akt sieht man eine Gebirgsschlucht, in der die Zigeuner rasten, tanzen und spie-

[1] Pahlen, Kurt/ König, Rosmarie: Opern der Welt, Textbuch (Französisch – Deutsch) Einführung und Kommentar: Georges Bizet – Carmen, Originalausgabe 5. Auflage, Mainz 1997, S. 7

len. Ein Blick in die Karten verheißt Carmen den baldigen Tod. Überraschend taucht Escamillo auf. Er sucht Carmen, da er sie begehrt. José beginnt in seiner wahnsinnigen Eifersucht ein Messergefecht. Carmen schafft es, den Kampf zu beenden. Es wird deutlich, dass ihr Interesse nun dem Stierkämpfer gilt. Dieser lädt alle zum nächsten Stierkampf nach Sevilla ein. José greift nur nicht erneut zum Messer, weil Micaela erscheint und ihn anfleht, seiner Mutter am Sterbebett beizustehen. Er geht widerwillig mit ihr mit.

4. Akt – Zeit für den Stierkampf. Auf dem Platz vor der Arena gestehen sich Carmen und Escamillo ihre Liebe, bevor er zum Kampf antritt. Obwohl sie bereits gewarnt wurde, hat Carmen keine Angst, als sie José gegenübersteht. Er versucht, sie zurückzugewinnen, doch sie wirft ihm seinen Ring vor die Füße. In seiner unendlichen Liebe, verzweifelt und mit dem bitteren Wunsch, seine Carmen nicht an einen anderen zu verlieren, ersticht er sie und bricht über ihrer Leiche zusammen.

2.2 Musikalische Analysen

2.2.1 Musikalische Analyse der ‚Habanera'[2]

Die Habanera ist ein langsamer, mit dem Tango verwandter Tanz im 2/4-Takt.
Sie entstand zu Beginn des 19. Jahrhunderts in der kubanischen Hauptstadt Havanna.
Bis zum Ende dieses Jahrhunderts wurde sie auch in Europa bekannt.
Georges Bizet hat in seinem Stück eine der populärsten Habaneras „El arreglito" verarbeitet.[3]

Dieses Stück ist die No. 5 in der Oper und wird von Carmen (Mezzosopran[4]) teils solistisch und teils in Begleitung des Chores gesungen.
„Die Liebe hat bunte Flügel, solch einen Vogel zähmt man nur schwer" singt Carmen und meint damit besonders ihre eigene Unbeständigkeit in Liebesbeziehungen, denn „die Liebe von Zigeunern stammet, fragt nach Rechten nicht, Gesetz und Macht".

---

2 Bizet, Georges: Carmen, Oper in 4 Akten, Klavier-Auszug vom Komponisten, neu revidiert von Kurt Soldan, Edition Peters Nr. 3001, S. 36 - 44

3 http://de.wikipedia.org/wiki/Habanera, Artikel „Habanera" (freie Dokumentation), zuletzt geändert am 20. 12. 2005 um 22: 04; aus dem Internet entnommen am 04. 02. 2006

4 Pahlen, Kurt/ König, Rosmarie: Opern der Welt, Textbuch (Französisch – Deutsch) Einführung und Kommentar: Georges Bizet – Carmen, Originalausgabe 5. Auflage, Mainz 1997, S. 7

6

Es handelt sich bei dem Lied um ein Lied mit Strophen und Refrain. Die Gliederung ist hierbei sehr klar zu erkennen. Nach einem kurzen Vorspiel beginnt das Stück mit der ersten und zweiten Strophe. Es folgt eine Wiederholung der ersten Strophe. Anschließend kommt der Refrain, der zweimal hintereinander gesungen wird.
Der beschriebene Aufbau wiederholt sich:
Es folgen die dritte und vierte Strophe, eine Wiederholung der dritten Strophe, anschließend der Refrain und wiederum eine Wiederholung des Refrains. Die Gesangsverteilung, auf die später eingegangen wird, bleibt hierbei jeweils gleich.
Die erste Strophe (T. 4 – 12) wird von Carmen gesungen. Sie steht in d-Moll und beginnt mit einem viertaktigen Thema, das eine absteigende Bewegung von d'' bis e' darstellt. Dabei liegt auf c'' „Liebe"(T. 5) und a' „Flügel"(T. 6) jeweils eine durch ein Rezitativ geschaffene Betonung. Der vorwärtsdrängend gewählte Rhythmus – eine Achteltriole beziehungsweise die Folge Achtel, Sechzehntel, Sechzehntel – verhindert, dass es monoton klingt und sorgt für einen gewissen Spannungsaufbau. Diese aufgebaute Energie strömt förmlich in die folgenden Melismen (T. 7), die aus einer Sechzehnteltriole und zwei weiteren Sechzehntel bestehen. Es verleiht der Melodie einen wiegenden Schwung und legt außerdem einen starken Akzent auf das Wort „Vogel", welcher hier das Sinnbild für die Liebe, die frei und ungezwungen sein will, ist. Die Melodie läuft zunächst auf drei Achtelnoten aus. Im Kontrast zu dem vorwärtsdrängenden, ernergiegeladenen Rhythmus, steht die absteigende Chromatik in den ersten Takten (T. 4 – 6). Sie wurde auch von romantischen Komponisten gerne benutzt, um tragische Situationen zu beschreiben[5]. Dies lässt sich auf die Situation derer beziehen, die Carmens Reizen verfallen. Zugleich wirkt diese Chromatik aber auch sehr umsäuselnd und umgarnend. Durch die Verbindung dieser beiden gegensätzlichen Stilmittel gelingt die verlockende, gerade zu verführerische Stimmung. Dies wird durch das durchgehende piano unterstützt.
Der zweite Teil der ersten Strophe ist eine kaum veränderte Variation (T. 8 – 12) des soeben beschriebenen Themas. Die ersten Unterschiede finden sich in Takt 10. Dort wurde zunächst dem zweiten Rezitativ ein anderer Rhythmus zugeordnet. Auf zwei Sechzehntel folgen eine Sechzehntelpause und eine weitere Sechzehntelnote. Dies dient

[5] http://de.wikipedia.org/wiki/Chromatische_Tonleiter, Artikel „Chromatische Tonleiter" (freie Dokumentation), zuletzt geändert am 18. 02. 2006, 03:11; aus dem Internet entnommen am 18. 02. 2006

lediglich der Abwechslung; die nach vorn strebende Wirkung bleibt bestehen. Die nächste Änderung besteht darin, dass die beiden auf das Rezitativ folgenden Achtelnoten (T. 10) nun in Ganzton- statt in Halbtonschritten abwärts gehen. Dadurch ist der weitere Verlauf des Themas um eine ganze Note tiefer als zuvor, sodass die Strophe auf der Tonika, nämlich d', endet und somit in sich geschlossen ist.

Carmen singt auch die zweite Strophe (T. 12 – 20), die ebenso aufgebaut ist wie die erste.

Nun folgt die Wiederholung der ersten Strophe, die von den Tenorstimmen (Junge Leute) des Chores gesungen wird. Einziger Unterschied ist die Auslassung des ersten Melismas (T. 23 „Vogel“ und T. 27 „will“). Durch den Tonartwechsel zu D-Dur wird auf den Refrain vorbereitet. Während der Chor im pianissimo singt, singt Carmen über der Melodie im piano viermal „Die Lieb“, wobei „Lieb“ jeweils auf der ersten, also betonten Zählzeit eines Taktes beginnt und bis Beginn der zweiten Zählzeit – insgesamt also über drei Achtel – ausgehalten wird. Durch dieses Langziehen und häufige Wiederholen des einen Wortes bekommt dieses einen sehr hohen Stellenwert. Außerdem lässt es auf eine verzückte Sehnsucht schließen. Durch die zum Teil sehr großen Intervalle gewinnt das Wort noch mehr an Bedeutung. Den Höhepunkt bildet die Oktave von e' zu e'' (T. 25, 26) auf der zudem ein Crescendo liegt, das den Zuhörer die tiefen Emotionen spüren lässt. Das e'' ist in diesem Teil des Stücks sogar Hochton der Singstimmen.

Direkt hierauf folgt der Refrain (T. 28 – 44) im piano gesungen von Carmen. Er lässt sich in vier Abschnitte gliedern. Begonnen wird mit einem viertaktigen Thema (T. 28 – 32). Die Melodie geht zunächst in recht sanften Wogen zwischen den Tönen d' und a', also im Abstand einer Quinte, auf und ab. Eine Quinte ist ein sehr harmonisch klingendes Intervall, das keinerlei Spannungen erzeugt. Der wiegende Eindruck wird auch durch den gleichmäßig punktierten Rhythmus verstärkt. Ein voller Takt besteht jeweils aus einer punktierten Achtel-, einer Sechzehntel- und zwei Achtelnoten. Dies ist zudem der typische Habanera-Rhythmus[6]. In die friedliche Stimmung tritt plötzlich ein Rezitativ auf vier Sechzehntelnoten (T. 31). Diese zackige, schnelle Bewegung mahnt zur Wachsamkeit. Auf das Rezitativ auf a' folgt eine Achtel auf h'(T. 31), die noch einmal wie ein Ausrufezeichen wirkt. Diese Entwicklung in der durch die Musik

[6] Menzel, Horst: Die Oper, Schriftenreihe über musikalische Bühnenwerke, Carmen von Georges Bizet, Berlin 1972, S. 40

erzeugte Stimmung liegt sehr nah am Text. Nachdem zuerst von Liebe gesprochen wird (T. 28 – 30), wird direkt im Anschluss deutlich, dass diese Liebe nicht beständig ist, sondern tut und lässt, was sie will (T. 30 – 32). Das Thema endet mit einer absteigenden Achtelbewegung auf der Subdominante g' (T. 32) und ist somit nicht in sich geschlossen.

Der zweite Abschnitt des Refrains ist eine Wiederholung des eben beschriebenen Themas, allerdings um eine ganze Note erhöht (T. 32 – 36). Dadurch wird nicht nur der Gefühlsausdruck gesteigert, sondern es entsteht auch ein Halbschluss auf der Dominante. Carmen endet mit den Worten „nimm dich in acht!"; durch die absteigende Melodiebewegung und das durchgängige piano scheint dies aber nicht unbedingt ernst gemeint. Umso ernster und warnender ist der dreistimmige Zwischenruf des Chores (T.36, 37), der diese Worte im forte wiederholt. Alle Stimmen sind mahnend aufsteigend. Außerdem ist in zwei Stimmen – im Tenor auf „nimm dich" und im Sopran auf „in acht!" – ein Quartsprung von a' zu d'' zu finden. Dieses Intervall erinnert an das „Tatütata" der Feuerwehr. Es fordert also höchste Stufe der Vorsicht und deutet Gefahr an. Zusätzlich wird der Gesang vom gesamten Orchester im forte unterstützt.

Gleich nach dem Einruf des Chores geht es in der Melodiestimme Carmens weiter mit dem dritten Abschnitt (T. 37 – 40), nämlich mit einer verkürzten Variante des Themas, mit dem der Refrain begann. Eingestiegen wird auf dem zweiten a', das heißt, dass der erste Takt weggelassen wird, wodurch auch der friedliche Teil des Themas kürzer wird. Außerdem ist der Ton nach dem Rezitativ auf a' nun ein d'' statt einem h' (T. 39) – die Wirkung des Ausrufezeichens wird nicht nur durch die Höhe des Tons, sondern durch den erneuten Intervallsprung einer Quarte verstärkt. Nun endet das Thema mit einem c'' und einem g' (Achtelnoten), wobei das c'' auch noch als Vorschlag vor dem g' steht und dieses dadurch noch einmal hervorhebt. Es folgt erneut der Zwischenruf des Chores (T. 40, 41), allerdings noch einen ganzen Ton höher, sodass er auf g'' endet.

Carmen fährt fort mit dem letzten Abschnitt des Refrains (T. 41 – 44), der wiederum dem zweiten ähnelt. Auch diesmal wird der erste Takt weggelassen und nun auf dem zweiten h' eingestiegen. Allerdings wird auch auf die Punktierung verzichtet (T. 42), statt punktierter Achtel und einer Sechzehntel haben wir nun eine Achtel, eine Sechzehntel und eine Sechzehntelpause. Dadurch verschwindet der zumindest anfangs friedliche Charakter gänzlich. Nun folgt der letzte Satz des Refrains „wenn ich liebe nimm dich in acht!" (T. 42 – 44). Bereits auf „wenn ich" steigt die Lautstärke durch ein Crescendo bis zum forte auf „liebe …". Außerdem wird dieses zentrale Wort durch eine aufsteigende Bewegung bis zum cis'' eingeleitet, bevor die Melodie dann die Tonleiter herunter bis zum d' abfällt. Weitere Mittel wie die Synkope auf „liebe", die in eine Achteltriole eingebunden ist, sowie das Melisma auf „dich" mit anschließender Synkope auf einer ohnehin schon punktierten Achtel dienen der Betonung der beiden Wörter, sowie der Hervorhebung des gesamten Satzes durch den anspruchsvollen Rhythmus als abschließendes Finale des Refrains. Durch das Ende auf der Tonika ist ein Ganzschluss gegeben.

Nun folgt die Wiederholung des Refrains (T. 44 – 60), bei der die ersten beiden Abschnitte vom Chor vierstimmig gesungen werden (T. 44 - 53). Der Sopran singt die Melodiestimme im mezzoforte. Die Tenor- und Bassstimmen singen währenddessen langsam begleitend im piano rezitativisch darunter „Ja, die Liebe stammt von Zigeunern", sodass diese drei Stimmen gemeinsam meist Dur-Akkorde bilden (Bsp.: T. 45, erste Zählzeit: d, a', f' ergeben den D-Dur-Akkord). Es klingt also harmonisch. Eine Dissonanz wird allerdings durch eine zweite Tenorstimme im mezzoforte geschaffen. Eigentlich taucht hier wieder die Melodie auf, die auch vom Sopran gesungen wird, jedoch springt sie, nachdem sie zuerst in der gleichen Tonlage begann, eine Quarte hinauf (T. 45) und behält diesen Intervallunterschied bis auf kleine Abweichungen (z.B. T. 48) bei.

Nach dem Zwischenruf des Chores (T. 52, 53) fährt Carmen solistisch fort. Um noch eine stärkere emotionale Wirkung zu erzielen, werden weitere Verzierungen hinzugefügt. Nach dem Rezitativ im dritten Abschnitt (T. 53 – 56) bekommt das d'' noch einen Vorschlag auf a' und aus dem nachfolgenden c'' wird eine trillerartige Sechzehnteltriole c'' – d'' – c'' (T. 55).

Nach dem Zwischenruf des Chores folgt der vierte Abschnitt (T. 57 – 61), der den abschließenden Höhepunkt des Refrains darstellt. Er wird mit einem Crescendo eingeleitet. Es folgt ein Melisma auf „liebe" und dann ein Aufstieg zu „dich", welches durch eine Synkope auf dem f'' im forte stark hervorgehoben wird (T. 59). Eine schnelle Zweiunddreißigsteltriole leitet den Schluss ein, der erneut auf der Tonika endet, diesmal aber eine ganze Oktave höher als zuvor, nämlich auf dem d'' (T. 60, 61). Zu diesen aufwändigen Verzierungen wird die Wirkung dieser letzten drei Takte (T. 59 – 61) noch gesteigert, in dem der Chor erneut einsteigt. Das warnende „hab acht!" wird durch ein Crescendo von piano zu forte geführt. Die Töne des „hab" klingen dazu noch enorm dissonant, da nicht nur das d aus den Bassstimmen und das cis'' aus den Tenören und Sopranstimmen eine kleine Sekunde bilden, sondern sogar innerhalb der Sopran-

stimmen ein Tritonus zu finden ist (g' – cis''). Diese übermäßige Quarte ist die größtmögliche harmonische Distanz in der Musik. Auf dem Schlusswort „acht" fallen dann alle Stimmen mit der Solostimme zu einem Unisonosatz zusammen und bilden somit eine starke, warnende Einheit (T. 60, 61).
Mit dem erneuten Tonartwechsel zu d-Moll in Takt 64 wiederholt sich der gesamte bereits analysierte Teil des Stücks. Die nun folgenden Strophen drei und vier, sowie der sich anschließende Refrain, sind musikalisch identisch mit den Strophen eins und zwei plus Refrain.
Nun möchte ich noch kurz auf die Instrumentalbegleitung des Stücks eingehen: Während die rechte Hand in der Klavierbegleitung die Melodiestimme durch die jeweils passenden Akkorde unterstreicht spielt die linke Hand durchgehend ein einziges Motiv. Es baut sich aus einer Achtel, einer Sechzehntelpause und wiederum zwei Achtel auf, gibt also der ‚Habanera' ihren typischen Rhythmus[7]. Durch die Staccati sticht das Temperament dieser Rhythmik noch mehr heraus. Da das Lied schon durch das viertaktige Vorspiel nur von der linken Hand eingeleitet wird, gibt das Motiv dem Stück einen gewissen Wiedererkennungswert. Bizet behält diese Rhythmik streng bei „und unterstreicht die Monotonie noch durch einen konsequent durchgehaltenen Orgelpunkt auf D. So erhält die Orchestergrundierung etwas Rauschhaft-Hypnotisches."[8] Die einzig auffällige Stelle in der Begleitung findet sich in den Takten 60 – 63, nach der ersten Wiederholung des Refrains. Hier übernimmt die rechte Hand den monotonen Rhythmus der linken und spielt mit ihr unisono (ebenso wie die Stimmen auch unisono erklingen) im fortissimo. Hierbei beginnt die rechte Hand sehr hoch und nähert sich der linken absteigend immer näher an. Es liegt also eine starke Reduzierung vor, am Ende spielt nur noch die rechte Hand. Dies dient zum Spannungsabbau nach dem abschließenden Höhepunkt des Refrains. Zur Dynamik der Begleitung lässt sich noch allgemein sagen, dass sie sich jeweils der der Singstimme(n) anpasst.

„Eros, wie die Alten ihn empfanden – verführerisch spielend boshaft dämonisch unbezwinglich. Zum Vortrag gehört eine wahre Hexe."[9]

---

[7] Menzel, Horst: Die Oper, Schriftenreihe über musikalische Bühnenwerke, Carmen von Georges Bizet, Berlin 1972, S. 40
[8] eben dar
[9] Berganza, Theresa et al.: Der Opernführer Nr. 4, Libretto Analyse Kommentar Dokumentation, Bizet Carmen, PremOp Verlag GmbH (München)/ L'Avant-Scène Opéra (Paris) 1990, S. 53

2.2.2 Musikalische Analyse der ‚Seguidilla'[10]

Die Seguidilla ist ein spanisches Volkstanzlied im 3/8-Takt. Sie findet sich häufig in spanischen Bühnenwerken des 17. und 18. Jahrhunderts.[11] Ihr Rhythmus ist der eines raschen Boleros[12].

Die folgende Analyse bezieht sich auf die ersten 104 Takte des Stücks No. 10 aus der Oper. Sie werden solistisch von Carmen gesungen, bis sie zum Schluss von Don José (Tenor[13]) unterbrochen wird.

Carmens Gesang beginnt nach dem Vorspiel mit dem Refrain. Sie singt von Lillas Pastia, dem die Schmugglerschenke am Wall von Sevilla gehört, wo die Zigeuner ausgelassene Feste feiern. Darauf folgen vier kleine Zwischensätze, bevor erneut der Refrain erklingt.

In den Zwischensätzen gibt Carmen José eine Art ‚Wink mit dem Zaunpfahl':

Mit einem Begleiter, einem Liebhaber zu feiern wäre doch noch schöner als allein. Leider sei sie ja aber noch nicht vergeben.

Die Grundtonart h-Moll ist nicht sofort zu erkennen, da der Zuhörer anfangs oft in die Irre geführt wird. Die Gestaltung des Stücks liegt sehr stark bei der Flöte und den Streichern, die Gitarrenklänge nachahmen. Schon im Vorspiel beginnt die Flöte mit dem ersten Motiv der Melodie, das sie zuerst im pianissimo spielt (T. 1 – 4) und dann eine Oktave tiefer im pianopianissimo wie ein Echo wiederholt (T. 5 – 8). Danach (T. 9 f.) beginnen die Streicher den für die Seguidilla typischen Rhythmus des Dreiertakts zu spielen, der dem Stück den echten spanischen Charakter gibt und sich fortlaufend durch die Begleitung zieht. Hierbei werden sie zunächst durch Orgelpunkte der Harfe unterstützt, die mit ihrer „schelmischen Ironie […] nur eine Scheinsicherheit bieten"[14].

Der Refrain (T. 13 – 30) beginnt mit einer Melodie, die zunächst um eine Oktave von cis' bis cis'' ansteigt und dann über ein aufwändiges Melisma, das durch eine Punktierung beschwingt wird, über d'' und e'' wieder bis zu g' absteigt. Nun folgt ein Motiv

---

[10] Bizet, Georges: Carmen, Oper in 4 Akten, Klavier-Auszug vom Komponisten, neu revidiert von Kurt Soldan, Edition Peters Nr. 3001, S. 75 - 78

[11] http://www.klassik-heute.de/lexikon/lexikon_seguidilla.shtml, Klassik-Heute Musiklexikon (357) „Seguidilla" aus dem Internet entnommen am 04. 02. 2006

[12] Berganza, Theresa et al.: Der Opernführer Nr. 4, Libretto Analyse Kommentar Dokumentation, Bizet Carmen, PremOp Verlag GmbH (München)/ L'Avant-Scène Opéra (Paris) 1990, S. 79

[13] Pahlen, Kurt/ König, Rosmarie: Opern der Welt, Textbuch (Französisch – Deutsch) Einführung und Kommentar: Georges Bizet – Carmen, Originalausgabe 5. Auflage, Mainz 1997, S. 7

[14] Berganza et al, S. 79

aus einer melismatischen Sechzehnteltriole und zwei Achteln. Es wird im Abstand eines Ganztonschrittes wiederholt (T. 17, 18). Diese beiden kleinen Einheiten haben eine gewitzte Wirkung. Abschließend kommt ein temperamentvoller Oktavsprung von d'' zu d' (T. 19, 20). Es geht weiter mit vier Takten (T. 21 – 24) mit Auftakt, bestehend aus betonten Achtelnoten. Die Melodie verläuft zwischen c und d''. Dieses große Intervall einer None wirkt zusammen mit den Staccati wiederum sehr temperamentvoll und ein wenig provokant. Die absteigenden Abschnitte erinnern an die Tonleiter, wobei diese durch die Auflösung des cis phrygisch wird. Diese Kirchentonart ist häufig in der Harmonik der für Spanien typischen Flamenco-Musik zu finden[15]. Die Melodie endet mit einem noch tiefer gehenden Melisma auf h (T. 25) und einem über die Zählzeit von sechs Achteln gehaltenen fis'' (T. 25 – 27). Den Schluss des Refrains bildet eine aufsteigende Sechzehntel-Bewegung (T. 27, 28), die dann nach ihrem Höhepunkt d'' mit einem erneut temperamentvollen Oktavsprung von h' zu h abfällt (T. 29, 30). Es ist also ein Ganzschluss auf der Tonika.

In einem siebentaktigen Zwischenspiel greifen die Bläser den Seguidilla-Rhythmus der Streicher auf (T. 30 – 36) und deuten bereits den Tonartwechsel in die parallele Dur-Tonart D an. Es folgen die vier Zwischensätze in D-Dur.

Der erste (T. 37 – 52) klingt sehr kokett, er beginnt mit einem kleinen Motiv. Das d' auf der ersten Zählzeit ist sehr betont, doch sofort folgen vier leichtfüßige Sechzehntel, nämlich d' und fis' im Wechsel, die auf ein sehr keckes Rezitativ auf a' zulaufen (T. 37, 38). Das Motiv wird zweimal wiederholt, wobei das Rezitativ jeweils um einen Halbtonschritt – erst zu ais' (T. 40) und dann zu h' (T. 43) – erhöht wird. Auf das h' folgt ein Wechsel in Sekundsprüngen zwischen h' und cis'', der in Verbindung mit den schnellen Sechzehntel wie eine verführerische Sehnsucht wirkt, die auf a' ausklingt. Nun übernimmt die Flöte das kokette Motiv, während Carmen etwas wehmütig, aber dennoch mit der Absicht mit ihrem Charme zu betören, dazwischen „Der Liebste mein?“ – „wenn ich ihn hätte!“ singt (T. 45 – 50). Zum Ende kommt mit einer aufsteigenden D-Dur-Tonleiter in Sechzehntelnoten (T. 50 – 52) noch ein wenig Dramatik hinzu.

Der zweite Zwischensatz (T. 53 – 60) ist um einiges langsamer als der erste und wirkt eher getragen. Er beginnt sehr hoch mit einer melismatischen Triole d'' – e'' – d''

---

[15] http://de.wikipedia.org/wiki/Flamenco, Artikel „Flamenco“ (freie Dokumentation), zuletzt geändert am 03.02.2006, 22:01; aus dem Internet entnommen am 04.02.2006

13

(T. 53) der sich eine nun sehr wehmütige Chromatik zwischen cis'' uns e'' anschließt. Darauf folgt ein Quintsprung abwärts von e'' zu a'(T. 56), der eine auflösende Wirkung des Spannungsbogens erzielt. So schimmert auch Hingabe und Sanftmut durch. Die eben beschriebene Melodie wird wiederholt (T. 57 – 60).

Nachdem die Begleitung bereits reduziert wurde, dient sie im dritten Zwischensatz (T. 61 – 68) nur noch als sanfte Untermalung, indem die Streicher breite Akkorde spielen und nur die kaum hörbaren Harfen mit Orgelpunkten auf der Tonika an den ursprünglichen Rhythmus erinnern. Die Singstimme gleicht vom Tempo her eher wieder dem ersten Zwischensatz. Auch sie besteht zum großen Teil aus schnellen Sechzehntelnoten. Hier handelt es sich dabei um kleine auf- und wieder absteigende Melodiebögen, bei denen anfangs durch eine Achtelnote die Betonung der ersten Zählzeit deutlich gemacht wird (T. 61 – 64). Es klingt wieder keck und ein wenig vorwitzig. Das nun folgende rallentando (T. 65 – 67) lässt aber bereits wieder die sehnsüchtige Seite Carmens erahnen. Sie singt: „und wer mich mag" – mit einer spannungsaufbauenden Synkope auf „mag" (c'') – und dann: „den liebe ich" mit einer absteigenden, nun sanften Melodie, die auf der Tonika d' endet (T. 68).

Nun wird der vierte Zwischensatz (T. 69 – 81) eingeleitet, indem die Begleitung den Tanzrhythmus wieder aufnimmt. Zugleich spielen die Flöten viermal das Motiv, das auch in der Singstimme versetzt auftaucht. Es handelt sich also um Polyphonie, bei der die Flöten den Dux, also die Führerstimme bilden. Die Melodie einzeln betrachtet klingt wieder sehr getragen. Auf vier Achtel d' – a' – d' – es' folgt ein Oktavsprung zu einer Viertelnote auf es''. Die Singstimme liegt einen halben Ton höher. Zusätzlich ändern sich jeweils die Viertel: e'', a', e'', d'. Dieser Kontrast von hohen und tiefen Endungen unterstreicht die starken Emotionen. Durch die Polyphonie klingt diese Melodie nicht nur sehr gefühlsintensiv sondern wirkt auch hypnotisch, geradezu erotisch-verführend. „Wer kommt mir denn liebend entgegen? ...", überlegt Carmen und unterbricht sich selbst plötzlich: „Es ist nicht Zeit das zu überlegen, …" (T. 76 f.) Sie geht zu einer Art Sprechgesang über, der aus Rezitativen auf es' und d' besteht. (T. 76 – 79) Es handelt sich also um die kleinstmöglichen Intervallabstände einer kleinen Sekunde. Die Notenfolge beginnt mit einem Auftakt zweier Sechzehntel auf es', auf d' folgt eine Achtel, die wieder schwer die Zählzeit ‚eins' betont, und zwei Sechzehntel. Der Schwerpunkt liegt also auf dem tiefen d'. Dies klingt sehr eindringlich, sogar fordernd, was noch durch die Flöte durch dieselben, breit gespielten Töne verstärkt wird. Das letzte d' wird

kraftvoll über zwei Takte gehalten. Damit enden die Zwischensätze ebenfalls mit einem Ganzschluss auf der Tonika (T. 80, 81).
Ohne Zwischenspiel folgt der Refrain (T. 82 – 99), der wieder in h-Moll steht. Durch eine Verlängerung des Textes endet die aufsteigende Schlussbewegung nun auf fis'' und fällt von dort auf h' (T. 98, 99). Dies hat eine Finalwirkung, die durch den Einsatz des gesamten Orchesters unterstützt wird. Der Ganzschluss bleibt bestehen. Das Orchester spielt das vorherige Vorspiel an, jedoch nur über drei Takte (T. 99 – 101). Dann wird jäh abgebrochen und in einen 4/4-Takt gewechselt (T. 102). Die Streicher deuten durch wechselnde Zweiunddreißigstel in der Begleitung Gefahr und Ärger an und steigern sich in der Lautstärke durch ein Crescendo (T. 102, 103). Währenddessen singt Don José aufgebracht im forte „Jetzt schweig, ich hab das Sprechen dir verboten überhaupt!". Auch dies ist ein Sprechgesang, zunächst auf h', dann auf d'' in drohenden Achteln. Die Triole (T. 102) zeigt seine innere Wut. Das letzte Wort „überhaupt" wird durch eine punktierte Achtel (d'') betont und endet nach einem Schwung auf h' (Sechzehntel) auf eis'' (T. 103, 104). Hierbei handelt es sich um einen Tritonus. Diese enorm dissonant klingende, übermäßige Quarte wird eingesetzt, um große Disharmonien auszudrücken.

„Ein großer Teil des Reizes dieses Stückes liegt in diesen Finten, in diesen Schlichen, die den Hörer irreführen, aber zugleich bezaubern […]."[16]

[16] Berganza, Theresa et al.: Der Opernführer Nr. 4, Libretto Analyse Kommentar Dokumentation, Bizet Carmen, PremOp Verlag GmbH (München)/ L'Avant-Scène Opéra (Paris) 1990, S. 79

15

3 ‚Carmen' – der Film

3.1 Inhalt

Der Film ‚Carmen' wurde 1983 in Spanien unter der Regie von Carlos Saura produziert. Er zeigt eine Flamenco-Ballett-Version der Oper, deren Choreographie von Antonio Gades stammt. Dieser spielt die Hauptrolle des Choreographen Antonio mit Laura Del Sol als Carmen an seiner Seite. Musikalisch wird der Film von Bizets Musik und von dem packenden Flamenco des Gitarrenvirtuosen Paco de Lucía gestaltet.[17] Neben dem Gewinn von drei Filmpreisen war Carlos Sauras Werk sogar für den Oscar nominiert [18].

Für die Aufführung der Oper ‚Carmen' sucht der Choreograph Antonio die perfekte Hauptdarstellerin. Er entdeckt eine junge Frau, die tatsächlich Carmen heißt und mit ihrem Temperament und Eigensinn wie geschaffen für diese Rolle zu sein scheint. Antonio verliebt sich in sie. Er ahnt nicht, wie sehr seine Tänzerin die Figur der Carmen verkörpert. So spielt sich während der Zeit der Proben, ohne dass Antonio es bemerkt, die Geschichte der Oper in seinem realen Leben ab. Carmen erklärt ihm zwar ihre Liebe, dennoch tauchen immer wieder andere Männer auf, auf die sie sich ungeniert einlässt. Antonio ist rasend eifersüchtig und zutiefst verletzt. Er kann Bühnengeschehen und Wirklichkeit immer weniger von einander trennen. Zum Schluss erlebt er diese irreale Perspektive so intensiv, empfindet sie als so aussichtslos, dass er tatsächlich zum Messer greift und Carmen ersticht.

3.2 Analysen der Tänze

3.2.1 Analyse der ‚Habanera'[19]

Im Probensaal ist provisorisch das Bühnenbild eines elenden kleinen Raumes hergerichtet: In der Mitte ist ein Bett aufgestellt, über dem eine Lampe hängt. Etwas abseits

---

[17] „Carmen" (Spanien, 1983), Regie: Carlos Saura, Inhaltsangabe Rückseite DVD-Hülle

[18] http://www.weltbild.de/artikel.php?PUBLICAID=dc30d9a955d1d4a60d4b218a3ea52a0c&artikelnummer=938539&mode=art;
Filminfos, Verlagsgruppe Weltbild; aus dem Internet entnommen am 23. 02. 2006

[19] „Carmen" (Spanien, 1983), Regie: Saura, Carlos; 0:45:43 – 0:49:09

16

von dem Bett steht ein Stuhl und an einer Wand befindet sich eine Schminkkommode mit großem Spiegel. Die ,Habanera' wird geprobt. Bevor die Musik erklingt sieht man Carmen, die vor der Kommode steht. Sie legt sich sorgfältig ein schwarzes spanisches Schultertuch mit langen Fransen um und steckt es vorne mit einer Sicherheitsnadel fest. Bei einem prüfenden Blick in den Spiegel beginnt das Vorspiel des Orchesters (0:45:58) und sie entdeckt Don José, gespielt von Antonio, der auf dem Stuhl sitzt. Carmen fixiert sein Spiegelbild, schmunzelt, und stützt die Hände in die Hüften, da beginnt die erste Strophe (0:45:53). Sie dreht sich langsam um und blickt José mit einem umwerfenden Lächeln an. Dann bewegt sie sich in leicht wiegenden, aber bestimmten Schritten auf ihn zu, ohne ihn dabei für einen Moment aus den Augen zu lassen. Auf halbem Wege fängt sie an, die Fransen des Schals spielerisch um die Finger zu wickeln. All diese kleinen Bewegungen sagen nur allzu deutlich, was Carmen vorhat: Sie will José verführen, ihn wahrlich ,um den Finger wickeln' und setzt dazu all ihren Charme und ihre Reize erfolgreich ein. José wirkt bereits jetzt wie gelähmt und regt sich kaum. Als sie fast bei ihm ist, streckt er ihr seine Hand entgegen. Sie legt ihre hinein und er zieht sie sanft auf seinen Schoß. Die beiden umarmen sich innig (0:46:08 – 0:46:18). Jedoch scheinen all diese Bewegungsimpulse von Carmen vorgegeben zu werden. Sie dominiert ganz klar und José folgt ihr, soweit sie ihm vorgibt zu folgen. Nach der Umarmung ist die zweite Strophe beendet und der Chor beginnt, die erste zu wiederholen (0:46:20). Carmen blickt José schelmisch an bevor sie langsam aufsteht und sich wieder ein paar Schritte entfernt. Dabei hält er ihre Hand solange er kann, scheint aber ansonsten so fasziniert, dass er der Situation eher zusieht, als an ihr teilnimmt (0:46:24 – 0:46:28). Sehr auffällig ist nun Carmens sehnsüchtiger Gesang über den Chorstimmen, die die erste Strophe wiederholen, zu hören. Er bildet einen Kontrast, da die tanzende Carmen José ja in diesem Moment den Rücken zudreht und somit eher kalt wirkt und keine Zuneigung zeigt. Es gehört zu ihrem Verführungsspiel dazu, ihn zappeln zu lassen. Nach dem letzten „l'amour" („die Lieb") dreht sie sich temperamentvoll um (0:46:33). Nun, da der Refrain beginnt, setzt Carmen einen aussdrucksstarken, durchdringenden Blick auf, während sie zu tanzen beginnt. Sie zieht ihren Rock ein wenig über ihren Hüften hoch und geht im Rhythmus erneut auf José zu (0:46:33 – 0:46:37). Die gesamte folgende Schrittfolge besteht aus einem ständigen sich-Annähern und sich-wieder-Zurückziehen. Es wirkt wie eine Präsentation von etwas sehr Wertvollem, nachdem man nicht so einfach greifen kann. Dieser wertvolle Schatz ist Carmen selbst. So wirkt zum Beispiel der Ausfallschritt in Josés Richtung, bei dem Carmen sich hinge-

17

bungsvoll über den eigenen Körper streicht, bevor sie gleich wieder einen Schritt nach hinten macht (0:46:37, 0:46:38). Am deutlichsten ist es aber wohl an der Stelle „regarde à toi!" („nimm dich in acht!"), bei der sie sich mit einem weiteren Schritt nach hinten sogar leicht abwendet, um dann in einer Drehung unerwartet wieder nach vorn in einen Ausfallschritt zu springen und sich auf dem Zwischenruf des Chores mit einem genauso schnellen Schritt zurück wieder zu stolzer Größe aufzurichten (0:46:43 – 0:46:45). Eine ähnliche Bewegungsfolge folgt bis zum zweiten Zwischenruf (0:46:47 – 0:46:50). Hierbei wendet sie ihren Blick aber nicht von José und wirkt durch sanfte Handbewegungen zwischendurch (0:46:42/ 0:46:46) trotz ihres Hin- und Hers sehr reizvoll. Auf dem letzten von ihr gesungenen „regarde à toi!" (0:46:57) nimmt sie sein Gesicht in ihre Hände und schaut ihm tief in die Augen. Es ist wieder ein Kontrast zum warnenden Text, durch den José dieser Gefahr einfach nicht widerstehen kann. Er greift ihre Taille, doch sie läuft zurück zur Kommode, während der Chor den Refrain „L'amour est en enfant de Bohèmes…" („Die Liebe von Zigeunern stammet…") singt. Nun ergreift erstmalig José selbst die Initiative, steht auf und läuft in ihre Richtung, während Carmen sich erwartungsvoll schmunzelnd auf die Kommode setzt. Auf den ersten Zwischenruf des Chores (0:47:08, 0:47:09) beginnt er mit drei hart aufgesetzten, temperamentvollen Schritten, die den Rhythmus der ‚Habanera' wiedergeben. Er endet in einem Ausfallschritt mit einer selbstbewussten Armhaltung: Ein Arm in die Hüfte gestützt, einer über dem Kopf gehalten. Diesen oberen Arm nimmt er langsam ausdrucksvoll nach unten, bevor er die Schrittfolge auf den zweiten Ruf des Chores (0:47:13, 0:47:14) zur anderen Seite beginnt. Während dieser Szene halten beide dem Blick des anderen stand. Mit einer Drehung und zwei großen Schritten geht José nun geradewegs auf Carmen zu und baut sich vor ihr auf wie ein Pfau auf der Balz (0:47:20 – 0:47:22). Er hat also eindeutig auf Carmens Flirt reagiert. Nun steht sie auf und sie tanzen einen gemeinsamen Schritt, bei dem sie sich gegenseitig übers Gesicht streichen (0:47:29 – 0:47:39). Während Carmen dabei in ihrer Rolle der Verführerin bleibt, scheint José vollkommen in den Emotionen des Tanzes aufzugehen. Diese Stelle spiegelt den Text aufs Genauste wieder. Dort heißt es „Glaubst du den Vogel schon gefangen, ein Flügelschlag, ein Augenblick, er ist fort und du harrst mit Bangen, …" (dritte Strophe), denn wiederum im nächsten Moment führt Carmen ihr Fangspiel fort. Zunächst scheint es tatsächlich nur spielerisch zu sein und José geht darauf ein (0:47:40 – 0:47:46). Nachdem die beiden aber noch einmal sehr nah beieinander stehen, er ihre Schultern und sie seine Taille fasst (0:47:47, 0:47:48), streicht sie ihm durch die Haare, lächelt schelmisch

(0:47:49) und geht ein paar Schritte ums Bett herum. In der Musik erklingt erneut die Wiederholung der dritten Strophe vom Chor, bei der Carmen über die Melodie ihr sehnsüchtiges und zugleich lockendes „l'amour" („die Lieb") singt. Die tanzende Carmen beginnt hier wieder mit rhythmischen, wiegenden Schritten zu laufen, während sie sich mit den Händen aufreizend über Hüften, Taille und Brust streicht und dabei den Rock mit nach oben zieht (0:47:54 – 0:47:58). Sie lässt den Stoff ihres Rockes durch die Finger gleiten und führt die Bewegung der Hände über den Nacken und durch die Haare fort. Dabei dreht sie sich einmal langsam um sich selbst (0:47:58/ 0:47:59). Allerdings lässt sie José nicht aus den Augen und fixiert ihn während ihres Tanzens provokant. Dieser geht langsam hinter ihr her. Er scheint unsicher, ob und wie er auf Carmens Verhalten eingehen soll. Schließlich entschließt er sich aber, nicht nachzugeben und steigt wieder in den Tanz ein. Die beiden stehen sich gegenüber und tanzen dieselben Schritte (0:48:05 – 0:48:11). Allerdings steht das Bett zwischen ihnen und bildet eine Hürde, obwohl es doch gleichzeitig ein Symbol der Versuchung und der Leidenschaft ist. Die Schritte, die mal rechts und mal links um das Bett herum getanzt werden gleichen dem Fangspiel des Anfangs. José ist zwar sehr konzentriert und reagiert schnell, um sich nicht abhängen zu lassen, dennoch ist Carmen weiterhin dominant, da sie kaum merklich die Schritte vorgibt. Dies wird in dem Moment deutlich, in dem sie von den Schritten abweicht und José inne hält, da er nicht weiß, wie es weitergeht (0:48:12). Als Carmen ihn mit lockendem Zeigefinger auffordert, zu ihr zu kommen, geht er langsam, aber erwartungsvoll auf sie zu (0:48:13 – 0:48:17). Nach den folgenden Tanzschritten, die wieder temperamentvoll den Habanera-Rhythmus wiedergeben, stehen die beiden direkt vor einander. Sie gehen aber zunächst aneinander vorbei, tanzen und laufen umeinander herum (0:48:18 – 0:48:29). Als sie erneut voreinander stehen hebt José die Arme über den Kopf, wodurch er wieder dem stolzen Pfau ähnelt und sich ein wenig von Carmens Dominanz zu lösen versucht. Sie streicht mit ihrer Hand über sein Haar und seinen Nacken (0:48:30 – 0:48:34). Dann legt sie die Hände in seine Taille und zieht ihn leicht zu sich, während der Schluss des Refrains „regarde á toi!" („nimm dich in acht!") erklingt. Diese Warnung hat aber erneut keine Wirkung und geht unter. Die beiden tanzen in der Haltung weiter (0:48:36 – 0:48:40). Erst jetzt ist Carmen ganz sicher, dass es ihr gelungen ist, José mit ihrem verlockenden Charme zu betören. Indem sie sich sanft mit dem Rücken zu ihm in seine Arme schmiegt und sich an ihn drücken lässt, überlässt sie ihm das erste Mal die Führung, sodass er nicht länger das Gefühl von Unterlegenheit hat (0:48:44 – 0:48:51). Auch ist dies der erste

Moment, in dem sie ihn nicht mehr mit ihrem eindringlichen Blick fixiert. Auf den Zwischenruf des Chores „regarde á toi" schlingt José seine Arme um Carmen und auch sie greift seine Arme und hält ihn fest. Sie wirken unzertrennlich (0:48:52). Als Carmen sich etwas aus der Umarmung löst und sich wieder zu ihm wendet, lässt er seine Hände nicht von ihr und reagiert beim zweiten warnenden Zwischenruf erschrocken. Er greift schnell nach ihren Schultern, aus Angst, sie könnte sich wieder entfernen (0:48:58/ 0:48:59). Doch Carmen hat längst erreicht, was sie wollte. Sie schiebt José an seinen Schultern leicht aber bestimmt rückwärts in Richtung Bett. José geht mit, lässt sie dabei aber auch nicht los. Als sie auf seinem Schoß sitzt sieht er ihr kurz in die Augen und drückt sie an sich (0:49:00 – 0:49:09). Die warnenden Schlussworte im Gesang Carmens nimmt er nicht wahr. Sie hätten seine leidenschaftlichen Gefühle auch nicht aufhalten können.

3.3.2. Analyse der Seguidilla[20]

Bevor die Musik der Seguidilla beginnt, ist Antonio zu sehen, der im Probensaal an der Choreographie arbeitet. Er tanzt ein paar Schritte, bei denen nicht klar ist, an welche Stelle des Stückes er sie setzen möchte (0:54:26 – 0:54:36). Es ist möglich, dass dies die erste Schrittkombination für Carmen ist, die sie auf den Refrain von „Draußen am Wald..." bis „... und trink Manzanilla" tanzen soll. Jedoch scheint er nicht zufrieden mit seinen Ideen. Das könnte daran liegen, dass die Schritte wenig weiblich erscheinen, obwohl doch in der Seguidilla einmal mehr Carmens weiblicher Charme und ihr vielseitiges Talent zum Verwirr- und Verführspiel zum Ausdruck gebracht werden sollten. Dafür scheinen die Schritte eher schwer und zu ernst. Sie passen nicht richtig zum tänzerisch leichten Charakter. Antonio wirkt angespannt und unkonzentriert, er fährt sich durch die Haare und durchs Gesicht (0:54:44/ 0:54:45) und versucht mehrfach, die Schultern und den Rücken zu lockern (0:54:53 – 0:54:59). Weitere Tanzschritte, die Antonio ausprobiert, sollen offenbar für ihn, der den José spielt, sein. Sie passen zum Beispiel auf das Vorspiel der Musik. Hierbei kreuzt er ausdrucksstark die Arme vor der Brust und geht einmal wiegend in die Knie. Dann nimmt er die Arme in einem Kreis nach oben und kreuzt sie wieder langsam, aber unter großer Spannung vor der Brust

[20] „Carmen" (Spanien, 1983), Regie: Saura, Carlos; 0:54:26 – 0:56:29

20

(0:55:01 – 0:55:06). Auch diese Bewegungen erscheinen sehr hart und zackig. Antonio steht vor dem Spiegel, die Hände in die Hüften gestützt und denkt noch über die perfekte Darstellung der Seguidilla nach, als die Musik ertönt (0:55:12).

Noch während des Vorspiels erscheint ein Schatten rechts im Bild (0:55:15), kurz darauf ein Fächer und schließlich erkennt man Carmen, die im gesamten Kostüm für die Seguidilla fächernd an Antonio herantritt. Während des Refrains geht sie langsam, aber sehr selbstsicher um Antonio herum. Sie umkreist ihn wie ein Hai seine Beute. Dabei rührt Antonio sich nicht. Die langsamen Schritte Carmens und das gleichmäßige, schnellere, aber ruhige Fächern wirken bedrohlich. Es entsteht ein enormer Kontrast zwischen der leichten Musik und den hier gegebenen Bewegungen. Nach dem Zwischenspiel bei Beginn des ersten Zwischensatzes (0:55:34) bleibt Carmen vor Antonio stehen und blickt ihn prüfend und erwartungsvoll an. Zunächst ist sein Gesicht nicht zu erkennen, da er mit dem Rücken zur Kamera steht. Beim Einsatz der Flöten (0:55:40) wendet er sich aber langsam von Carmen ab. Sein Gesichtsausdruck ist leer und er scheint mit den Gedanken vollkommen abseits zu sein. Er geht und Carmen bleibt an ihrem Platz stehen, das Gewicht auf ein Bein verlagert, eine Hand in die Hüfte gestützt. Sie schaut ihm hinterher, mustert ihn ein wenig, zeigt aber kaum Emotionen und fächert weiter. Auch diese Emotionslosigkeit der beiden widerspricht dem Charakter der Musik. Die Situation wirkt paradox. Der Eindruck des Zuschauers wird größer, dass irgendetwas nicht stimmt. Die Musik entwickelt sich hier eher zum Störfaktor, als dass sie eine Untermalung der Szene bietet.

Antonio wird gezeigt, wie er einen Schalter betätigt, damit sich die Vorhänge vor der großen Fensterwand des Saales öffnen (0:55:54). Der vierte Zwischensatz beginnt (0:56:01). Er stellt eigentlich den Höhepunkt Carmens Verführungskünste dar, doch Carmen ist gar nicht zu sehen und Antonio fühlt sich weiterhin unwohl. Er versucht noch einmal, die Schultern zu lockern (0:56:04 – 0:56:07). Dann setzt er sich auf die Kante der erhöhten Tanzfläche und schaut nach draußen. Es wird gerade Morgen, die Sonne ist orangefarben zu erkennen. Der lebensfrohe Refrain beginnt (0:56:15), doch Antonio macht einen erschöpften, unglücklichen Eindruck. Durch den Kontrast zur Musik wirkt er noch viel kraftloser. Vor ihm stehen auf dem kleinen Tisch noch die Flasche Wein und zwei gefüllte Gläser vom Vorabend. Er nimmt sein Glas und dreht es unschlüssig in der Hand, bevor er einen Schluck nimmt. Es erklingt der Schluss des Refrains „In der Schenke bei dem Freunde Lillas Pastia" (0:56:23/ 0:56:24). Beim Zwischenspiel schaut Antonio kurz auf das halbvolle Glas und blickt dann hoch, als

Josés drohender, aufgebrachter Sprechgesang erklingt (0:56:27 – 0:56:29). Antonios Augen sind aber nicht aufgebracht, noch nicht einmal wachsam. Er scheint mit den Gedanken weit weg zu sein.

3.3 Analysen der Szenenfunktionen[21]

3.3.1 Die Szenenfunktion der ‚Habanera'

Die Szene der ‚Habanera' hat eine Schlüsselfunktion für die gesamte Geschichte des Filmes. Sie zeigt den ersten Zeitpunkt, an dem sich Bühnengeschehen und Wirklichkeit nicht mehr klar von einander trennen lassen. Vor diesem Zeitpunkt gab es noch keinen ernsthaften Anlass anzunehmen, dass zwischen Antonio und Carmen eine Liebesbeziehung entstehen könnte. Eigentlich ist auch die ‚Habanera' lediglich ein Teil der Inszenierung und wird nur geprobt. Es ist also eigentlich alles Schauspiel. Der Zuschauer wird dabei aber geschickt in die Irre geführt.
Betrachte man einmal das Vorgeschehen: Die Tänzer haben sich zur Probe versammelt. Antonio möchte an der ‚Habanera' arbeiten. Er erklärt den Tänzern das Bühnenbild und geht noch einmal kurz ein paar Schritte durch, bevor die richtige Probe beginnt. Dazu verlassen die Tänzer die Tanzfläche und Carmen zieht sich um.
Nun kommt ein winziger Schnitt, der ausreicht, um den Zuschauer zu verunsichern: Nachdem Carmen erst auf einem Stuhl saß und sich ankleidete, steht sie nun fertig vor dem Spiegel und spielt bereits ihre Rolle. Es ist nicht eindeutig, dass Zeit und Ort sich nicht verändert haben, sondern zwischen diesem Schnitt nur wenige Sekunden Filmgeschehen liegen. Dadurch ist dem Zuschauer nicht bewusst, dass es sich hierbei um eine Probe handelt, bei der alle anderen Tänzer zuschauen. Von den Tänzern ist nämlich nichts zu hören und nichts zu sehen, so dass schnell der Eindruck entsteht, Carmen und Antonio tanzten ganz für sich allein.
Die Vermutung, dass dieser ausdrucksstarke Tanz wahre Emotionen zeigt, wird stärker. Im Hinblick auf die Tanz-Analyse der ‚Habanera' bedeutet das: Carmen verführt Antonio nach allen Regeln der Kunst mit ihren weiblichen Reizen. Dabei befinden sich die beiden aber auf zwei völlig verschiedenen Ebenen. Antonio meint seine Gefühle

[21] „Carmen" (Spanien, 1983), Regie: Saura, Carlos

ernst und Carmen meint ihre Rolle ernst. Sie spielt bewusst, während er in einer Traumwelt versinkt. Bei der Analyse des Tanzes war auffällig, dass Carmen erst ganz am Schluss sicher war, José überzeugt zu haben, obwohl dieser ihr offenbar von Anfang an verfallen war. Im Grunde war ihr nicht José, sondern Antonio verfallen, denn so war die Szene eigentlich nicht geplant. In der ursprünglichen Geschichte ist José zunächst überhaupt nicht angetan und Carmen muss tatsächlich alle Mittel einsetzen, um ihn zu überzeugen. Dadurch ist es hier umso deutlicher, dass Antonio seine Rolle des Don José vergisst, dass er selbst völlig in die Geschichte eintaucht und seine Gefühle nicht kontrollieren kann. So entsteht aus seiner Faszination für den Charakter der Carmen eine tiefe Leidenschaft, die er nicht mehr einordnen kann. Gilt sie der Rolle der Carmen oder seiner Tänzerin Carmen? Für ihn ist das längst ein und dieselbe Person. Carmen selbst bemerkt durchaus, was in Antonio vorgeht. Sie genießt es, einfach Carmen zu sein und sein zu dürfen. Denn sie ist Carmen, in jeglicher Hinsicht.
Dass der Tanz tatsächlich nur eine Probe war, erkennt der Zuschauer, wenn er sehr aufmerksam ist. Ganz am Ende hört man im Hintergrund die Stimmen der anderen Tänzer, als Antonio und Carmen beim Schlussbild angekommen sind.

3.3.2 Die Szenenfunktion der ‚Seguidilla'

Die Szene der ‚Seguidilla' bildet einen zweiten Schlüsselpunkt. Nachdem die ‚Habanera' schon stark darauf hindeutete, befindet sich Antonio nun endgültig in der ausweglosen Situation, sein privates Leben nicht mehr vom Bühnengeschehen trennen zu können. Zwischen ‚Habanera' und ‚Seguidilla' liegt nämlich ein bedeutsames Ereignis: Die beiden treffen sich abends bei Antonio. Er hat sie offenbar sehnsüchtig erwartet. Sie unterhalten sich, trinken Wein und schließlich verbringt sie die Nacht bei ihm. Antonio wacht auf, als sie sich anzieht und sagt, sie müsse gehen. Es ist zwei Uhr morgens. Er blickt ihr verständnislos nach und zündet sich nachdenklich eine Zigarette an, dann steht er auf. Die Szene der ‚Seguidilla' beginnt. Antonio ist also so unkonzentriert, da ihm Carmens Verhalten der letzten Nacht nicht aus dem Kopf geht. Es fällt ihm schwer, sich die richtigen Schritte für die neue Choreographie einfallen zu lassen. Wahrscheinlich hat er, seit sie gegangen ist, nicht einmal mehr versucht zu schlafen, sondern gleich an der Schrittfolge gearbeitet. Ohne viel Erfolg. Die Carmen, die dann vor ihm im kompletten Kostüm erscheint, existiert nur in seiner Vorstellung. Zunächst ist es wieder sehr verwirrend für den Zuschauer, da er sich fragt, wo sie plötzlich herkommt und ob sie nachher überhaupt noch da ist, nachdem Antonio die Vorhänge aufgezogen hat. Die einzige Antwort ist, dass sie in Wirklichkeit gar nicht da war. Sie ist eine Vision Antonios. Daher wirkt er auch so abwesend und emotionslos, daher ist sein Blick so leer. Die Weingläser auf dem Tisch erinnern ihn an den schönen Abend, der so abrupt endete. Er weiß noch immer nicht, was er davon halten soll. Eigentlich ist er gar nicht imstande, einen klaren Gedanken zu fassen, steht er doch selbst zwischen Realität und Illusion, zwischen Verstand und Wahnsinn. Auch hier taucht am Ende der Beweis auf, dass er seine Sinne nicht unter Kontrolle hat: Im nächsten Moment wird gezeigt, wie Carmen ihren Mann im Gefängnis besucht. Sie trägt Bluse und Jeans und kann unmöglich zuvor noch kostümiert bei Antonio gewesen sein.

24

4 Persönliche Stellungnahme

Hinter mir liegt eine intensive Auseinandersetzung mit beeindruckender Musik und einem brillanten Film mit großartigen Darstellern. Ich bin sehr zufrieden mit der Wahl meines Themas und geradezu begeistert über die vielen kleinen Details, die es in Musik, Bewegung und Wirkung zu entdecken gab. Besonders gefallen hat mir die Idee, Musik und Bewegung widersprüchlich zueinander und widersprüchlich zur Situation aufzubauen. So werden nicht nur Emotionen unterstrichen, wie es bei der ‚Habanera' in Perfektion gelungen ist, sondern zusätzliche Akzente kreiert und durch diese Akzente eine sehr raffinierte Wirkung erzielt. Dies ist bei der Analyse der ‚Seguidilla' sehr deutlich geworden. Nach meinen Analysen bin ich überzeugt davon, dass Carlos Saura in Zusammenarbeit mit Antonio Gades, Laura Del Sol und Paco de Lucía ein wahres Meisterwerk geschaffen hat, in dem er musikalische und tänzerische Elemente sowie schauspielerischen Ausdruck zu einer faszinierenden Mischung abgestimmt hat.

Obwohl ich mein Thema bereits sehr eng gefasst hatte, habe ich die vorgegebene Seitenzahl überschritten. Auch nachdem ich den Text noch einmal sorgfältig durchgelesen habe, möchte ich keine weiteren Passagen kürzen. Meines Erachtens wäre die Arbeit dann unvollständig und es ginge Qualität verloren.

25

5 Literatur- und Quellenverzeichnis

Literatur

Berganza, Teresa et al.: Der Opernführer Nr. 4, Libretto Analyse Kommentar Dokumentation, Bizet Carmen, PremOp Verlag GmbH (München)/ L'Avant-Scène Opéra (Paris), 1990

Menzel, Horst: Die Oper, Schriftenreihe über musikalische Bühnenwerke, Carmen von Georges Bizet, Berlin 1972

Pahlen, Kurt/ König, Rosmarie: Opern der Welt, Textbuch (Französisch – Deutsch) Einführung und Kommentar: Georges Bizet – Carmen, Originalausgabe 5. Auflage, Mainz 1997

Internetquellen

http://www.klassik-heute.de/lexikon/lexikon_seguidilla.shtml, Klassik-Heute Musiklexikon (357) „Seguidilla" aus dem Internet entnommen am 04. 02. 2006

http://www.weltbild.de/artikel.php?PUBLICAID=dc30d9a955d1d4a60d4b218a3ea52a0c&artikelnummer=938539&mode=art;
Filminfos, Verlagsgruppe Weltbild; aus dem Internet entnommen am 23. 02. 2006

http://de.wikipedia.org/wiki/Chromatische_Tonleiter, Artikel „Chromatische Tonleiter" (freie Dokumentation), zuletzt geändert am 18. 02. 2006, 03:11; aus dem Internet entnommen am 18. 02. 2006

http://de.wikipedia.org/wiki/Habanera, Artikel „Habanera" (freie Dokumentation), zuletzt geändert am 20. 12. 2005 um 22: 04; aus dem Internet entnommen am 04. 02. 2006

http://de.wikipedia.org/wiki/Flamenco, Artikel „Flamenco" (freie Dokumentation), zuletzt geändert am 03.02.2006, 22:01; aus dem Internet entnommen am 04.02.2006

Sonstige

Film: „BIZET'S CARMEN" (USA, 1984); Regisseur: ROSI, Francesco
Film: „CARMEN" (Spanien, 1983); Regisseur: SAURA, Carlos

Partitur: Bizet, Georges: Carmen, Oper in 4 Akten, Klavier-Auszug vom Komponisten, neu revidiert von Kurt Soldan, Edition Peters Nr. 3001

26

6 Selbstständigkeitserklärung

Ich erkläre, dass ich die Facharbeit ohne fremde Hilfe angefertigt und nur die im Literaturverzeichnis angeführten Quellen und Hilfsmittel benutzt habe.

02. 03. 2006,

7 Veröffentlichungseinverständnis

Hiermit erkläre ich, dass ich damit einverstanden bin, wenn die von mir verfasste Facharbeit der schulinternen Öffentlichkeit zugänglich gemacht wird.

02. 03. 2006

28

8 Anhang

Weblinks

- ANDA deutschsprachige Flamenco-Zeitschrift
- http://www.flamenco-gitarre.de - Alles über die Flamencogitarre - Online Workshop
- http://www.andalucia.org/flamenco/index.php?idioma=ger Spanisches Portal für Flamenco-Tourismus (teilweise spanisch)
- http://www.flamenco-seiten.de Adressensammlung (englisch)
- http://www.flamencofestival.com Berliner Festival
- http://www.inspiracion-andaluza.de
- Flamenco Fotos
- http://www.flamencofoto.de
- http://www.xs4all.nl/~davidbos/flamenco Niederländisches Portal (englisch)
- http://www.fuegoflamenco.de
- http://www.flamenco.de
- http://www.flamenco-letras.de Flamencotexte
- http://www.matama.de Flamenco goes Brasil, Flamencofusion

Von "http://de.wikipedia.org/wiki/Flamenco"

Kategorien: Flamenco | Musik Spaniens | Musikgenre | Gesang

URL: http://de.wikipedia.org/wiki/Flamenco

11.3 Pädagogik

Schule: *Gymnasium Dionysianum*
Anton-Führer-Straße 2
48431 Rheine

Schuljahr: *2006/2007*
Kurs: *Grundkurs*
Fach: *Pädagogik*
Fachlehrer: *Gisbert Kampling*

Tanz als Therapie?

von

Christina Uhlenbrock

Ausgabetermin des Themas: *29.9.2006*

Abgabetermin der Arbeit: *28.2.2007*

Die Facharbeit wurde eingereicht am ______________________

-- --

(Unterschrift der Schülerin) (Unterschrift des Lehrers)

Erteilte Note: ____________________________ Punkte: ____________________

(Unterschrift des Lehrers)

Inhaltsverzeichnis

1 Zielsetzung der Arbeit und Begründung der Wahl des Themas

1.1 Ziel der Facharbeit

In dieser Facharbeit mit dem Thema „Tanz als Therapie?“ soll ein Überblick über die Tanztherapie und ihr Konzept gegeben werden. Hierbei handelt es sich jedoch nur um einen kleinen Einblick, da diese kreative Form der Therapie viele verschiedene Ansätze und somit ein großes Behandlungsspektrum von verschiedensten Krankheiten besitzt. Eine der möglichen Patientengruppen ist die Gruppe der autistischen Kinder. Anhand dieser Gruppe sollen in der Facharbeit - ausgehend von einem Fallbeispiel - die Methodik der Tanztherapie vorgestellt und deren möglicher Erfolg begutachtet werden. Außerdem soll zum Schluss der Arbeit diskutiert werden, ob die Tanztherapie zur Heilung von Krankheiten dienen kann.

1.2 Persönliche Motive der Themenwahl

Ich selber tanze leidenschaftlich gerne. Als ich bei der anstehenden Wahl des Themas der Facharbeit auf die Tanztherapie stieß, hat sie mich gleich interessiert. Denn vorher war mir gar nicht bewusst, dass es den Tanz auch als Therapieform gibt. Und so stellt sich mir die Frage, was der Unterschied zwischen normalem Tanz und dem Tanz in der Therapie ist, und ob und wenn ja, welche Krankheiten die Tanztherapie heilen kann. Beim Lesen verschiedener Fallbeispiele unterschiedlichster Krankheiten fielen mir die großen Erfolge der Tanztherapie bei der Behandlung autistischer Kinder auf. Da die Methodik dieser Therapieform vielfältig und die Ergebnisse und Erfolge je nach Krankheitsbild breit gefächert sind, würde eine Gesamtdarstellung der Tanztherapie den Rahmen der Facharbeit sprengen. Ich musste daher den Untersuchungsbereich einschränken und habe mich bei der Untersuchung der Eignung der Tanztherapie auf das Fallbeispiel eines autistischen Jungen beschränkt.

1.3 Materiallage

Bei meiner Materialsuche war ich positiv überrascht, dass es zu diesem sonst eher unbekannten Metier eine große Fülle von Informationen, sei es im Internet, sei es in der älteren, aber vor allem auch in der aktuellen Fachliteratur gibt. Dabei stellte ich fest, dass diese Fachliteratur, da es sich bei der Tanztherapie um eine nicht sehr verbreitete Therapieform handelt, nur sehr schwer zu beschaffen und durch die relativ geringe

Nachfrage auch sehr teuer ist. Doch beim Besuch der Universitätsbibliothek Münster wurde ich fündig. Des Weiteren fand ich heraus, dass die für mich nächst gelegenen Tanztherapiepraxen in Münster zu finden sind. Meine Idee, mit den dort praktizierenden Tanztherapeutinnen ein Interview zu führen und dies zum Schwerpunkt meiner Arbeit zu machen, ließ sich jedoch nicht umsetzten, da die zwei Therapeutinnen, die ich nach mehreren telefonischen Versuchen erreicht habe, nicht mit Kindern arbeiten. Außerdem waren sie nicht bereit, mir das gewünschte Fallbeispiel zur Verfügung zu stellen, da es nach ihrer Aussage ein zu großer Aufwand gewesen wäre, dies zu anonymisieren. Auch der Versuch, bei einer Tanztherapeutin, die speziell mit autistischen Kindern arbeitet, ein Fallbeispiel per E-Mail zu erbitten, blieb ohne Erfolg (siehe Anhang). Aus diesem Grund basiert meine Facharbeit vor allem auf fachliterarischen Informationen.

2 Historischer Abriss der Tanztherapie

Seit es Menschen gibt haben sich die unterschiedlichsten Völker über den Tanz und die gemeinsamen Bewegungen und Rhythmen verständigt und damit ihre Gefühle zum Ausdruck gebracht. In verschiedenen Stämmen auf der ganzen Welt hat man den Tanz als Heilungsritual entdeckt und gezielt genutzt. So gibt es z.B. die Kulttänze der nordamerikanischen Salish Indianer. Ein weiterer Beweis der heilenden Kräfte des Tanzes findet man bei den Dama in Südwestafrika / Namibia, die von der integrativen therapeutischen Kraft des Tanzes sprechen und diesen seit Generationen gezielt zur Heilung nutzen. (BRÄUNINGER 2006, S. 12 ff.)

Quelle: www.welt-der-indianer.de 8.2.2007

Abb. 1: Tanzende Indianer

Von der Renaissance über die Industrielle Revolution im 18.Jhd entwickelte sich auch im Bereich des Tanzes eine Sucht nach Rekorden und Perfektion. Bis heute sieht man Tanz oft als Sport an, der bis zur Leistungsmaximierung ausgeführt werden muss. (HEUERMANN und WARNING 1995, S.20 ff.)

Aus diesem Hang zur Perfektion entwickelte sich in den Anfängen des 20.Jhd der moderne Ausdruckstanz bzw. der zeitgenössische Tanz. Dieser gilt als Basis für die Anfänge der Tanztherapie. Er legt wieder mehr Wert auf individuelle innere Gestaltung, Ausdruck und Darstellung und schlägt somit eine Brücke zur uralten Form des Rituals. Daraus entwickelten dann in den 40er Jahren des 20.Jhd in den USA mehrere Frauen, vor allem Emigrantinnen wie z.B. Marian Chace, Mary Starks Whitehouse, Blanche Evan, Elvan Hawkins sowie die gebürtige Schweizerin Trudi Schoop fast gleichzeitig und unabhängig von einander Körperkonzepte, in denen sie die Formen der Psychotherapie mit dem wiederentdeckten heilungskräftigen Tanz kombinierten.

Quelle: www.ballett-heute.de 8.2.2007

Abb. 2: Das in der Renaissance entwickelte Ballett

Diese Pionierinnen waren allesamt Anhänger und Lehrer des zeitgenössischen Tanzes. Sie bekamen oftmals positive Resonanzen von ihren Schülerinnen, die eine psychologische wie auch emotionale Veränderung als direkte Wirkung des Unterrichts verspürten. So entwickelten sie Ansätze, in denen sie den

Menschen als eine „Körper-Geist-Seelen-Einheit“ sahen, d.h. alles, was einen Menschen bedrückt, was er denkt, sein ganzes Seelenleben drückt sich in seiner Gestik, Mimik, seinen Bewegungen wie auch durch sein Handeln aus. Deshalb reichte ihnen auch nicht das reine Gespräch in der Psychotherapie. Für sie war eine Kombination von Kommunikation durch Gespräch und durch Bewegung unabdingbar.

In Deutschland sind die Anfänge der Tanztherapie in den 70er und 80er des 20.Jhd zu finden. Erste Therapeutinnen waren Fe Reichelt, Susanne Bender, Petra Klein, Sabine Trautmann-Voigt und Elke Willke. Sie studierten in den USA Tanztherapie, bevor sie mit der Ausbildung anderer begannen und sogar teilweise eigene Institute gründeten.

Zusammenfassend ist zu sagen, dass es „die eine“ Tanztherapie nicht gibt, da die vielen heute angewandten Methoden von den verschiedensten Menschen an unterschiedlichen Orten entwickelt und weiter entwickelt wurden. Auch ist die Praxis der Tanztherapie wesentlich weiter gediehen als ihre Theorie. (BRÄUNINGER 2006, S.13 ff.)

6

3 Konzept der Tanztherapie

„Die“ Tanztherapie, mit einem einzigen Behandlungsplan, gibt es zwar nicht, jedoch lässt sich in all ihren Formen eine gemeinsame Theorie, zusammengesetzt vor allem aus tiefenpsychologischen, humanistischen, aber auch aus verhaltens-therapeutischen und systematischen bzw. familien-therapeutischen Ansätzen erkennen. (BRÄUNINGER 2006, S.15)
Diese psychoanalytischen Ansätze, z.B. der Ansatz der integrativen Tanztherapie nach Anna Halprin oder nach Hilarion Petzhold, gehen davon aus, dass die ganze Lebensgeschichte eines Menschen sich in seiner Bewegung wiederspiegelt. In der westlichen Welt werden bewusste Bewegungen bzw. Tanz in der Regel unterdrückt, d.h. wir bewegen uns meist unbewusst. Dadurch ist es fast unmöglich seine Gefühle, negative (Trauer, Wut), wie auch positive (Freude, Liebe), in vollem Umfang zu zeigen, da dies auch oft gesellschaftlich unerwünscht ist.

Durch diese Unterdrückung der Gefühle wird die Lebensqualität erheblich beeinträchtigt. Die „Körper-Geist-Seelen-Einheit“ ist im Ungleichgewicht. Das zentrale Ziel der Tanztherapie ist somit die Wiederherstellung des „Körper-Geist-Seelen-Gleichgewichtes“.
Weitere hieraus resultierende spezielle Ziele sind:

- „Förderung des Körpergewahrseins und Entwicklung eines realistischen und positiv erlebten Körperbildes als Grundlage eines adäquaten Selbst- und Umweltgewahrseins
- Erweiterung des Bewegungsrepertoires im Sinne der nachreifenden Ich-Entwicklung (impliziert die Erweiterung des körperlich-, geistig-, emotionalen Spielraumes)
- Förderung des authentischen und selbstbestimmten Ausdrucks durch Integration des Unbewussten
- Bearbeitung von intrapsychischen Konflikten und strukturellen Defiziten durch Mobilisierung von Ressourcen
- Bearbeitung von emotionalen Erlebnisinhalten innerhalb eines strukturierten Rahmens. Entwicklung von Kompetenzen im Umgang mit Affekten wie Wahrnehmung, Ausdruck, Regulierung und Reflexion/Integration

- Erwerb neuer Möglichkeiten der Beziehungsgestaltung
- Befähigung zu adaptiver Bewegung, welche die Verwirklichung individueller Bedürfnisse mit sozialer Kompetenz ermöglicht“ (www.praeha.de 1.11.2006a)

Zum Erreichen dieser Ziele gibt es zwei Ansätze, auf die die Tanztherapie aufbaut: Zum einen das Erkennen von unbewussten Motiven, Ängsten, Wünschen (das Unbewusste), ihr Verstehen und ihre Beeinflussung. Zum anderen aber auch die Schulung des Wahrnehmungsbewusstseins, „was nehme ich überhaupt von mir wahr“. Das Letztere, die Fähigkeit, die Informationen der Sinne aufzunehmen, ist die Voraussetzung, um sich selbst in seinen vor- und unbewussten Anteilen zu erforschen.

Das Konzept der Tanztherapeuten besteht somit darin, dem Patienten zu helfen, seine eigenen Stimmungen und Gefühle in Bewegungen umzusetzen und auf diese Weise mitzuteilen und auszudrücken. Er soll erleben und verstehen lernen, dass die Art seiner Bewegung für ihn Bedeutung hat und dass es viele Möglichkeiten des Sich-Erforschens und Sich- Erkennens gibt. Wenn der Patient diese Erkenntnis erlangt hat, geht es darum, dass er die Möglichkeit bekommt, die unbewusst ablaufenden Handlungen, Bewegungen, Motive, Gefühle und Strukturen zu entdecken, die mit seinem Problem und seinem Leid, aber auch seinen Potenzen in Zusammenhang stehen. Hierbei ist zu sagen, dass kein Therapeut versucht, alles Unbewusste bewusst zu machen, da dies nicht sinnvoll und faktisch unmöglich ist.

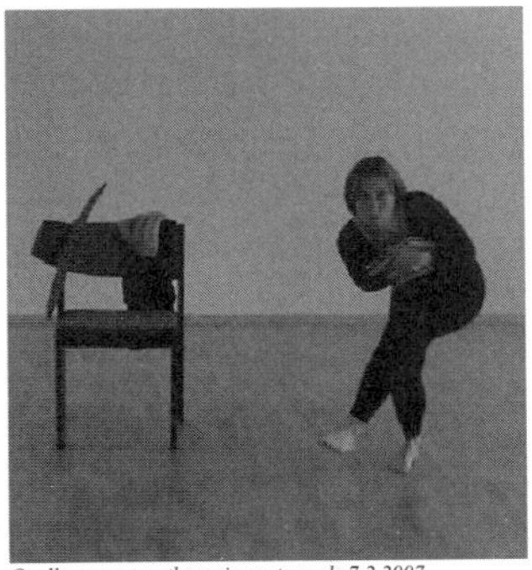

Quelle: www.tanztherapie-zentrum.de 7.2.2007

Abb. 3: Gefühle durch Tanz zum Ausdruck bringen

Im Ganzen geht es dem Therapeuten dabei aber auf keinen Fall um den „perfekt technischen“ Tanz, vielmehr kann es sein, dass zunächst einmal der erste Schritt das bloße Heranführen an die Bewegung selbst ist, um nachher darauf den Tanz aufzubauen. (WILLKE 1998; zitierte nach www.dgt-tanztherapie.de 1.11.2006b; www.prahea.de 1.11.2006b)

Im einem zweiten Schritt kann dann durch Improvisation die Selbstständigkeit des Patienten gefördert und ausgebaut werden (SIEGEL 1986, S.37) .

4 Akteure der Tanztherapie

4.1 Patienten und Institutionen

Zu den Patienten ist zu sagen, dass es durch die gerade schon angesprochenen differenzierten und individuell entwickelten Therapiekonzepte keine genau Zielgruppe mit einem einzigen Krankheitsbild gibt. Somit reicht die Population vom Säuglingsalter bis hin zum Greis. Geeignet ist die Tanztherapie also für Menschen jeglichen Alters sowie für jegliche Form von Krankheit, von psychiatrischen (z.B. Schizophrenie), über psychosomatische (z.B. Angstneurosen) bis hin zu organischen Erkrankungen (z.B. Rückenschmerzen oder Verdauungsstörungen) (www.dgt-tanztherapie.de 4.1.2007a).
Hierbei ist festzustellen, dass vor allem die männlichen Patienten am Anfang der Therapie sehr abgeneigt sind, da der Tanz in Deutschland als eher unmännlich bewertet wird. Somit bringt der Therapeut zunächst Geräte wie Bälle und Stäbe zum Einsatz, womit sich der Mann besser identifizieren kann, um dann mit der Zeit andere Bewegungsformen zu erlernen (www.praeha.de 1.11.2006a).
Durch die große Bandbreite der Zielgruppen arbeiten die Tanztherapeuten an vielen verschiedenen Orten: in Heimen, stationären, teilstationären und ambulanten psychiatrischen Einrichtungen, Sonderschulen, freien Praxen, Altenheimen, etc. (www.dgt-tanztherapie.de 4.01.2007a) .

Quelle: www.tanztherapie-zentrum.de 7.2.2007

Abb. 4: Improvisation mit Tuch

Bei einer freien Praxis ist das Spektrum der behandelten Probleme der Patienten davon abhängig, worauf sich der Therapeut spezialisiert hat. Bei Rita Gehling sind es zum Beispiel vor allem Frauen im Alter von 30 bis 50 Jahren, die nicht psychisch krank sind, sondern einfach nur Unterstützung suchen, um im Leben weiter zu kommen. Sei es bei beruflichen oder privaten Problemen, ihre Patienten kommen meist durch die gute Erfahrung, die sie vorher in Kliniken oder anderen Bereichen mit Tanztherapie gemacht haben. Sie erzählten ihr, dass es ihnen hilft, nicht nur zu reden, sondern sich auch kreativ zu betätigen. (Rita Gehling im Interview vom 3.1.2007)

Die unterschiedlichen Formen der Tanztherapie gibt es sowohl als Einzel- wie auch als Gruppentherapie. Die gewählte Form ist abhängig von der Symptomatik der Patienten. So kann eine Gruppentherapie Gemeinschaftsgefühl und Sicherheit geben, jedoch gleichzeitig durch das Zeigen und Schauen auf einer körperlichen Ebene auch Scham und Ängste auslösen. Ängste können aber auch, z.B. bei Zwang und schizoiden Störungen, in der Gruppentherapie korrigiert werden und andere Patienten können schließlich so ihre Symptomatik gestalten und überwinden, wie z.B. bei narzisstischen Störungen. Jedoch gibt es auch Menschen, für die diese Auseinandersetzung in einer Gruppe zu problematisch ist. Bei ihnen kann es im Gegenteil sogar zu einer Verschlechterung der Krankheit kommen. Daher ist hier eine Einzeltherapie vorzuziehen. (www.praeha.de 1.11.2006a)

Quelle: www.tanztherapie-zentrum.de 7.2.2007

Abb. 5: In der Gruppe Gemeinschaft fühlen

4.2 Therapeuten

Um die richtige Diagnose zu stellen, Dinge genau einordnen zu können und somit den hohen Anforderungen und Zielen gerecht zu werden, braucht der Therapeut nicht nur psychoanalytische Fähigkeiten sowie Einfühlungsvermögen und Interpretationsfähigkeit, sondern auch Eigenerfahrung und fortwährendes Training im Tanz. Nur dann kann er den Patienten richtig behandeln und Erfolge erzielen (SIEGEL 1986, S. 30).
Die Möglichkeiten, Tanztherapeut zu werden, sind in Deutschland vielfältig, da es bei uns kein spezielles Studium zum Tanztherapeuten gibt, wie z.B. in den USA. Deshalb kann man sich nur durch ein Weiterbildungs- bzw. Aufbaustudium oder eine ansatzspezifische Ausbildung zum Tanztherapeuten ausbilden lassen.

So lässt sich zum Beispiel in Münster ein Weiterbildungsstudium für Tänzer, Pädagogen, Ärzte, Psychologen, Psychotherapeuten etc. durchführen. Grundvoraussetzungen sind hierfür jedoch „ ein abgeschlossenes Hochschulstudium mit Nachweis fundierter Tanzkenntnisse oder Abitur und dreijährige Berufsausübung im pädagogischen, sozialen oder therapeutischen Bereich und im Tanz sowie Beherrschung mindestens eines Tanzstils“ (www.tanzwissenschaft.de 14.1.2007).
Auffallend ist der mit 90-95% große Anteil von weiblichen Therapeuten (BRÄUNINGER 2006, S.14).

5 Genereller Verlauf und Dauer der Tanztherapie

Die Tanztherapie ist ein fortlaufender Prozess, der sich, wie viele psychoanalytische Therapien, in drei wesentliche Phasen einteilen lässt:

1. Die *Orientierungsphase* dient der Findung einer stabilen Basis in der Beziehung zwischen Therapeut und Patient, wie auch der Heranführung der Patienten an den Tanz als Methode des Ausdrucks (RICK 1989, S.151).

Wichtig bei der ersten Phase ist auch die „Ritualisierung des Sitzungsverlaufs", damit der Klient sich auf bestimmte Dinge, wie z.B. Pünktlichkeit des Sitzungsbeginns bzw. -abschlusses oder die Begrüßung, verlassen kann und die Sitzung so für ihn überschaubar bleibt.

2. In der *Konfrontationsphase- und Durcharbeitungsphase* geht es um die Erkennung des Problems des Patienten und dessen Lösung. Hierbei kommt es zu „Krisen", die die Höhepunkte einer Konfrontation darstellen und sich durch einen inneren Druck bemerkbar machen. Der Patient erduldet die Anwesenheit der Krise und es werden nun durch tänzerische Exploration Lösungsansätze formuliert.

3. Wenn der Konflikt des Patienten gelöst ist und er gelernt hat eigenständig damit umzugehen, kommt es zur *Terminationsphase*, somit zur Beendigung der Therapie. Dies bedeutet eine Trennung von sich sehr nahe gekommenen Menschen, nämlich Patient und Therapeut, und kann auf beiden Seiten zu Trauer und Unsicherheiten führen, die jedoch durch sensible Vorbereitung in dieser Phase gut zu überwinden sind (RICK 1989, S.152-156).

Diese Phasen sind Teil eines komplexen Prozesses. Somit lässt sich die Dauer, genauso wie bei anderen nicht-medikamentösen Therapien, nicht eindeutig eingrenzen bzw. festlegen, da sie von der Art des Problems und den Eigenschaften des Patienten, sowie des Therapeuten abhängt. Dadurch sind mehrere Jahre als Dauer der Therapie nicht auszuschließen (Rita Gehling im Interview vom 3.1.2007).

Die hohen Kosten für diese meist über Jahre andauernde Therapie werden von den Krankenkassen nicht übernommen, da diese Therapieform bei der zwei Jahre dauernden "Nutzen- Nebenwirkungs- Überprüfung" der Kassen durchgefallen ist (Herr Klar von der AOK in Rheine im Interview vom 31.1.07).

6 Aufbau einer Therapiesitzung

In der Therapie müssen die Patienten sowohl die Möglichkeit haben, ihre eigenen Bewegungen zu entwickeln, als auch die Möglichkeit, diese in die Realität einzuordnen, um Konflikte zu entdecken und Lösungen zu erarbeiten.
Diese Vorrausetzungen bilden die Grundlagen des Sitzungsverlaufes und sind in ihn integriert. Dadurch lässt sich auch jede Therapiesitzung in drei Phasen unterteilen:

1. In der *Initialphase* kommt es zu regelmäßigen Ritualen, der Begrüßung und der Erwärmung. Dies dient dem Patient und dem Therapeut dazu, sich wieder in die Beziehung einzufinden. So wärmen sich manche Klienten selbstständig, andere zu ihrer Lieblingsmusik, und noch andere zu einem vorgegebenen Thema auf. In jedem Fall bietet die Erwärmung für den Therapeuten die Möglichkeit einer Diagnose der aktuellen Stimmung und der aktuellen Probleme des Patienten.

Quelle: www.tanztherapie-zentrum.de 7.2.2007

Abb. 6: Seiner Freude freien Lauf lassen

2. In der nächsten, der *Aktionsphase*, kommt es durch den Tanz zur Vertiefung des aus der Erwärmung entstanden Themas (des so genannten „Aktionsthemas").

3. Die *Integrationsphase* stellt den Abschluss der Sitzung dar. In ihr werden die Ergebnisse der Aktion reflektiert und (soweit möglich) in Bezug zur momentanen Lebenssituation des Klienten gebracht. Hierbei wird grundsätzlich eine Stellungsnahme zu den Sitzungsgeschehnissen sowie zum Sitzungsverlauf angestrebt. Am Ende sollte der Patient noch einmal angeregt werden, seine momentane Gefühlslage zu schildern. (RICK 1989, S.158-159)

7 Exemplarische Darstellung der Methodik der Tanztherapie

7.1 Die Patientengruppe der autistischen Kinder

Die Tanztherapie kommt durch ihr Konzept und den systematischen Aufbau für die Behandlung vieler Krankheiten in Frage. Eine große Patientengruppe bilden autistische Kinder.

Die Definitionen von Autismus sind so vielfältig wie die verschiedenen Ansätze der Tanztherapie. Etymologisch lässt sich der Begriff Autismus vom griechischen *autós,* was soviel wie „für sich" bzw. selbst" bedeutet, ableiten. Diese Begrifflichkeit deutet schon auf die markante Verhaltensweise dieser Krankheit hin: Es handelt sich um eine Entwicklungsstörung, bei der die erkrankten Personen schwere zwischenmenschliche Kontaktstörungen haben. Sie ignorieren ihre menschliche Umwelt und leben in ihrer eigenen emotionalen und geistigen Welt (www.stangl.eu 14.1.2007).

7.2 Der methodische Ansatz dargestellt am Beispiel des „Spiegelns"

Quelle: www.danceandarts.de 8.2.2007

Abb. 7: Therapieraum mit Spiegeln

Eine gute Therapiemöglichkeit zur Verbesserung des Gesamtverhaltens autistischer Kinder ist die Tanztherapie. In ihr wird das Ziel verfolgt, dem Kind durch den Aufbau einer vertrauensvollen Beziehung zum Therapeuten die Selbstfindung zu ermöglichen. Hierbei liegt dem Tanztherapieansatz und seinen Methoden die Theorie nach Martin Buber „Das Ich wird am Du zum Ich!" zugrunde.
Da es den autistischen Kindern gerade aber an der Fähigkeit, von anderen Menschen Dinge zu übernehmen, diese nachzuahmen, zu imitieren, fehlt, versucht man in der Therapie autistischer Personen, diesen Mangel durch ausgewählte Methoden zu verbessern. Zwei im Rahmen der Tanztherapie verfolgte, eng verbundene Ansätze sind dabei das *Spiegeln* und das *Führen und Folgen.*

Mit der Methode des *Spiegelns* beginnt der Therapeut, wenn die Anfangsphase der engen Beziehungsbildung zwischen Kind und Therapeut überstanden ist und ein erster, wenn auch zeitweise flüchtiger Blickkontakt besteht.

Für autistische Kinder ist es besonders wichtig, in ihren Äußerungen verstanden zu werden und eine Antwort zu erhalten. Denn wenn ein (autistisches) Kind entdeckt, dass eine bestimmte eigene Bewegung eine ganz bestimmte Antwort des Gegenübers provoziert, wiederholt es diese, allein um eine erneute positive Antwort zu erhalten. Die Methode des *Spiegelns* bedeutet nun, dass der Therapeut zunächst einmal das Kind immer wieder in seinem Verhalten imitiert und begleitet, es so in seiner Zuwendung zum Gegenüber bestärkt, damit es später selber mit der Nachahmung beginnen kann. Es ist die ständige positive Bestätigung seiner Aktionen, aus der das Kind eine derart positive Verstärkung erhält, dass ihm die Motivation zur Imitation gegeben ist. Das Kind erlangt durch den Vergleich mit seinem Gegenüber eine bessere Selbstwahrnehmung, da es zunächst einmal an seinem „Spiegelbild" visuell erkennt, welche Körperteile sich überhaupt bewegen, um diese Erkenntnis in einem weiteren Schritt auf seinen eigenen Körper zu beziehen.

Durch das *Spiegeln* soll das Kind außerdem ein Bewusstsein für die Existenz einer anderen Psyche entwickeln, wodurch auch seine Fremdwahrnehmung gefördert wird. Durch den gezielten Einsatz von Tanzschritten jeglicher Art erreicht der Therapeut auch die Ausbildung eines bewussten, vorher nicht vorhandenen, in der Bewegung stimmigen Ganges beim Autisten und eine bessere körperliche Ausdrucksweise des Patienten.

Am Beispiel einer Therapiesitzung des 9-jährigen Torsten, in der das Spiegeln als Element zur aktuellen Problembearbeitung eingesetzt wird, lassen sich die Erfolge dieser Methode gut exemplarisch darstellen (WEBER 1999, S.68 ff.):

Seit einigen Therapiestunden legt die Therapeutin ein gelbes Band, das einen Spiegel darstellen soll, auf den Boden. Die ersten Therapiestunden studiert sie Torstens Bewegungen genau, um diese als sein „Spiegelbild" auf der anderen Seite des gelben Bandes zu imitieren. Nachdem Torsten die Erkenntnis und die Fähigkeit erlangt hat, einzelne Körperteile bewusst selbst zu steuern, gibt nun die Therapeutin Bewegungssequenzen in verschiedenen Raumebenen bei Variation der Bewegungsqualität vor. Dies ist ein nächster Schritt, die Methode des *Führen und Folgens*, durch die Torsten lernt, die Bewegungen anderer zu imitieren, wie auch eigenständig Bewegungen auszuführen und auf diese ein Echo zu bekommen. Zunächst folgt ihm die Therapeutin in seinen Bewegungen, Torsten führt. Dann folgt Torsten der Therapeutin und die Therapeutin führt.

Bei dieser Methode werden nicht nur Torstens Aufmerksamkeit und Konzentration, sondern auch sein Köperempfinden gefördert und sein Bewegungsrepertoire erweitert. Torsten zeigt zunächst den für Autisten typischen Zehenspitzengang, der durch den nicht vorhanden Bodenkontakt (keine Erdung) die Störung seines Selbstbezugs belegt. Durch den gezielten Einsatz von Tanzschritten, die zugunsten seiner Erdung vor allem Bewegungen auf dem ganzen Fuß (zur bewussten Wahrnehmung des Bodens) enthalten, bekommt er einen besseren Bodenkontakt, d.h., dass er sich zeitweise aufgerichtet und mit festem Schritt bewegt. Zunächst verfällt er nach Beendigung der Methode meist erneut in den Zehengang. Nach weiteren Sitzungen hat Torsten dieses neu erlernte Bewegungsverhalten jedoch akzeptiert und in sein Bewegungsrepertoire integriert.

Quelle: www.kreativtherapien.lvr.de 8.2.2007

Abb. 8: Das Spiegeln

Einen weiteren erfreulichen Fortschritt macht Torsten, der zu den autistischen Kindern gehört, die die Sprache gelernt haben, das erste Mal in der 22. Sitzung. In ihr hat er, nach Beendigung des Spiegelns, beiläufig geäußert: „Aber wir sind nicht die gleichen Menschen!“. Auch in der 26. Sitzung machte er diese Bemerkung, sogar während und am Schluss der Übung: „ Aber schade, dass wir nicht Gleiche sind!“ Dies ist als ein großer Fortschritt im Therapieprozess anzusehen, da Torsten nun erkannt hat, dass die Therapeutin nicht eins mit ihm ist, sondern dass er eine eigenständige Person ist (WEBER 1999, S.68 ff.).

Durch die Methode des Spiegelns erreicht man das Auflösen des gestörten Körperbildes des Autisten, ein zuvor fehlendes Gefühl von *Selbstbezug* und *Dubezug* wird hergestellt. Es liegt damit durch die Differenzierung von Ich und Nicht-Ich die Vorraussetzung für die *Geburt des Selbst* vor.

Der weitere nächste Schritt, um mehr Selbständigkeit zu erlangen, wäre nun die Methode der Improvisation, indem das Kind eigene Gefühle durch den improvisierten Tanz ausdrückt (WEBER 1999, S.68 ff.).

8 Erfolge und Ergebnisse der Tanztherapie

Die Verbesserung des Verhaltens von Torsten sind nur ein Beispiel für die vielen Erfolge der Tanztherapie bei den verschiedensten Krankheitsbildern. Vor allem bei autistischen Kindern hilft der gezielte Einsatz von Bewegung, da diese Methode nicht unbedingt auf die Sprache angewiesen ist und man somit auch die in sich zurückgezogenen autistischen Kinder erreichen kann. Jedoch ist hierbei festzustellen, dass vor allem auch die Kombination von Tanz mit Musik, wie auch mit Rollenspielen, Spielen mit Handpuppen oder auch das Malen eine große Bedeutung für das Erreichen der Therapieziele darstellt (Birgit Jacob in der E-Mail vom 25.1.2007).
Doch auch die Tanztherapie alleine kann deutliche Erfolge erzielen. Trudi Schoop z.B., ehemals Tänzerin und Pantomimin, wanderte am Anfang des 20. Jh. aus der Schweiz aus und arbeitete in der Psychiatrie eines Hospitals an der Ostküste der USA mit schizophrenen, depressiven und sogenannten „unzugänglichen“ Patienten nach ihrem eigenen Konzept: Sie tanzte. Und es zeigten sich unmittelbare Erfolge.
Über eine Arbeit mit einem schizophrenen Patienten berichtete sie:

> „ [...] Seit 20 Jahren [war er] in staatlichen Institutionen interniert. [...] [Er besaß] keine Sprache [...] im letzten halben Jahr erkannte der Patient [durch das Ausführen und die Interpretation von Tanzschritten] seine Probleme, er konnte darüber sprechen [...] Große Veränderungen zeigten sich in der Bewegung [...]“ (SCHOOP 1981, S.131; zitiert nach WEISSMANN 1998, S. 16).

Lange versuchte man, die Wirksamkeit der Tanztherapie einzig und alleine anhand von theoretischen Abhandlungen über solche klinischen Fallbeispiele oder durch die intensive Einzelfallanalyse zu belegen. Doch seit geraumer Zeit gibt es, wenn auch noch im geringen Umfang, quantitative wie auch qualitative wissenschaftliche empirische Studien, die sich mit der Kurz- wie auch Langzeitwirkung der Tanztherapie beschäftigen. Bei einem Großteil dieser Studien zeigen sich jedoch methodische Schwächen, wie fehlende Kontrollgruppen oder Unterschiede in den Therapielängen. Außerdem ist es schwierig, die wirkliche Lebensqualitätsverbesserung der Patienten in Prozentzahlen auszudrücken. Nach einer neueren Studie, bei der verschiedene Gruppen eine 10-wöchige Tanztherapie zur Stressbewältigung machten, lässt sich dennoch ein grundlegender Erfolg, d.h. eine deutliche Verbesserung der gesundheitsbezogenen Lebensqualität, feststellen. Auch 6 Monate nach der Therapie gab es langanhaltende und sich verstärkende Verbesserungen im Leben der Teilnehmer (BRÄUNINGER 2006, S.150 ff.).

Laut erster Ergebnisse zweier weiterer aktueller, noch laufender Studien mit Krebs- und Schmerzpatientinnen, in denen quantitative und qualitative Untersuchungsmethoden verbunden wurden, kann man auch bei diesen Krankheiten nicht von einer Heilung der Krankheit durch die Tanztherapie, wohl aber von einer deutlichen Verbesserung der Lebensqualität sprechen (BRÄUNINGER 2006, S.32).

Die Erfolge der Tanztherapie lassen sich vor allem auf den kombinierten Einbezug der physischen und psychischen Ebene in die Therapie zurückführen. Es ist festzustellen, dass die Tanztherapie oft parallel zu anderen Therapien, vor allem der Musik-, aber auch der Gestalttherapie, zur Anwendung kommt. Oder aber sie wird dann eingesetzt, wenn alle anderen Therapien zuvor versagt haben.

Die Tanztherapie bietet oft eine neue Chance, vor allem für Patienten mit einer hohen Imaginationsfähigkeit, wie auch für solche, die Gefallen am Tanz haben oder den Mut, etwas Neues zu entdecken.

9 Sinn oder Unsinn der Tanztherapie

Zusammenfassend ist zu sagen, dass sich die Tanztherapie als eine erfolgreiche Form der Therapie bei erstaunlich vielen Krankheiten erweist. Dies lässt sich vor allem mit Hilfe der Theorie der „Körper-Geist-Seelen-Einheit“ erklären.

Auf der Basis meiner Recherchen zum Thema Tanztherapie in der Fachliteratur und nach Auswertung der von mir geführten Interviews mit Spezialisten komme ich zu dem Schluss, dass der Tanz als Therapieform ein gut durchdachtes und sinnvolles Heilungskonzept ist. Denn auch ich bin der Meinung, dass man den Köper eines Menschen und seine Seele nicht separat betrachten kann, sondern als „Köper- Geist-Seelen-Einheit“ sehen muss.

So gibt es bei allen körperlichen Krankheiten immer auch einen seelischen Aspekt. Eine physische Krankheit wie z.B. Krebs kann sich durch eine angespannte bzw. entspannte private Situation subjektiv wie auch objektiv verschlechtern bzw. verbessern. Auch gibt es körperliche Beschwerden, die (vorwiegend) seelische Ursachen haben, z.B. wenn ein Kind vor einer Mathematikklausur Bauchschmerzen bekommt.

Quelle: www.bdt-tanztherapie.de 7.2.07

Abb. 9: Körper und Seele bilden eine Einheit

Seele und Körper arbeiten somit zusammen und man kann nicht den einen Teil ohne Beachtung des andern heilen. Und genau dort setzt die Tanztherapie an. Sie verbindet beide Aspekte auf natürliche Weise, indem sie die körperliche Bewegung als Ausdruckselement des seelischen Befindens nutzt.

Bedauerlich finde ich jedoch, dass die Tanztherapie bisher eine so geringe Aufmerksamkeit und somit Verbreitung erlangt hat, was zum Teil auch durch das Nicht-Übernehmen von Kosten durch die Krankenkasse bedingt ist, zum Teil aber sicherlich auch durch die zwar erkennbaren, jedoch schwer messbaren bzw. in Prozentzahlen anzugebenen Erfolge. Hier wäre eine verstärkte Öffentlichkeitsarbeit der Therapeutenverbände hilfreich, um die durch Tanztherapie erzielten Behandlungserfolge publik zu machen. Auch sollten die Krankenkassen meiner Meinung nach erneut prüfen, ob die Tanztherapie nicht bei bestimmten Krankheiten als Therapieform zugelassen werden kann.

Ich denke, wenn man neuen Dingen offen gegenübersteht oder sich einfach einmal auf Unbekanntes einzulassen versucht, ist diese Form von kreativer Therapie sehr erfolgreich. Die mir bekannten Fallbeispiele und ihre Erfolge zeigen, dass man durch die Tanztherapie alleine oder im Zusammenwirken mit anderen Therapien sehr gute Ergebnisse erzielen kann. Da es sich um eine Therapie handelt, die auch die psychische Ebene einbezieht, ist es allerdings oft so, dass sich hierbei keine sofortige und zeitnahe, jedoch dafür eine wahre Heilung einstellt. Denn es wird nicht nur „an der Oberfläche der Probleme gekratzt", sondern durch die tiefenpsychologischen Ansätze wird auch am Kern des Problems gearbeitet. Es wird versucht, die Probleme durch Bewegung bewusst zu machen und aufzuarbeiten, da es oft einfacher ist, Dinge durch Bewegungen als durch Sprache auszudrücken. Hand in Hand mit dem Tanz wird aber auch, so weit dies möglich und erwünscht ist, eine Aufarbeitung der Probleme durch Gespräche verwendet.

Somit macht es meiner Meinung nach durchaus Sinn, den Versuch einer kreativen Therapie in der Form des Tanzes zu wagen.

10 Literatur- und Quellenverzeichnis

Literatur

BRÄUNINGER, Iris (2006): Tanztherapie. Weinheim 2006: Beltz Verlag.

HEUERMANN, Michael und WARNING, Sophie (1995): Aus der Reihe tanzen ... Pädagogisch-therapeutische Gruppenarbeit mit Tanz. 35 Stundenbeispiele. Dortmund: borgmann publishing GmbH

RICK, Cary (1989): Tanztherapie. Eine Einführung in die Grundlagen. Stuttgart: Gustav Fischer Verlag.

SCHOOP, Trudi (1981): ... komm und tanz mit mir. Zürich: Pan Verlag.

SIEGEL, Elaine V. (1986): Tanztherapie. Seelische und körperliche Entwicklung im Spiegel der Bewegung. Ein psychoanalytisches Konzept. Stuttgart: Klett-Cotta.

WEBER, Claudia Maria (1999): Tanz- und Musiktherapie. Zur Behandlung autistischer Störungen. Göttingen: Hogrefe-Verlag.

WEISSMANN, Eva (1998): Tanz-Theater-Therapie. Szene und Bewegung in der Psychotherapie, München: Ernst Reinhardt, GmbH & Co.

WILLKE, Elke (1998): Über die Arbeit mit Unbewusstem in der Tanztherapie. In: Forum Tanztherapie, Heft 35/36, Frühjahr Herbst /1998.

Internetquellen

www.ballett-heute.de (08.2.2007). FzFdB e.V. (Hrsg.) (2002): Ballett heute. http://www.ballett-heute.de/images/ballett1.jpg

www.danceandarts.de (08.2.2007). MEDINA, Sarah (2006): Tanzstudio Dance + Arts. http://www.danceandarts.de/HPIM2555.JPG

www.dgt-tanztherapie.de (04.1.2007a). DGT.E.V.: Was ist integrative Tanztherapie? Meldung vom 7.3.2006. http://www.dgt-tanztherapie.de/index_fr.htm

www.dgt-tanztherapie.de (01.11.2006b). WILLKE, Elke: Über die Arbeit mit Unbewusstem in der Tanztherapie. In: Forum Tanztherapie, Heft 35/36, Frühjahr Herbst /1998. Meldung vom 7.3.2006. http://www.dgt-tanztherapie.de/index_fr.htm

www.kreativtherapien.lvr.de (07.2.2007). MOLSBERGER, Udo (Landschafts-verband Rheinland) (Hrsg) (2006): Kreativtherapien. http://www.kreativtherapien.lvr.de/tanz/default.htm

www.pantarhei-institut.de (07.2.2007). HALSTRUP, Irmgard (2006): Tanz und Bewegungstherapie. Berufsbegleitende Qualifizierung. http://www.pantarhei-institut.de

www.praeha.de (01.11.2006a). EBERHARD-KAECHLE, Marianne: Tanztherapie: Indikationsstellung, Wirkfaktoren, Ziele. Meldung vom 15.11.2001. www.praeha.de/veroeffentlichungen/langen-institut-vortrag3.html

www.praeha.de (01.11.2006b). OSTERMANN,Martina (2001): Persönlichkeitsentwickung durch Tanztherapie. In: Balance - Das regionale Gesundheitsmagazin, 12/2001. www.praeha.de/veroeffentlichungen/langen-institut-veroeffentlichung1.html

www.stangl.eu (14.01.2007). GEBETSBERGER, Ilse/ HOCHREITER, Tatjana (2006): Autismus. www.stangl.eu/psychologie/definition/Autismus.shtml

www.tanztherapie-zentrum.de (07.02.2007). ZENTRUM FÜR TANZ UND THERAPIE (Hrsg.) (2004): Fotogalerie der Tanzperformance vom 06.07.2004. www.tanztherapie-zentrum.de/Fotogallerie/fotogallerie.html

www.tanzwissenschaft.de (13.01.2007). HÖRMANN, K. (2005): Inhalt (berufsbegleitendes Tanztherapiestudium). http://www.tanzwissenschaft.de/Tanztherapiestudium/inhalt.htm
www.welt-der-indianer.de (08.02.2007). KAUTE, Regina (2005): Indianische Musik. www.welt-der-indianer.de/musik.html

Sonstige Quellen

Interview mit Rita Gehling, Tanztherapeutin aus Münster, vom 3.01.2007
Interview mit Herrn Klar, AOK in Rheine, vom 31.01.2007
Email von Birgit Jacob, Tanztherapeutin aus Darmstadt, vom 25.01.2007

11 Anhang

11.1 E-Mail an die Tanztherapeutin Birgit Jacob

Sehr geehrte Frau Jacob,

um mich auf die formale Arbeit im Studium vorzubereiten, schreibe ich bis zum 28.2.2007 meine Facharbeit in meinem Wahlfach Pädagogik.

Zur Zeit besuche ich die zwölfte Klasse des Gymnasiums Dionysianum in Rheine.

Da ich mich sehr für den Tanz interessiere und ich diesen auch selber ausübe, fand ich es sehr spannend zu erfahren, was für Auswirkungen Tanzen auf die menschliche Seele und den Körper haben kann. Deshalb entschied ich mich für das Thema Tanztherapie bei Kindern und Jugendlichen mit dem Schwerpunkt Autismus.

Bei der Informationssuche im Internet wurde ich auf Ihre Homepage aufmerksam. Da Sie sich auch mit der Behandlung von Autismus auskennen, wollte ich fragen, ob Sie dazu bereit wären, mir einige Fragen zu beantworten.

Zum einen wollte ich fragen, wer die Kosten der Behandlung bei Autisten, wie auch bei Menschen mit anderen Problemen, übernimmt.
Zum Anderen wollte ich wissen, ob Sie bis jetzt immer Erfolge bei der Arbeit mit autistischen Kindern verzeichnen konnten. Ich habe nämlich gelesen, dass es, sowie es verschiedene Menschen, für jeden auch eine andere Therapie gibt. Glauben Sie an den Erfolg der Tanztherapie bei autistischen Kindern? Und welche Erfolge konnten Sie schon erzielen? Außerdem, wollte ich Sie fragen, ob Sie anonymisierte Fallbeispiele von autistischen Kindern besitzen, in denen Erfolge sichtbar werden. Und ob es möglich wäre, eines davon in meine Facharbeit einzubauen.

Über eine Rückmeldung Ihrerseits würde ich mich freuen.

Mit freundlichen Grüßen

Christina Uhlenbrock

11.2 Email von der Tanztherapeutin Birgit Jacob

Die Antwort-E-Mail der Tanztherapeutin wir hier aus urheberrechtlichen Gründen nicht abgedruckt.

Erklärung

Hiermit erkläre ich, dass ich die vorliegende Arbeit selbstständig und ohne fremde Hilfe verfasst und keine anderen als die im Literatur- und Quellenverzeichnis angegebenen Hilfsmittel verwendet habe.

Insbesondere versichere ich, dass ich alle wörtlichen und sinngemäßen Übernahmen aus anderen Werken als solche kenntlich gemacht habe.

____________________________ ____________________________

Ort, Datum Unterschrift

11.4 Deutsch

Die Muggelwelt im
Bann des Zauberlehrlings
Harry Potter –
noch immer Faszination für Jedermann?

Quelle: eigene Aufnahme

Facharbeit im Leistungskurs Deutsch
von
Dorothea Uhlenbrock

Inhaltsverzeichnis

1 Begründung der Wahl des Themas

1 Begründung der Wahl des Themas

Als es darum ging, ein Thema für meine Facharbeit zu finden, fiel mir sofort Harry Potter ein. Das Buch, was mich bislang am meisten fasziniert hat. Und damit bin ich nicht die Einzige, denn das Aufsehen, das Joanne K. Rowling mit ihrer Heptalogie erreicht hat, ist erstaunlich. 400 Millionen verkaufte Bücher, in 67 Sprachen übersetzt[1]. Eine Geschichte, die knapp 15 Jahre Menschen weltweit in ihren Bann zog. Über die Hintergründe zu dieser Manie gibt es bereits zahlreiche Studien; darüber, wie sich die Einstellung zu Harry Potter bei den Fans verändert, wenn diese älter werden allerdings noch keine einzige. Einmal Harry-Potter-Fan, immer Harry-Potter-Fan? Oder gilt das Interesse nur bis zu einer bestimmten Altersgrenze? Und: Fasziniert eigentlich Jung und Alt das Gleiche an der Fantasy-Saga? Auch Bücher wie die der Erfolgsautoren Astrid Lindgren oder Erich Kästner fielen mir ein, Bestseller, die selbst heute noch fast jedes Kind kennt – obwohl die Verfasser schon lange verstorben sind. Wird das mit Harry Potter genauso sein? Die Fragen weckten mein Interesse, ebenso wie die, ob die Faszination um den Zauberlehrling auch jetzt schon, knapp eineinhalb Jahre nach dem Erscheinen des letzten Kinofilms, abgenommen hat. Um Antworten zu finden, beschloss ich, selbst Forschungen anzustellen. Damit hatte ich das Thema meiner Facharbeit gefunden.

---

[1] Fakten entnommen aus S. Lamprecht, 20 skurrile Fakten um Harry Potter, Hamburger Morgenpost vom 12.07.2011, http://www.mopo.de/promi---show/harry-potter-zum-letzten-mal-im-kino-20-skurrile-fakten-um-harry-potter,5067148,8662972.html, aus dem Internet am 06.01.2013

2 Harry Potter für mich

2.1 Was mich selbst an der Harry Potter - Reihe fasziniert

Die Geschichte des jungen Harry Potter, der als ganz normaler Junge bei seiner unsympathischen Tante und deren Mann aufwächst, hat mich bereits als Kind fasziniert. Als Leser sehe ich die Geschehnisse mit Harrys Augen und betrete wie er eine neue Welt, die der Zauberer. Es ist, als ob man in die Rolle des Jungen schlüpft, dem Alltag entflieht und in ein anderes Leben eintaucht, sodass man fast glauben könnte, man selbst beherrsche die Zauberei. Da weckt Joanne K. Rowling bei so manchem Leser Hoffnung, wenn sie den weisen Schulleiter Albus Dumbledore sagen lässt: „Natürlich passiert es in deinem Kopf, aber warum um alles in der Welt sollte das bedeuten, dass es nicht wirklich ist?“[2]

Einen weiteren Aspekt für meine Begeisterung stellt der Kampf zwischen Gut und Böse dar, der sich wie ein roter Faden durch alle sieben Bände der Fantasy-Saga zieht. Und der schreckliche Lord Voldemort, der mit jedem Buch mächtiger und stärker wird, lässt mich jedes Mal wieder erschaudern.

Doch auf der anderen Seite strahlt die Geschichte meiner Meinung nach eine große Geborgenheit aus. Da sind zum Beispiel Harrys Freunde Ron und Hermine, die ihn niemals im Stich lassen würden oder Albus Dumbledore, ein alter Zauberer mit Bart und Halbmondbrille, von dem es heißt, er wäre der Einzige, vor dem der „dunkle Lord“ Respekt hätte. Auch den Einblick ins Internatsleben finde ich sehr interessant; genauso haben mich Filme wie das „Fliegende Klassenzimmer“ oder Serien wie „Schloss Einstein“, die dies ebenfalls thematisieren, als Kind fasziniert.

Darüber hinaus faszinieren mich die vielen Parallelen zu unserer „realen“ Welt, die allerdings erst auf den zweiten Blick erkennbar sind. So greift die Autorin bei genauerer Betrachtung das Thema Rassismus auf, das sich in den Ansichten einzelner Charaktere widerspiegelt. Diese stellen Menschen mit Zaubererblut, die so genannten „Reinblüter“, über alle anderen Lebewesen. Zauberer, in deren Stammbaum Muggel (Menschen ohne magische Kräfte) als Vorfahren zu finden sind, werden diskriminiert und teilweise sogar verfolgt, was sehr an die Blutideologie der Nationalsozialisten erinnert. Auch der

[2] J. K. Rowling, Harry Potter und die Heiligtümer des Todes, London 2007, S.731

2 Harry Potter für mich

Umgang mit dem Tod wird in Harry Potter thematisiert, zwei Dinge, die zum Nachdenken anregen. Doch trotz aller dunklen Geheimnisse und Gefahren beschreibt Joanne K. Rowling die Geschichte des „Jungen, der überlebte“ mit viel Sprachwitz und Charme, sodass Harry Potter für mich eine bunte Mischung aus Thriller und Wohlfühl-Komödie darstellt.

2.2 Wie sich meine Faszination verändert hat

Noch vor ein paar Jahren war Harry Potter ein wichtiger Bestandteil meines Lebens. Fast täglich las ich in einem der Bücher, wobei es ganz egal war, zum wievielten Mal. Ich lernte Zaubersprüche auswendig und in meinem Zimmer schmückten Poster der Schauspieler der Verfilmungen die Wände. Fasziniert nahm ich an der „Harry-Potter-Nacht“ des Gymnasium Dionysianum in der sechsten Klasse teil und genauso begeisterte mich ein Urlaub in Großbritannien, in dem ich viele der Drehorte besuchte. Auch heute interessiert mich die Geschichte noch, denn ich finde, dass sie eine gewisse Magie ausstrahlt, die Joanne K. Rowling sowohl durch ihren Sprachwitz als auch durch die Story selber entstehen lässt. Doch die Begeisterung ist ein Stück abgeflacht, zumal der Kampf zwischen Gut und Böse durch das letzte Buch abgeschlossen und die Spannung aufs Ende somit genommen ist. Dennoch befasse ich mich auch heute noch gerne mit der Saga, die Rowling so ausführlich beschreibt, dass man immer wieder neue Details entdeckt.

2.3 Hypothesen zu der allgemeinen Entwicklung des Interesses an Harry Potter

Ich denke, dass auch im Allgemeinen das Interesse an Harry Potter recht groß ist, allerdings heute nicht mehr in den Ausmaßen wie noch vor ein paar Jahren. Die Geschichte hat – wie bereits erwähnt – einen Teil ihrer Spannung verloren. Denn das Geheimnis um den Ausgang des Kampfes zwischen Harry und dem Lord Voldemort ist gelüftet. Doch wie sehr hat sich die Faszination an Harry Potter tatsächlich verändert? Zu Beginn meiner Untersuchung stellte ich hierzu folgende Hypothesen auf:

- Sehr junge Leser, also die Gruppe der 11- bis 12-Jährigen, kennen kaum noch die Geschichte des Zauberlehrlings, auch weil Harry Potter nur noch selten Thema in den Medien ist.

2 Harry Potter für mich

- Am größten ist das Interesse bei den Jugendlichen, also den 16- bis 18-Jährigen, die mit der Geschichte aufgewachsen sind.
- Ein Großteil der Befragten zwischen 20 und 25 haben mindestens ein Buch der Heptalogie gelesen oder einen Film gesehen, da diese Altersstufe bereits lesen konnte, als das erste Buch erschien, und somit von Anfang an die Welle der Begeisterung mitbekommen hat.
- Genauso ist es bei den über 25-Jährigen. Allerdings ist das Interesse an Harry Potter am stärksten abgeebbt, denn das Genre Fantasy wird eher von den Jugendlichen gelesen.

3 Umfrage zum Thema „Faszination Harry Potter“

3.1 Vorbereitung und Durchführung

Nachdem das Thema meiner Facharbeit feststand, überlegte ich, welche Methode am effektivsten Ergebnisse zur Beantwortung meiner Ausgangsfrage bringen könnte. Im Rahmen der Recherche war ich im Internet bereits auf die Diplomarbeit einer Pädagogikstudentin gestoßen, die eine Umfrage zur Faszination moderner Jugendliteratur – unter anderem auch Harry Potter – durchführte[3]. Deren Vorgehen schien mir für meine Arbeit ebenfalls geeignet. Ich entschloss mich also dazu, eine schriftliche Umfrage durchzuführen. Ziel war es dabei, einerseits herauszufinden, ob sich die Faszination der Harry-Potter-Welt für den Einzelnen verändert hat, andererseits, ob die jungen Leser von heute (11 bis 12 Jahre), die erst als die Saga fast fertig geschrieben war lesen konnten, die Story überhaupt kennen. Daher beschloss ich meine Umfrage in vier Altersstufen durchzuführen:

- Bei den über 25-Jährigen, die bereits die weiterführende Schule besuchten, als der erste Band der Harry Potter Reihe erschien
- Bei den 20- bis 25-Jährigen, die am Anfang ihrer Jugendzeit von Harry Potter erfahren haben
- Bei den 16- bis 18-Jährigen, somit also meine Altersgruppe
- Und bei den 11- bis 12-Jährigen.

Im nächsten Schritt stellte ich einen Fragenkatalog zusammen, der auf die unterschiedlichen Gruppen zugeschnitten ist und sowohl die Hintergründe als auch die Entwicklung der Faszination erfasst (siehe Anhang 6.1 und 6.2). Diesen unterteilte ich in drei Bereiche: Zunächst bat ich die Befragten, ihr Leseverhalten einzuschätzen, ebenso wie das von ihnen bevorzugte Buchgenre. Damit wollte ich herausfinden, ob das allgemeine Interesse an Literatur für die Häufigkeit des Lesens eines der Harry-Potter-Bücher relevant ist.

[3] S. Müller, Auszüge aus der Diplomarbeit zur Faszination moderner phantastischer Jugendliteratur. http://faszination-jugendliteratur.npage.de/ , aus dem Internet entnommen am 08.11.2012;
P. Gasser, Das Phänomen Harry Potter und seine Nutzung für die Programmarbeit in Kinderbibliotheken, Diplomarbeit im Fach Kinderbibliothek, Fachhochschule Stuttgart, 2000, http://opus.bsz-bw.de/hdms/volltexte/2003/130/pdf/Petra_Gasser.pdf , aus dem Internet entnommen am 08.11.2012

3 Umfrage zum Thema „Faszination Harry Potter“

Im zweiten Teil sollten die Probanden angeben, wie viele Bücher und Filme der Reihe sie gelesen bzw. gesehen haben. Im Anschluss daran fragte ich, welche der beiden Darstellungsformen ihnen besser gefallen hat, um zu sehen, ob die bildliche Umsetzung des Inhalts entscheidend für den Erfolg der Fantasy-Saga ist. Auch das Alter beim Lesen ihres ersten Harry Potter Buches bzw. Sehen des ersten Films sollte angegeben werden. Mit dieser Frage wollte ich mir ein Bild davon machen, welche Altersgruppen Harry Potter besonders anspricht.

Der dritte Bereich des Fragebogens behandelt die Entwicklung der Faszination. Dabei bat ich die Befragten, das Interesse an der Geschichte beim erstmaligen Lesen bzw. Sehen genauso wie ihre Begeisterung aus heutiger Sicht zu beurteilen. Dadurch soll die Entwicklung der Faszination eines jeden Einzelnen erfasst werden.

Mit dem fertigen Fragenkatalog konnte ich nun in den Praxisteil der Facharbeit übergehen. Ich beschloss, die Befragung der jüngeren Altersstufen an meiner Schule durchzuführen, dem Gymnasium Dionysianum. Für die Gruppe der 16- bis 18-Jährigen wählte ich den Deutsch-Leistungskurs der Q1 aus, da ich in diesem eine recht hohe Zahl von begeisterten Lesern erwartete. Um möglichst viele Schüler auf einmal anzutreffen, teilte ich den Fragebogen im Unterricht aus, mit der Bitte, mir diesen bald ausgefüllt zurück zu geben.

Für die Umfrage in der Gruppe der 11- bis 12-Jährigen bat ich meine Erdkundelehrerin, mir eine halbe Stunde ihrer Unterrichtszeit zur Verfügung zu stellen. Die Schüler füllten nun für ca. 20 Minuten die Fragebögen aus.

Da die Befragung der zwei ältesten Gruppen aufgrund des Alters an meiner Schule nicht möglich war, wählte ich für die Umfrage in diesen Altersstufen das Abendgymnasium Rheine aus. Das Mindestalter an Abendschulen liegt bei 19 Jahren, somit würde ich hier viele Personen ab 20 antreffen. Auch die Studierenden am Abendgymnasium hatten 20 Minuten lang Zeit, um die Fragen zu beantworten. Das Lernen an Abendschulen findet in altersgemischten Kursen statt, daher teilte ich die Fragebögen erst nach dem die Schüler sie ausgefüllt hatten in die zwei Altersstufen „20- bis 25-Jährige“ und „über 25-Jährige“ auf, um sie anschließend gruppenweise auswerten zu können.

3 Umfrage zum Thema „Faszination Harry Potter"

3.2 Auswertung der Ergebnisse im Hinblick auf die Anfangsfrage

3.2.1 Die Faszination in den unterschiedlichen Altersstufen

Um einen ersten Überblick zu bekommen, wie viele der Befragten überhaupt Harry Potter kennen, ermittelte ich, wie viele Personen kein einziges Buch gelesen bzw. keinen einzigen Film der Reihe gesehen haben (Abb. 1).

Dabei fällt auf, dass mehr als die Hälfte der 20- bis 25-Jährigen mindestens einen Band der Reihe schon einmal zur Hand genommen haben, und auch bei den 11- bis 12-Jährigen kennt mit 42,3% fast die Hälfte eines der Bücher. Anders sieht es jedoch bei der ältesten Gruppe aus, von der 77,8% angeben, sie hätten keinen der sieben Bände gelesen.

Die Filme hingegen scheinen in allen vier Altersstufen deutlich bekannter zu sein; in der Altersgruppe der 16- bis 18-Jährigen – in der mehr als 61% der Befragten keines der Bücher kennen – gaben nur knapp 6% an, keinen einzigen Film gesehen zu haben. Bei den über 25-Jährigen sahen 33% der Befragten keinen der Filme, also kennen in dieser Altersgruppe knapp 45% mehr die Filme als die Bücher. Insgesamt ist damit festzuhalten, dass die Harry-Potter-Filme in den befragten Altersgruppen sehr viel stärker „konsumiert" worden sind als die Bücher.

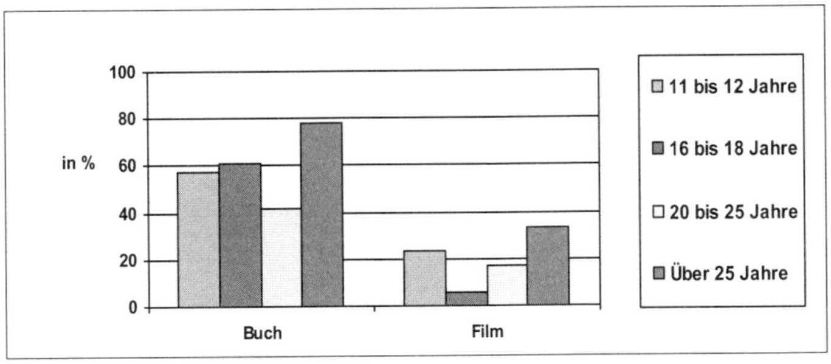

Abb. 1 Anteil der Personen, die kein Harry Potter-Buch gelesen bzw. keinen Harry Potter-Film gesehen haben (nach befragten Altersgruppen)
Quelle: eigene Erhebung; Zahl der Gesamtbefragten: 65

Das Ergebnis warf die Frage auf, ob das größere Interesse an Filmen sich auch in dem sonstigen Leseverhalten der Befragten widerspiegelt.

3 Umfrage zum Thema „Faszination Harry Potter"

Dabei stellte sich heraus, dass die über 25-Jährigen zwar von allen Altersgruppen am häufigsten lesen (Abb. 2), allerdings nur 33% das Genre Fantasy bevorzugen, womit die Anzahl der Harry-Potter-Leser und der Interessenten für Fantasy fast übereinstimmt. Auch in den anderen Altersstufen gleicht die Zahl der Fantasy-Leser in etwa der der Harry- Potter-Bücher. Dies legt den Schluss nahe, dass das Interesse an Fantasy auch bei der Größe der Faszination für Harry Potter mitentscheidend ist.

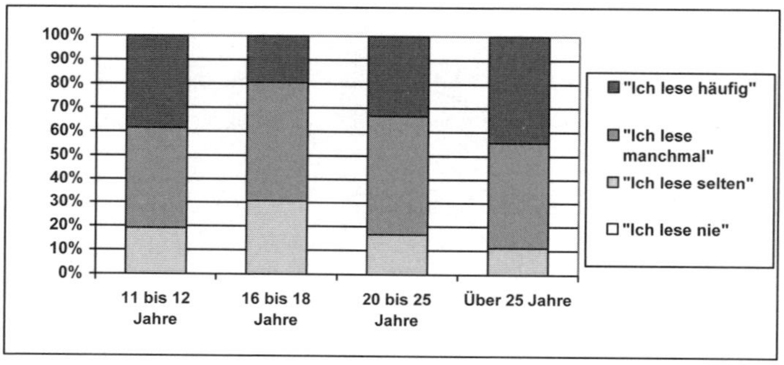

Abb. 2 Leseverhalten außerhalb der Schule (nach befragten Altersgruppen)
Quelle: eigene Erhebung; Zahl der Gesamtbefragten: 65

Im weiteren Verlauf meiner Arbeit, wertete ich die Bedeutung einzelner Inhalte für das Interesse an der Harry Potter-Reihe aus. Die Befragten hatten die Möglichkeit, aus acht Themengebieten, die sie zusätzlich individuell ergänzen konnten, für sie besonders interessante und wichtige Sachverhalte zu wählen.

Die Auswertung erbrachte zum Teil Ergebnisse, die mit meinen Erwartungen übereinstimmten, für die einzelnen Altersgruppen aber durchaus unterschiedlich waren (Abb.3). So wurden vor allem die Inhalte

- „Der Kampf zwischen Gut und Böse" (dieser stand sowohl für die 11- bis 12-Jährigen als auch für die 20 bis 25-Jährigen an erster Stelle)
- „Freundschaft" (vor allem bei den 16- bis 18-Jährigen gefragt)
- und „Zauberei" (Favorit der über 25-Jährigen) ausgewählt.

3 Umfrage zum Thema „Faszination Harry Potter“

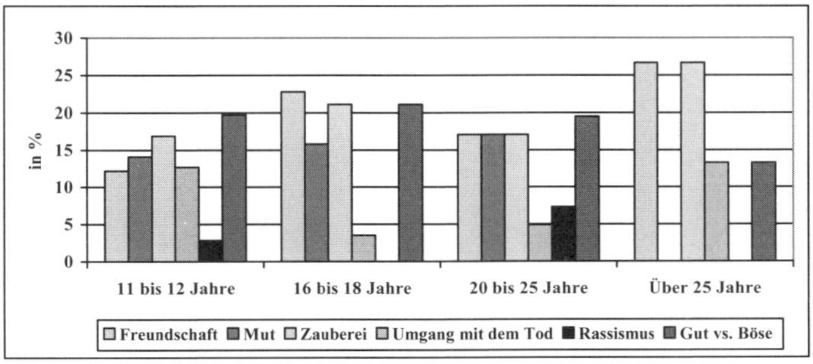

Abb. 3 Interesse für ausgewählte Inhalte der Harry Potter-Reihe (Mehrfachnennungen waren möglich; nach befragten Altersgruppen)
Quelle: eigene Erhebung; Zahl der Gesamtbefragten: 65

Erstaunlich ist hingegen, dass das Thema „Rassismus“ von keinem der Befragten aus den Altersstufen 16 bis 18 und über 25 als wichtig bewertet wurde, bei den 11- bis 12-Jährigen waren es hingegen knapp 3% und bei den 20- bis 25-Jährigen sogar mehr als 7%. Auch der Umgang mit dem Thema Tod scheint zwei Altersgruppen, die 16- bis 18-Jährigen und die 20- bis 25-Jährigen mit 3,5% bzw. knapp 5% nur bedingt zu interessieren, für die 11- bis 12-Jährigen genauso wie die über 25-Jährigen ist es im Gegensatz dazu aber von größerer Bedeutung: in beiden Gruppen gaben knapp 13% der Befragten an, diese Thematik interessant zu finden. Daraus lässt sich schließen, dass viele der in den Harry-Potter-Büchern dominierenden Themen gerade die Altersgruppe der jungen Leser ansprechen, und Harry Potter somit eher ein Jugendbuch ist. Diese Vermutung wird auch durch das Durchschnittsalter beim Lesen des jeweils ersten Harry Potter Buches bzw. Sehen des ersten Films bestätigt, das bei ungefähr 14 Jahren liegt.

3.2.2 Entwicklung der Faszination

Dass Harry Potter noch längst nicht in Vergessenheit geraten ist, zeigt sich bereits in der hohen Anzahl der befragten 11- bis 12-Jährigen, die mindestens ein Buch der Reihe gelesen haben. Um Aussagen über die Entwicklung der Faszination in den einzelnen Altersgruppen treffen zu können, sollten die Befragten sowohl ihr Interesse an Harry Potter beim Lesen ihres jeweils ersten Buches bzw. Sehen ihres jeweils ersten Films als auch ihre heutige Faszination auf einer Skala von 1 bis 10 einschätzen (dabei gilt: je höher die Punktzahl, desto besser gefällt dem Leser das Buch).

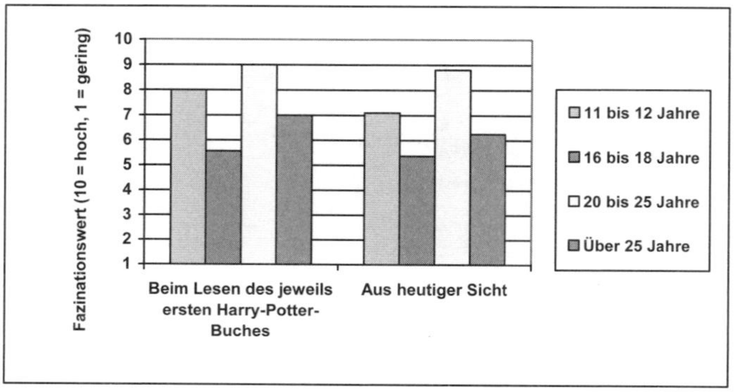

Abb. 4 Faszination beim Lesen des jeweils ersten Harry Potter-Buches im Vergleich zur heutigen Faszination von Harry Potter-Büchern (nach befragten Altersgruppen)
Quelle: eigene Erhebung; Zahl der Gesamtbefragten: 65

Für den Bereich „Bücher" zeigt ein Vergleich der beiden Ergebnisse, dass in allen vier Altersstufen die Faszination abgenommen hat. Erstaunlicherweise bewertete die Gruppe der 11- bis 12-Jährigen ihre Begeisterung beim Lesen ihres ersten Buches der Heptalogie, das sie im Durchschnitt mit 9,7 Jahren lasen, mit einem Punkt mehr als ihr heutiges Interesse. Also hat die Faszination innerhalb von knapp zwei Jahren bereits um 11% abgenommen. (Abb. 4)

Der Vergleich zeigt auch, dass die Gruppe der 20- bis 25-Jährigen mit durchschnittlich 8,8 Punkten heute nach wie vor die am meisten an Harry Potter interessierte Altersstufe ist. Im Gegensatz dazu ist das Interesse der 16- bis 18-Jährigen mit durchschnittlich 5,5 Punkten eher gering, hat jedoch auch kaum abgenommen.

Bei den Filmen zeigten sich die 11- bis 12- Jährigen am meisten begeistert (Abb. 5). Die Faszination des ersten gesehenen Harry-Potter-Films bewerten sie mit 9 von 10 Punkten, und auch aus heutiger Sicht stufen sie die Begeisterung für die Filme mit durchschnittlich 7,6 Punkten ein. Die über 25-Jährigen äußern – wie schon bei den Büchern – deutlich weniger Interesse als die übrigen Gruppen; sie geben ihre Faszination beim Sehen des ersten Films mit knapp 6 Punkten an, ihr heutiges Interesse mit 4,5 Punkten. Ebenso wie bei den Büchern wird im Vergleich der beiden Punktzahlen früher gegenüber heute deutlich, dass sich die Faszination in allen Altersstufen abgeschwächt hat. Während die Begeisterung der 20- bis 25-Jährigen allerdings nur um fast 4% zurückgegangen ist, bewerteten die über 25-Jährigen ihr Interesse heute um knapp 2 Punkte niedriger, was einen Rückgang von 27,4% ausmacht.

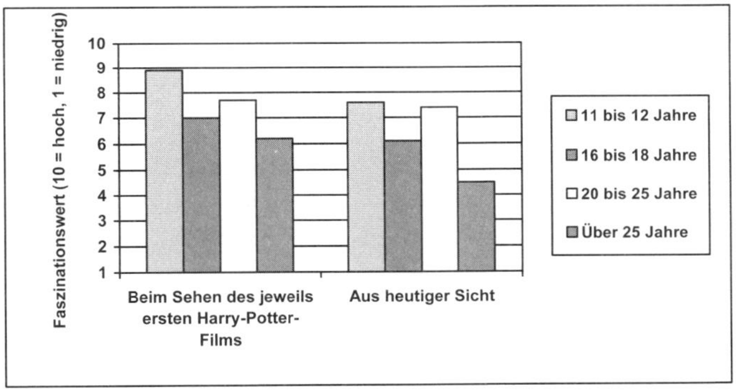

Abb. 5 Faszination beim Sehen des jeweils ersten Harry-Potter-Films im Vergleich zur heutigen Faszination von Harry-Potter-Filmen (nach befragten Altersgruppen)
Quelle: eigene Erhebung; Zahl der Gesamtbefragten: 65

3.2.3 Schlussfolgerung und Beantwortung der Anfangsfrage

Alles in allem lässt sich also sagen, dass Harry Potter auch heute noch, knapp eineinhalb Jahre nach dem Erscheinen des letzten Kinofilms, bekannt ist und geliebt wird, denn gerade die jüngste Altersgruppe meiner Befragung zeigte sich hier besonders interessiert. Was die Entwicklung der Faszination der einzelnen Altersstufen angeht, so lässt sich sagen, dass sie vor allem bei den über 25-Jährigen zurückgegangen ist, was sowohl für die Bücher als auch für die Filme gilt. Das Interesse der 20- bis 25- Jährigen, die ihre Faszination für Harry Potter auch schon beim ersten Lesen als sehr groß beschrieben haben, ist allerdings sowohl für die Bücher als auch für die Filme nur geringfügig kleiner geworden. Die Fortdauer der Leidenschaft für die Fantasy-Saga scheint demnach stark altersabhängig zu sein.

3 Umfrage zum Thema „Faszination Harry Potter“

Die Frage „Harry Potter – noch immer Faszination für Jedermann?“ lässt sich auf der Basis der Ergebnisse meiner Umfrage also wie folgt beantworten: Der Hype, den die Geschichte des jungen Potter jahrelang ausgelöst hat, ist allgemein ein Stück zurückgegangen, doch diejenigen, die bereits anfangs große Fans der Saga waren, zeigen auch heute noch ein reges Interesse, sodass Harry Potter zwar nicht „Faszination für Jedermann“ ist, jedoch für den Großteil seiner Anhänger interessant bleibt. Darüber hinaus wird diese Faszination ganz offensichtlich an die nachfolgenden Generation weitergegeben.

3.2.4 Vergleich der Ergebnisse mit meinen Hypothesen

Die anfangs aufgestellten Hypothesen lassen sich durch die Ergebnisse meiner Umfrage also nur teilweise bestätigen. So ist die Faszination in meiner Altersstufe, den 16- bis 18-Jährigen, keineswegs am größten. Ganz im Gegenteil, diese Gruppe zeigte sich bei den Büchern sogar am wenigsten interessiert. Damit ist die Annahme, in dieser Altersgruppe gäbe es die meisten Harry Potter-Fans eindeutig widerlegt. Auch das Interesse der 11- bis 12-Jährigen ist viel größer als ich es vermutet hatte. Die Tatsache, dass die über 25-Jährigen heute deutlich weniger von Harry Potter fasziniert sind, wird vor allem durch die Abschätzung ihres Interesses an den Harry-Potter-Filmen sichtbar. Schließlich wurde auch die Hypothese, dass die Faszination im Allgemeinen zurückgegangen ist, bestätigt. Allerdings hat der Rückgang nicht die Ausmaße, die ich erwartet hatte. Meine Vermutung, ein Großteil der 20- bis 25-Jährigen wie auch der über 25-Jährigen, würde mindestens ein Buch oder einen Film der Heptalogie kennen, lässt sich für die jüngere der beiden Altersstufen bestätigen, da nur knapp 15% keinen der Filme kennen. Die Ergebnisse der Befragung der über 25-Jährigen bestätigen diese Hypothese allerdings nicht, denn mehr als 30% geben an, keinen einzigen Film der Reihe gesehen zu haben, bei den Büchern sind es sogar knapp 80%.

Auch die von mir vermutete Ursache, dass diese Altersgruppe Genre Fantasy eher selten lesen würde, wird durch die Umfrageergebnisse bestätigt.

4 Reflexion

4.1 Methodische und inhaltliche Reflexion

In dieser Facharbeit habe ich die Auswertung meiner Umfrage zum Thema „Die Begeisterung für Harry Potter, ihre Ursachen und ihre Entwicklung" dargestellt. Dabei bin ich zu dem Ergebnis gekommen, dass Harry Potter zwar viele Menschen fasziniert, dieses Interesse jedoch altersabhängig ist und nicht auf jeden zutrifft. Bei denjenigen, die bereits vor vielen Jahren Gefallen an der Story gefunden haben, hat die Begeisterung nur geringfügig abgenommen und auch die nachfolgenden Generationen kennen und lieben die Geschichte. Die Methode, eine Umfrage durchzuführen, schien mir von Anfang an am besten geeignet, um meine Leitfrage zu beantworten. Nun, am Ende meiner Arbeit, kann ich das nochmals bestätigen. Die Befragung hat mir interessante, brauchbare Ergebnisse geliefert. Der Aussagegehalt ist lediglich durch die mit 65 relativ geringe Zahl der Befragten eingeschränkt. Um statistisch stichhaltige Aussagen treffen zu können, hätte die Zahl der Umfrageteilnehmer deutlich höher sein müssen, was allerdings hinsichtlich des zur Verfügung stehenden Zeitrahmens nicht relativierbar war.

Der Aufbau des Fragebogens hat sich auf den ersten Blick ebenfalls als geeignet bewiesen, auch wenn ich einige Fragen aus Platzmangel nicht mit einbeziehen konnte. Allerdings wurde seitens der Befragten eine nachvollziehbare Kritik im Bezug auf die Bewertung der Faszination in Punkten geäußert. So hatte ich bei der Frage nicht bedacht, dass die Faszination beim Lesen des jeweils ersten Harry Potter Buches sich auch deshalb vom heutigen Interesse unterscheiden kann, weil das erste Buch an sich den Leser von der Thematik her mehr bzw. weniger interessiert als die Bände, die er anschließend gelesen hat.

4.2 Persönliche Reflexion

Durch meine Facharbeit konnte die Frage, ob die Harry-Potter-Manie noch immer aktuell ist, geklärt werden. Die Methode, eine Umfrage durchzuführen bot zusätzlich durch das praxisorientierte Arbeiten neue interessante Einblicke. Allerdings merkte ich schnell, dass die Auswertung der Fragebögen viel mehr Zeitaufwand mit sich bringt als ich es erwartet habe. Doch neben allen Anstrengungen hat mir die Facharbeit sehr viel Spaß gebracht.

5 Literatur- und Quellenverzeichnis

Primärliteratur

Rowling, J. K., Harry Potter und die Heiligtümer des Todes, London 2007

Internetquellen

Gasser, P., Das Phänomen Harry Potter und seine Nutzung für die Programmarbeit in Kinderbibliotheken, Diplomarbeit im Fach Kinderbibliothek, Fachhochschule Stuttgart, 2000, http://opus.bsz-bw.de/hdms/volltexte/2003/130/pdf/Petra_Gasser.pdf, aus dem Internet entnommen am 08.11.2012

Lamprecht, S., 20 skurrile Fakten um Harry Potter, Hamburger Morgenpost vom 12.07.2011, http://www.mopo.de/promi---show/harry-potter-zum-letzten-mal-im-kino-20-skurrile-fakten-um-harry-potter,5067148,8662972.html, aus dem Internet am 06.01.2013

Müller, S., Auszüge aus der Diplomarbeit zur Faszination moderner phantastischer Jugendliteratur. http://faszination-jugendliteratur.npage.de/, aus dem Internet entnommen am 08.11.2012

6 Anhang

6.1 Fragebogen Unterstufe

UMFRAGE IM RAHMEN DER ERSTELLUNG EINER FACHARBEIT

–

„Was macht Harry Potter so faszinierend?"

Angaben zu meiner Person

(1) Ich bin: ☐ ein Mädchen ☐ ein Junge

(2) Ich bin ________ Jahre alt.

Mein Leseverhalten

(3) Wie oft liest Du (*die Schule ausgenommen*)?

Aussage	Ich stimme dieser Aussage zu
Ich lese häufig.	
Ich lese manchmal.	
Ich lese selten.	
Ich lese nie.	

(4) Welche Art von Büchern liest Du? (*du darfst mehrere Bücherarten ankreuzen*)

Art der Bücher	Ich lese dieses Genre
Fantasy-Geschichten	
Liebesgeschichten	
Abenteuer-Geschichten	
Pferde-Geschichten	
Kriminal-Geschichten	
Sachbücher	

(5) Ist es für Dich wichtig, dass Du Dich in die Hauptperson eines Buches hineinversetzen kannst?

☐ Ja ☐ Nein

Harry Potter-Bücher lesen und Harry Potter-Filme schauen

(6) Welche Harry Potter-Bücher hast Du gelesen und welche Harry Potter-Filme hast Du gesehen?

Titel	Buch	Film
Band 1 – Harry Potter und der Stein der Weisen		
Band 2 – Harry Potter und die Kammer des Schreckens		
Band 3 – Harry Potter und der Gefangene von Askaban		
Band 4 – Harry Potter und der Feuerkelch		
Band 5 – Harry Potter und der Orden des Phönix		
Band 6 – Harry Potter und der Halbblutprinz		
Band 7 – Harry Potter und die Heiligtümer des Todes – Teil 1		
– Teil 2		

(7) Gefiel Dir beides gleich gut?

☐ Ja ☐ Nein, mir gefielen die Bücher besser ☐ Nein, mir gefielen die Filme besser

6 Anhang

②

(8) Wie alt warst Du beim Lesen Deines ersten Harry Potter-Buches? __________ Jahre

(9) In welchem Alter hast Du Deinen ersten Harry Potter-Film gesehen? __________ Jahre

(10) Wie oft hast Du Dein Lieblings-Harry Potter-Buch gelesen?

Lesehäufigkeit	
1 – 3 Mal	
4 – 10 Mal	
11 – 20 Mal	
mehr als 20 Mal	

Faszination Harry Potter

(11) Welche Themen in den Harry Potter-Büchern und -Filmen findest Du besonders interessant? (*du darfst mehrere Themen ankreuzen*)

Thema			**Thema**	
Liebe			Leben im Internat	
Freundschaft			Umgang mit dem Tod	
Mut			Mobbing	
Zauberei			Kampf zwischen Gut und Böse	
Sonstiges, nämlich ….				

(12) Wie sehr gefällt Dir die Sprache der Harry Potter-Bücher?

1 gar nicht	2	3	4	5	6	7	8	9	10 total

(13) Welches ist Deine Lieblingsfigur in den Harry Potter-Büchern? ______________________

(14) Kannst Du Dich gut in Deine Lieblingsfigur hineinversetzen? ☐ Ja ☐ Nein

(15) Wie sehr hat Dich Dein erstes Harry Potter-Buch bzw. Dein erster Harry Potter-Film fasziniert?

	1 gar nicht	2	3	4	5	6	7	8	9	10 total
Buch										
Film										

(16) Wie sehr faszinieren Dich die Harry Potter-Bücher bzw. Harry Potter-Filme heute noch?

	1 gar nicht	2	3	4	5	6	7	8	9	10 total
Bücher										
Filme										

(17) Was fasziniert Dich an den Harry Potter-Filmen am meisten? (*du Darfst mehrere Dinge ankreuzen*)

Thema			**Thema**	
Musik			die Landschaftsaufnahmen	
die Schauspieler			die Handlung	

Danke für die Beantwortung der Fragen!

18

6 Anhang

6.2 Fragebogen Oberstufe

UMFRAGE IM RAHMEN DER ERSTELLUNG EINER FACHARBEIT
–
„Was macht Harry Potter so faszinierend?"

Persönliche Angaben

(1) Gib Dein Geschlecht an: ☐ weiblich ☐ männlich

(2) Gib Dein Alter an: ________ Jahre

Allgemeines Leseverhalten

(3) Wie schätzt Du Dein Leseverhalten ein (*die Schule ausgenommen*)?

Aussage	Ich stimme dieser Aussage zu
Ich lese häufig.	
Ich lese manchmal.	
Ich lese selten.	
Ich lese nie.	

(4) Welche Art von Büchern liest Du? (*Mehrfachnennungen sind möglich*)

Genre	Ich lese dieses Genre
Fantasy	
Liebesromane	
Biografien	
Krimis	
Wahre Begebenheiten	
Sachbücher	

(5) Ist es für Dich wichtig, sich mit der Hauptperson eines Buches identifizieren zu können? ☐ Ja ☐ Nein

Harry Potter-Bücher lesen und Harry Potter-Filme schauen

(6) Welche Harry Potter-Bücher hast Du gelesen und welche Harry Potter-Filme hast Du gesehen?

Titel	Buch	Film
Band 1 – Harry Potter und der Stein der Weisen		
Band 2 – Harry Potter und die Kammer des Schreckens		
Band 3 – Harry Potter und der Gefangene von Askaban		
Band 4 – Harry Potter und der Feuerkelch		
Band 5 – Harry Potter und der Orden des Phönix		
Band 6 – Harry Potter und der Halbblutprinz		
Band 7 – Harry Potter und die Heiligtümer des Todes – Teil 1		
– Teil 2		

(7) Gefielen Dir beide Darstellungsformen gleich gut?

☐ Ja ☐ Nein, mir gefielen die Bücher besser ☐ Nein, mir gefielen die Filme besser

6 Anhang

②

(8) Wie alt warst Du beim Lesen Deines ersten Harry Potter-Buches? ____________ Jahre

(9) In welchem Alter hast Du Deinen ersten Harry Potter-Film gesehen? ____________ Jahre

(10) Wie oft hast Du Dein Lieblings-Harry Potter-Buch gelesen?

Lesehäufigkeit	
1 – 3 Mal	
4 – 10 Mal	
11 – 20 Mal	
mehr als 20 Mal	

Faszination Harry Potter

(11) Welche Themen in den Harry Potter-Büchern und -Filmen findest Du besonders interessant? *(Mehrfachnennungen sind möglich)*

Thema			**Thema**	
Liebe			Leben im Internat	
Freundschaft			Umgang mit dem Tod	
Mut			Rassismus	
Zauberei			Kampf zwischen Gut und Böse	
Sonstiges, nämlich				

(12) Wie sehr gefällt Dir die Sprache der Harry Potter-Bücher?

1 gar nicht	2	3	4	5	6	7	8	9	10 total

(13) Welches ist Deine Lieblingsfigur in den Harry Potter-Büchern? ____________________

(14) Kannst Du Dich gut mit Deiner Lieblingsfigur identifizieren? ☐ Ja ☐ Nein

(15) Wie sehr hat Dich Dein erstes Harry Potter-Buch bzw. Dein erster Harry Potter-Film fasziniert?

	1 gar nicht	2	3	4	5	6	7	8	9	10 total
Buch										
Film										

(16) Wie sehr faszinieren Dich die Harry Potter-Bücher bzw. Harry Potter-Filme heute noch?

	1 gar nicht	2	3	4	5	6	7	8	9	10 total
Bücher										
Filme										

(17) Was fasziniert Dich an den Harry Potter-Filmen am meisten? *(Mehrfachnennungen sind möglich)*

Thema			**Thema**	
Musik			die Landschaftsaufnahmen	
die Schauspieler			die Handlung	

Herzlichen Dank für die Beantwortung der Fragen!

6.3 Benutzte Internetquellen

Die von mir benutzten Internetquellen befinden sich auf der beiliegenden CD-ROM.

Schlusserklärungen

Eidesstattliche Versicherung

Hiermit erkläre ich, dass ich die vorliegende Arbeit selbstständig und ohne fremde Hilfe verfasst und keine anderen als die im Literatur- und Quellenverzeichnis angegebenen Hilfsmittel verwendet habe.

Insbesondere versichere ich, dass ich alle wörtlichen und sinngemäßen Übernahmen aus anderen Werken als solche kenntlich gemacht habe.

....

Ort, Datum Unterschrift

Einverständniserklärung der schulinternen Veröffentlichung

Hiermit erkläre ich, dass ich damit einverstanden bin, wenn die von mir verfasste Facharbeit der schulinternen Öffentlichkeit zugänglich gemacht wird.

....

Ort, Datum Unterschrift

11.4 Notengutachten

Rosenholz-Gymnasium
Wüstenstraße 61
34849 Los

Schuljahr 2006/2007
Stufe 12.1
Leistungskurs Biologie

Gutachten zur Facharbeit im Leistungskurs Biologie

Thema: „Der Biologieunterricht im Dritten Reich – Aufgezeigt am Beispiel der Themen Rassenkunde und Humangenetik"

erstellt von Ottilie Wutz

Formale Aspekte

Die Facharbeit wurde formal in Teilen überzeugend, in einigen Teilen aber auch mit Schwächen erstellt. Die Vorgaben für Gestaltung und Layout wurde aber insgesamt korrekt umgesetzt. Im Detail heißt dies:

- Die *äußere Form* der Facharbeit ist ansprechend. Heftung und Umschlag sind ordentlich und sauber.
- Das *Deckblatt* der Facharbeit ist formal korrekt gestaltet worden. Es enthält neben dem (verkürzten) Thema auch Angaben zum Autor und zum Unterrichtsfach, in dem die Arbeit verfasst wurde.
  Schwächen weist dagegen die gewählte Abbildung auf. Sie ist in ihrem Bezug zum Thema der Arbeit zwar aussagekräftig, doch von schlechter Bildqualität. Hier wäre eine verkleinerte und damit schärfere Abbildung der unscharfen Großversion vorzuziehen gewesen. Das Deckblatt ist die Visitenkarte der Facharbeit – unscharfe Abbildungen reizen jedoch nicht unbedingt zum Weiterlesen! Negativ anzumerken ist auch das Fehlen einer Quellenangabe.
- Das *Titelblatt* entspricht weitgehend den Vorgaben. Es wurde klar gegliedert und optisch ansprechend gestaltet. Einziges Manko: Das gestellte Thema wurde nicht buchstabengetreu dokumentiert, sondern leicht abgeändert. Dieses ist – ohne Zustimmung des Lehrers – prinzipiell unzulässig.
- Der *Druck* der Facharbeit ist zufriedenstellend lesbar. Nur vereinzelt sind Verwischungen anzumerken (z.B. Überschriften S. 7 + 11). Inakzeptabel hoch ist aber die Zahl der Druckfehler (Leerraum zwischen Klammern und Text, Groß-/Kleinschreibung usw.).
- Die *formalen Vorgaben für Gestaltung und Layout* einer Facharbeit wurden weitgehend eingehalten. Der Seitenaufbau entspricht den Vorgaben. Die Seiten wurden in korrekter Weise nummeriert. Der Text wurde im Blocksatz gesetzt. Im Literatur- und Quellenverzeichnis wäre es aber sinnvoll gewesen, bei mehrzeiligen Literatur- bzw. Quellenangaben die zweite und folgende Zeile hängend zu gestalten, also 0,5 – 1 cm nach rechts einzurücken. Auch sollte der Abstand zwischen den Zeilen einer zusammenhängenden Literaturangabe nur einzeilig und nicht 1 ½-zeilig gewählt werden. Beides dient der größeren Übersichtlichkeit des Literatur- und Quellenverzeichnisses sowie der Platzeinsparung. Ansonsten wirken sehr umfangreiche Quellenverzeichnisse (wie das Ihre) sehr voluminös.

- 1 -

- Die *Gliederung* der Arbeit wurde insgesamt formal korrekt und nachvollziehbar erstellt. Die Kapiteleinteilung überzeugt. Auch die Gliederung des laufenden Textes durch *Absätze* kann als gelungen bezeichnet werden.
- Das *numerische Gliederungssystem* wurde trotz einzelner Schwächen insgesamt korrekt angewandt.
  - Alle Kapitel wurden mit aussagekräftigen Überschriften versehen.
  - Die Kapitelüberschriften wurden konsequent im Nominalstil verfasst.
  - Die Textüberschriften stimmen in weiten Teilen mit den Überschriften im Inhaltsverzeichnis überein. Allerdings gibt es hier auch Ausnahmen. So weist das Kapitel 5 im laufenden Text eine andere Überschrift auf als im Inhaltsverzeichnis. Bei Kapitel 9 wurde im laufenden Text zudem die Kapitelnummer vergessen.
  - Bei der Darstellung der Kapitelüberschriften im laufenden Text haben Sie die verschiedenen Gliederungsebenen ebenfalls durch eine unterschiedlich große Setzung deutlich gemacht. Die Überschriften heben sich erkennbar vom Text ab.
- Das *Inhaltsverzeichnis* wurde übersichtlich erstellt, wenngleich der durchgängige Fettdruck eine rasche Unterscheidung von Kapitel- und Unterkapitelüberschriften erschwert.
- Die *formale Gestaltung der Zitate* entspricht in weiten Teilen den Vorgaben, doch sind auch einzige Schwächen anzumerken. So wurde an einer Stelle ein direktes (wörtliches) Zitat inhaltlich falsch zitiert (→ S. 12). Es hätte aber wortgetreu übernommen werden müssen. An anderen Stellen blieben die in Form des naturwissenschaftlichen Belegverfahrens dokumentierten Quellenbelege unvollständig: Bei einigen Quellenbelegen fehlen die Seitenangaben, bei einigen Internetquellen das Entnahmedatum aus dem Netz.
- Die formale Gestaltung der in die Facharbeit eingebundenen *Abbildung* ist nur bedingt gelungen.
  - So wurden die Abbildungen nicht nummeriert (→ Abb. 1, Abb. 2, Abb. 3 ...).
  - Einige Abbildungen weisen zudem keine Unterschrift auf (S. 7 und S. 11).
  - Bei zwei Abbildungen (Deckblatt und S. 7) fehlt zudem die Quellenangabe.
- Die *sprachliche Darstellung* der Inhalte erfolgte in Teilen sehr zufriedenstellend, in Teilen aber mit Schwächen. So wurde auf die klare Formulierung von Bezügen, Begründungen, Schlussfolgerungen und Zusammenhängen geachtet. In den Kapiteln, welche der Darlegung nationalsozialistischen Gedankengutes gewidmet sind, führt die wenig gelungene sprachliche Darstellung aber dazu, dass beim Leser der Eindruck entsteht, die hier dokumentierten Aussagen seien reale Fakten und stimmige Schlussfolgerungen. Insbesondere gilt dies für die Kapitel 5 und 6. Hier hätte der Konjunktiv verwandt werden müssen bzw. größere Passagen hätten in indirekter Rede verfasst werden müssen, um den Abstand des Verfassers zu den hier dargestellten unhaltbaren Aussagen zum Rassegedanken deutlich zu machen und dem Leser an allen Stellen klar vor Augen zu führen, dass hier nur die wissenschaftlich unhaltbare Meinung nationalsozialistischer Pseudowissenschaftler dargelegt wurde.
- Eine Fülle von Schwächen weist die Facharbeit zudem in den Bereichen *Orthographie, Zeichensetzung und Grammatik* auf. Dies beeinträchtigt die Lesbarkeit des Textes an einigen Stellen merklich. Um solche rein sprachtechnischen Schwächen zu vermeiden, sollte man die Arbeit vor der Abgabe von zumindest einer sprachlich versierten Person auf sprachliche Fehler hin durchsehen lassen.
- Die *Schlusserklärung* wurde der Arbeit in korrekter Form beigefügt.

- 2 -

Methodische Aspekte

Im methodischen Bereich weist die Facharbeit eine Reihe überzeugender Aspekte auf; andererseits müssen auch einige Schwächen angemerkt werden.

- Die der Facharbeit zugrundeliegende *Literatur- und Quellenrecherche* wurde eigenständig und sicher durchgeführt. Ihr Umfang und ihre Sorgfalt überzeugen. Die ausgewählten Grundlagequellen sind geeignet.
- Die *Quellen* wurden selbstständig *ausgewertet*. Verbindungen zwischen den verschiedenen Quelleninhalten wurden aber zu wenig deutlich hergestellt.
- *Eigene Schlussfolgerungen und Einschätzungen* wurde zwar an einer Reihe von Stellen in der Arbeit dokumentiert. Doch erfolgte eine bewertende Kommentierung des dargestellten nationalsozialistischen Gedankengutes in deutlich zu geringem Maße. Insbesondere im Kapitel 5 hätten die dargestellten Kernaussagen der nationalsozialistischen Rassenlehre deutlich und ausführlich kommentiert werden müssen. Ihr Inhalt hätte als wissenschaftlich unhaltbar gekennzeichnet und deutlich bewertet werden müssen. Einer Darstellung solch brisanter Inhalte muss in jedem Fall stets ein ausführliches kommentierendes und bewertendes Kapitel folgen, in dem klar wird, dass sich der Autor von den zuvor reproduktiv dargestellten Inhalten distanziert und diese als wissenschaftlich unhaltbar identifiziert hat. Ein solches kommentierendes Unterkapitel 5.4 fehlt. Die generelle wertende Stellungnahme zum Schluss der Arbeit (→ Kapitel 8) reicht hier nicht aus.
- Der *Aufbau* der Arbeit überzeugt insgesamt. In der Facharbeit ist ein roter Faden klar erkennbar. Die Abfolge der Kapitel und Unterkapitel wurde durchdacht gestaltet. Als deutliche Schwäche muss allerdings die fehlende Schwerpunktsetzung im Bereich der schulischen Umsetzung der Rassenlehre angemerkt werden.
- Die *zwischen den einzelnen (Unter-)Kapiteln der Arbeit bestehenden Zusammenhänge* werden sicher hergestellt. So fallen deutlichere Bezugsformulierungen innerhalb der Kapitel sowie Querverweise im Facharbeitstext (z.B. → Kapitel 7) positiv ins Auge.
- Der *Text der Arbeit* wurde selbst formuliert. Direkte und indirekte Zitate wurden an fast allen gebotenen Stellen mit Quellenbelegen versehen.
- Die *Gliederung* der Arbeit ist nachvollziehbar. Allerdings wurde der durch das Thema zwingend vorgegebene Schwerpunkt im Bereich von Schule und Unterricht in der Gliederung zu wenig deutlich herausgestellt.

Inhaltliche Aspekte

Inhaltlich vermag die Facharbeit nur stellenweise zufrieden zu stellen:

- Die *Themenstellung* der Arbeit wurde zu wenig korrekt erfasst und nicht klar und konkret umgesetzt. Schwerpunkt der Facharbeit mussten laut gestelltem Thema der Biologieunterricht im III. Reich und hier schwerpunktmäßig die Aspekte Rassenkunde und Humangenetik sein. Damit hätte die unterrichtliche Umsetzung der Inhalte der Rassenkunde und Humangenetik in den Schulen der NS-Zeit zentraler Gegenstand der Arbeit sein müssen. Die Fragen „Was stand in den Schulbüchern?“, „Was war Unterrichtsgegenstand?“ und „Wie wurde dieses im Unterricht dargeboten und abgeprüft?“ hätten Kernfragen sein müssen, denen Sie in dieser Facharbeit hätten nachspüren müssen.

- 3 -

- Der von Ihnen gewählte *inhaltliche Schwerpunkt* entspricht dieser Grundintention des Themas leider nicht. So haben Sie in großen Teilen der Facharbeit die Rassenlehre des Nationalsozialismus referiert – nicht aber deren Umsetzung im Unterricht untersucht. Besonders deutlich wird dies im Kapitel 5. Dieses Kapitel trägt zwar die Überschrift „Rassenlehre im Schulunterricht", auf Schule oder Unterricht wird aber in den gesamten 2 ½ Seiten dieses Kapitels an keiner Stelle Bezug genommen. Vielmehr stellen Sie hier unkommentiert und sprachlich durchaus missverständlich (s.o.) nationalsozialistische Rassenkundevorstellungen dar. An keiner Stelle wird deutlich, ob diese im Schulunterricht gelehrt wurden.
  Auch das Schlusskapitel zeigt deutlich, dass Sie sich in der Facharbeit im Wesentlichen mit der Rassenlehre des Nationalsozialismus auseinandergesetzt haben, nicht aber – wie vom Thema her gefordert – mit deren Umsetzung in Schule und Unterricht.
  Damit ist es Ihnen leider nicht gelungen, die Intention des Themas klar und konkret umzusetzen und auszufüllen.
- Das *Einleitungskapitel* wurde der Schwerpunkt der Facharbeit zu wenig deutlich herausgestellt. Auch hätte die Quellenlage bezogen auf den Schwerpunkt „Schule und Unterricht" deutlicher dokumentiert werden müssen. Insgesamt werden weder der gewählte Aufbau der Arbeit noch die konkrete Schwerpunktsetzung ausreichend begründet. Vielmehr geben Sie einfach die Kapitelabfolge unkommentiert wieder.
- Der *Hauptteil* der Facharbeit enthält dann über weite Strecken eine Darstellung der nationalsozialistischen Rassenlehre, ihrer Wurzeln und ihrer schrecklichen Konsequenzen. Ihre Umsetzung in Schule und Unterricht – laut Thema immerhin der klare Schwerpunkt der Arbeit – wird aber nur ansatzweise dargestellt. Hier hätten Auszüge aus Schulbüchern, Heftmitschriften, Unterrichtsmaterialien (wie z.B. im Bild auf dem Deckblatt dokumentiert), methodische Ansätze, Prüfungsfragen usw. dokumentiert und ausführlich diskutiert werden müssen. Dabei hätten die Inhalte der nationalsozialistischen Rassenlehre dem Leser allenfalls in sehr knapper Form erläutert werden dürfen. Auf den Aspekt Humangenetik sind sie im Hauptteil nicht erkennbar eingegangen. Hier wurde der Bezug zum aktuellen Biologieunterricht nicht ausreichend hergestellt.
- Im *Schlusskapitel* haben Sie sich dann klar und prägnant mit der Rassenlehre der Nationalsozialisten auseinandergesetzt und deren wissenschaftliche Inkompetenz und Fehler nachgewiesen. Klar in Darstellung und Begründung ist auch Ihre Distanzierung von den dort vertretenen Vorstellungen ausgefallen. Die Umsetzung dieser Inhalte im Unterricht wird aber auch hier nur am Rande (auf S. 13 unten) erwähnt. So gelingt auch im Schlusskapitel eine konkrete Bewertung der unterrichtlichen Umsetzung der Rassenlehre nur in Ansätzen.

Sonstige Bewertungsaspekte

Die vorgeschriebenen Beratungstermine wurden wahrgenommen. Diese haben den Arbeitsfortschritt nachvollziehbar abgebildet. Bei der Facharbeitserstellung auftretende Probleme wurden in diesen Gesprächen diskutiert. Konstruktive Hinweise (insbesondere was die stärkere Fokussierung auf die Aspekte „Schule und Unterricht" anbelangt) wurden aber nicht immer konsequent umgesetzt.

Im Kolloquium zeigten Sie sich mit den Inhalten der Facharbeit aufs Beste vertraut. Sie waren in der Lage, Aufbau und Inhalte der Facharbeit fundiert darzulegen. Das Fehlen des Schwerpunktes „Rassenkunde und Humangenetik im Biologieunterricht" konnte allerdings nicht stimmig erklärt werden.

- 4 -

Gesamturteil

Die Facharbeit weist eine Reihe von Stärken auf. So wurde sie formal in weiten Teilen überzeugend ausgeführt. Die Layout- und Gestaltungsvorgaben wurden berücksichtigt und sicher umgesetzt. Materialrecherche und Materialauswertung erfolgten in sehr zufriedenstellender Weise. Sie haben sich differenziert und sachlich nachvollziehbar mit der Rassenlehre des Nationalsozialismus auseinandergesetzt. Ihre abschließende Stellungnahme erfolgte engagiert und wissenschaftlich korrekt. Die Quellenbelege sowie die Strukturierung des Textes können als gelungen bezeichnet werden.
Neben diesen Stärken weist die Facharbeit aber auch deutliche Schwächen auf: So wurde das Facharbeitsthema nicht klar erfasst. Dessen Bearbeitung bleibt unscharf. Der Darstellungsschwerpunkt wurde nicht themenbezogen gewählt. Auch wurden fragwürdige Quelleninhalte sprachlich nicht deutlich genug als solche gekennzeichnet und nicht direkt im Anschluss kommentiert und diskutiert. Schließlich muss die hohe Zahl an sprachlichen Schwächen und Fehlern negativ angemerkt werden.

Note: befriedigend (minus)

16. Januar 2007

(Datum / Fachlehrer)

Bewertungsschlüssel

Formale Aspekte (25 %) – Note: gut minus
Methodische Aspekte (35 %) – Note: befriedigend
Inhaltliche Aspekte (40 %) – Note: ausreichend minus

Stichwortverzeichnis